Emile J. Niklas

ÜBER LEBENS BUCH

Die Kunst des Lebens in der Natur

BERGHOFF
and friends

Umschlaggestaltung: Simone Kanne

Die in diesem Buch aufgezeigten Möglichkeiten der Ernährung und Heilung durch wildwachsende Pflanzen wurden nach bestem Wissen und Gewissen zusammengestellt und können von jedem Leser eigenverantwortlich genutzt werden. Eine Haftung von Autor und Verlag ist ausgeschlossen.

Originalausgabe Juni 1997

Fotos: Achim Ecker, Emile J. Niklas, Antonius Zehringer
Illustrationen: Happy Faller, Wam Kat, Burkhard Pranke
Satz:Wam Kat, Burkhard Pranke
Belichtung: Satz Art, Berlin
Druck: Clausen & Bosse, Leck
Printed in Germany
ISBN 3-9805234-2-X

Inhalt

Dank

An diesem Buch haben viele Menschen mit ihrem Wissen und ihren Erfahrungen mitgewirkt. So konnten viele authentische Erfahrungen zusammengefaßt werden. Besonders bedanken möchte ich mich bei Argus Eymann, Sportlehrer und Experte für Outdoor-Skills, Antonius Zehringer, Bergführer, Michael Hartenfels, Heilpraktiker und Homöopath, Amélie Weimar, Ärztin, Hagar Hartung, Krankenschwester und Andreas Schmid, Spezialist für asiatische Kampfkunst und Medizin; bei Sibylle Hagenbuch für Anregungen und Ergänzungsvorschläge zum Manuskript und bei Monika Alleweldt, Lektorin, die mitgeholfen hat, die verborgene Schönheit des Themas ans Licht zu bringen.

Vorwort

Inzwischen und naturseidank ist Survival eine neue selbständige Branche geworden. Ein regelrechter Boom. Mit ihrem ganzen reichhaltigen Spektrum von akuter Selbstbehauptung über psychologische Raffinessen bis hin zu langfristigem Naturschutz. Ein Thema für Jung und Alt, Weib und Mann, in Wildnis und daheim. Das sympathische Gegenstück zu Alltagsfrust und Technisierung, zu Verwaltetwerden und Unterhaltenwerden, zu passivem Dahinleben, zu Lebensangst und Perspektivenlosigkeit. Na eben Survival, das As im Ärmel.

Ein Boom hat zur Folge, daß viele Menschen verschiedenster Prägung sich angesprochen und berufen fühlen, auch ihre individuelle Sichtweisen zu diesem Thema einzubringen. Das tut gut. Konkurrenz belebt das Geschäft. Sie spornt an, nicht einzuschlafen, Fantasie zu entwickeln und die mannigfaltigen Tricks zur Kunst des Überlebens weiterzuentwickeln. Keinem wird es gelingen, ein umfassendes Werk zu komponieren, aber der Facettenreichtum beschert dem Thema die ihm längst gebührende Größe und Würde.

Wenn viele Mitbewerber sich auf dem Markt tummeln, bleibt nicht aus, daß es darunter einigen Schrott gibt. Das sind die obligatorischen Abschreiber, die Leute ohne Eigenfantasie, ohne Praxis. Ihre Werke erscheinen, verstauben und werden verramscht. Oder sie erfahren eine letzte Anerkennung, wenn man sie zum Feuerentfachen aufwertet. Das sind jene Trittbrettfahrer, für die man die Sonderdisziplin "Survival für Survival-Autoren" kreieren müßte.

Ich bin sicher, daß Emile J. Niklas' Buch nicht dazugehören wird. Sein Buch ist ein eigenständig erarbeitetes Werk, das die Palette der Survival-Literatur bereichern und das Metier weiterentwickeln wird. Humus für weiteres Wachstum. Ein kräftiger Baustein für das Gebäude Survival. Man merkt schnell, daß hier ein Mann der Praxis erzählt. Beglückend der Respekt gegenüber Mitreisenden, Bereisten, fremden Kulturen und Naturen und nachrückenden Generationen. Man spürt Niklas' ("Ich bin Traditionalist") Liebe zur Erde, zum abenteuerlichen, befriedigenden Selbstreisen, sein distanziertes Verhältnis zu Fortschrittswahn und Maßlosigkeit.

Natürlich kommt auch Niklas nicht umhin, auf dem kleinen Einmaleins der Trickologie aufzubauen. Auch ich mußte das und jeder Mathematiklehrer muß das. Was sein Buch darüberhinaus in besonderer Weise auszeichnet, sind aber viele neue kleine Tricks und wirklich persönliche Erfahrung, der individuelle Stil in Aufbau und Erzählung. Wohltuend die ausgeprägte Ethik. Ich denke, daß jeder Survival-Freak Neues erfahren wird und mehr Chancen gewinnt, seiner Degenerierung zu entkommen.

Niklas geht es um mehr als um "Survival um des Survival willen." Da sind wir Seelenverwandte.

Mein Hauptengagement gilt dem letzten freilebenden Indianervolk Südamerikas, den Yanomami in Brasilien. Es wird aktiv durch eine Goldgräber-Invasion und durch Politiker in seiner Existenz bedroht. Mittlerweile hat sich eine weltweit wachsende Lobby für dieses Volk gebildet, die zustande kam durch Gespräche mit der Weltbank, UNO und Bundesregierung, einem Bittgang zum Papst und nicht zuletzt durch spektakuläre Aktionen (Tretboot und Bambusfloß über den Atlantik, getarnt als Goldsucher, Missionar, Mafioso und Malaria-Helfer, Finanzierung und Durchführung eines eigenen Hilfsprojekts...). Brasilien ist schwer unter Druck geraten. Das Land der Yanomami wurde unter Schutz gestellt. Leider wird das gegenwärtig (1997) vom Staatspräsidenten Cardoso ignoriert. Ich selbst und meine Kampfgefährtin Christina Haverkamp gelten in Brasilien als "unerwünschte" Personen. In Brasilien von solchen Mafioso nicht erwünscht zu sein, betrachte ich als größte Würdigung meiner Arbeit.

Ich stehe auf “Abenteuer mit Sinn”. Niklas’ Buch geht in diese Richtung, und ich wünsche allen Lesern dieses Buches, den Sinn im Abenteuer zu finden.

Rüdiger Nehberg

Anmerkung des Verlags:

Rüdiger Nehberg, Jahrgang 1935, gilt als der Begründer der Survival-Bewegung im deutschsprachigen Raum. Vor 30 Jahren “importierte” er das Thema Survival aus den USA und entwickelte es durch spektakuläre Aktionen (1000 km zu Fuß, ohne Nahrung und Ausrüstung durch Deutschland, Durchquerung der Danakil-Wüste, Erstbefahrung Blauer Nil, Leben im Regenwald auf eigene Faust, Marsch durch Australien...), spezielle Trainings (Kinder, Frauen, Behinderte, Manager...), Vielfalterweiterung (Steinzeit, Psychologie...) und TV-Filme. Sein Wissen und Können steht seit über 20 Jahren im Dienst der Menschenrechtsorganisation “Gesellschaft für bedrohte Völker” (Postfach 2024, D-37010 Göttingen), deren Beirat er angehört.

Wir haben ihn gebeten, im Vorwort zum “Überlebensbuch” sein Engagement für die Yanomami zu erwähnen, weil wir seine Arbeit damit unterstützen wollen und weil wir seine Idee vom “Abenteuer mit Sinn” diesem Buch voranstellen wollen. Man kann Nehberg zu Vorträgen einladen (“Yanomami-Reportage” oder/und “Survival, die Kunst zu überleben”). Er hält sie öffentlich und in Schulen. Kontaktadresse: Fax: 040-693 48 44

1 Einführung

Überleben heißt, eine lebensbedrohliche Situation zu überstehen. Das Wort deutet an, daß man froh ist, wenn es vorbei ist. Das ist sicher mit allen lebensgefährlichen Situationen so, die wir uns nicht selbst ausgesucht haben. Für die meisten von uns gegen (fast) alle Eventualitäten versicherten Wohlstandsbürger ist aber schon eine Situation lebensbedrohlich, die für unsere Vorfahren Alltag war. Vieles aus unserem Alltagsleben dagegen wäre für unsere Vorfahren eine Survival-Situation, z.B. heil am Freitag nachmittag aus der Großstadt nach Hause zu kommen. Für diesen Überlebenskampf müssen wir jedoch nicht besonders trainieren, da es eben Alltag ist - genauso, wie für die Inuit die Wanderung über endlose vereiste Flächen oder für die Tuareg der Marsch durch die Wüste. Das, was für den einen "überleben" heißt, bedeutet für den anderen einfach nur "leben". Für die Tuareg ist die Wüste, die uns Überlebenskenntnisse abverlangt, ihr natürlicher Lebensraum. Sie sind seit Generationen mit dieser Umwelt vertraut, sind dort zu Hause, d.h. die Umwelt ist Teil ihrer Inwelt geworden. Die Frage, um die es in diesem Buch geht, heißt daher: Wie können wir uns wieder beheimaten in unserer natürlichen Umgebung und dadurch Überlebenskräfte aktivieren, die überall Anwendung finden können?

Das Unbekannte wird als feindlich betrachtet, weil der Mensch die Grundlagen der Kommunikation mit der Umwelt verloren hat. Diese Grundlagen sind für die Arktis dieselben wie für die Sahara. Ein Tuareg würde sich am Nordpol sicherlich besser zurechtfinden als ein Berliner, obwohl der Durchschnittsberliner sicherlich mehr über den Nordpol weiß. Durch die Entfremdung des modernen Menschen von seiner äußeren (und inneren) Natur ist die Erde in eine fast ausweglose Situation geraten.

Überleben heißt im Amerikanischen "Survival"; ein Begriff, der sich inzwischen auch bei uns eingebürgert hat. Ziel von Survivaltrainings war es, Menschen in einer "feindlichen" Umwelt überlebensfähig zu machen. Das Wort "Survival" entstand erst nach der Erfindung des Flugzeugs, also mit dem Risiko der Notlandung in einem unbekannten Gebiet. "Survival" und "Survivaltraining" wurde sehr schnell von den Militärs aufgegriffen. Für den Umgang mit der Natur werden deswegen oft die gleichen Vokabeln wie für die militärische Auseinandersetzung benutzt. Viele deutschsprachige Bücher zum Thema Überleben sind von diesem para-militärischen Geist geprägt. Andere, die mehr von dem Überleben sprechen, das ich meine, sind bisher fast nur im Englischen erschienen.

Ziel dieses Überlebensbuches ist es, ein Basiswissen zu vermitteln, das in der äußeren Natur zum Überleben befähigt und gleichzeitig den Menschen mit seiner inneren Natur anfreundet. Es soll den Leser anregen, sich immer weiter in Natur und Elemente vorzuwagen. Mein Wunsch ist es, daß es dem Benutzer einen Weg bahnt, sich selbst immer mehr als Teil eines größeren lebendigen Organismus wahrzunehmen. Denn dies ist die eigentliche Voraussetzung für unser Überleben als Menschen. Das Buch soll dazu beitragen, Survival-Situationen zu überleben und das Überleben zum Leben zu machen. Und zwar nicht dadurch, daß man einen Feind überwinden muß, sondern sich bei einem Freund zu Hause fühlt.

Es gibt ein Grundwissen über das Leben, das die Naturvölker noch haben. Es beruht auf Vertrauen, auf Beobachtung und Kommunikation. Es ist etwas, das nicht durch Lesen erlernbar ist, sondern nur durch eigene Erfahrung. Dieses Buch soll dazu beitragen, den Leser zu ermutigen, solche Erfahrungen zu machen und gibt dafür wesentliche Techniken als Start mit auf den Weg. Es ist in diesem Sinne vergleichbar mit der uralten japanischen Kunst des Bogenschießens. Wenn man gründlich Bücher darüber gelesen hat und dann das erste Mal schießt, weiß man zwar im Prinzip, wie es geht, aber bis zu dem Zeitpunkt, wo der Bogen ein Teil des Armes wird, vergehen viele Übungsstunden. Bis das Survival zum "Vival" wird, werden auch viele Stunden vergehen, die notwendig sind, sich die wichtigsten Techniken zu erarbeiten.

Doch mit jedem Lernschritt macht das Leben in der Wildnis mehr Freude. Es ist keine Qual, kein Verzicht auf die Bequemlichkeiten des normalen Lebens, sondern man erlebt eine Intensivierung der Sinne und eine Vermehrung der Lebensfülle. Man kann entdecken, daß das Wissen unserer Vorfahren auch in uns noch präsent ist. Wir haben es nur zugeschüttet mit vielen Denkgewohnheiten und Verhaltensweisen, die aus unserer Angst vor dem Unbekannten entstehen. Wer in der Natur zu leben beginnt, beginnt wieder einzutauchen in eine lebendige Welt. Man ahnt, wie es sein könnte, wenn wir in der Natur wieder zu Hause wären, so wie unsere steinzeitlichen Vorfahren oder die Naturvölker im Urwald am Amazonas. Diese Ursehnsucht der Verbundenheit mit allem, was um uns herum lebt, schlummert mehr oder weniger dicht unter der Oberfläche von uns allen, und -was noch wichtiger ist- auch die intuitive Art der Wahrnehmung und des Wissens, die aus dem Verbundensein kommt.

Das Buch enthält meine Erfahrungen als Leiter von "Survival"-Kursen, von Reisen, die ich allein in die freie Natur unternommen habe, und das Wissen vieler Freunde. Es hat zwei wesentliche Funktionen. Es ist als "Pocketbuch" zum Mitnehmen gedacht. In diesem Buch ist ein Basiswissen enthalten, was im Notfall gebraucht wird, um ohne bzw. mit minimaler Ausrüstung überleben zu können. Die zweite

Funktion ist die des "Arbeitsbuches". Es werden Fertigkeiten und Kenntnisse dargestellt, die zum Leben in der Wi ldnis gehören, aber einer soliden Übung bedürfen, also für Notfälle ohne vorheriges Training kaum anwendbar sind.

Ein Buch zu einem solchen Thema ist natürlich nie vollständig. Während des Schreibens kamen täglich neue Anregungen über noch aufzunehmende Themen, und ständig lerne ich selbst dazu. Ich glaube aber, daß mit dem vorliegenden Buch eine gute Ausgangsbasis geschaffen ist, die in den kommenden Jahren noch ergänzt wird. Für die Vertiefung wird im Literaturverzeichnis eine Reihe von Titeln angegeben, von denen die meisten allerdings in englischer Sprache sind. Außerdem sind Adressen von Überlebensschulen und Ausrüstern aufgeführt.

Sicherlich werden viele Leser nach der Lektüre dieses Buches in die freie Natur gehen wollen, um verschiedene Dinge auszuprobieren. Das ist gut und beabsichtigt, hat aber nichts damit zu tun, daß nun auch die letzten Reste unberührter Wildnis von naturhungrigen Städtern überrannt werden sollen. Wer die Gedanken dieses Buches beherzigt, wird die Natur immer besser verstehen. Was man versteht, achtet man auch. Ich habe dieses Buch als Beitrag geschrieben für einen aktiven Naturschutz und für einen respektvollen Umgang mit unseren Mitwesen. Die Liebe zur Natur wächst in dem Maß, wie wir sie erkennen und uns in ihr zu Hause fühlen. Ob wir es wahrhaben wollen oder nicht, wir sind Teil der Natur und umgekehrt. Die Zeitdauer der Trennung betrug nur wenige tausend Jahre - fast nichts angesichts der Entwicklungszeit des Lebens auf der Erde. Wir können auf ein intuitives Überlebenswissen zurückgreifen, wenn wir anfangen, Angst durch Vertrauen zu ersetzen.

2 Vorbereitung

Wenn man sich aus einer gewohnten in eine zunächst fremde Umgebung begeben will, braucht man die richtige Vorbereitung.

Viele denken an dieser Stelle als erstes an eine entsprechende Ausrüstung, die sicherlich oft von lebenserhaltender Bedeutung ist. Aber auf zwei Dinge möchte ich noch viel mehr Wert legen, weil sie die Überlebenschance auch in nicht vorher planbaren Situationen entscheidend beeinflussen: das eine ist der Sinn des eigenen Lebens und das andere das Trainieren von Überlebenstechniken.

2.1 Sinn des Lebens

In extremen Lebenssituationen sieht man sich mit einer Frage konfrontiert, die im Alltag nur selten wirklich ins Bewußtsein rückt, und wenn sie es tut, dann allzu oft beiseite geschoben wird: Was ist der Sinn meines Lebens? Diese Frage ist sozusagen die Übersetzung einer anderen, die man sich in Extremsituationen stellen wird, die Frage nämlich: "Warum ist gerade mir das passiert?"

Warum gerät man überhaupt ungewollt in eine Survival-Situation? Ich gehe davon aus, daß der Mensch als Säugetier existentielle Herausforderungen braucht. Am besten, man merkt es rechtzeitig und gibt dieser Seite des eigenen Wesens Raum. Der tierhafte Wesenskern des Menschen erträgt auf die Dauer keine absolute Sicherheit und Gleichförmigkeit. Das eingezwängte Wesen - solange es noch nicht völlig resigniert ist - produziert Unfälle, um wieder mit dem Leben in Berührung zu kommen. Der beste Weg, eine ungewollte Survival-Situation zu vermeiden ist also, ein energetisches, reibungsvolles Leben zu führen.

Wichtig ist es auch, zu erkennen, wann Veränderungen im eigenen Leben notwendig sind. Wenn wir dies nicht rechtzeitig wahrnehmen und die Konsequenzen ziehen, bleibt unserem "inneren Regulator" oft nur noch ein Crash, um uns aus den eingefahrenen Lebenszusammenhängen und gesundheitsbedrohenden Verhaltensweisen hinauszukatapultieren. Mit dem "inneren Regulator" bezeichne ich diese weise und oft so umsichtige Stimme im Inneren eines jeden Menschen, die viele erst dann zum erstenmal kennenlernen, wenn sie in einer Notsituation sind. Natürlich ist sie auch sonst immer da. Kenntnis dieser Stimme, der eigenen psychischen Konstitution und ein entsprechender Veränderungswille in der alltäglichen Lebensweise sind also wichtige Voraussetzungen zur Vermeidung einer lebensgefährlichen Situation.

Wenn Sie in eine Survival-Situation geraten sind, hat das also meistens einen persönlichen Hintergrund. Natürlich nicht im Sinne eines Fehlers, für den man sich womöglich verurteilen müßte oder über den man ins Grübeln gerät. Das ist sowieso Zeitverschwendung und in einer Notsituation erst recht zu vermeiden. Sondern in dem Sinn, wie es folgender "Kraftgedanke" ausdrückt: Wer sich unbewußt eine lebensbedrohliche Situation aussucht, kann sie auch meistern! Es zeugt von einem inneren Feuer, wenn man sich eine solche Herausforderung wählt. Solche Gedanken lassen Mut und Entscheidungskraft in Ihnen aufkommen.

Denn jetzt kommt es darauf an, alle Reserven zu mobilisieren, um die Situation zu überstehen. Das ist es ja, was Sie eigentlich wollen. Nur wenn Sie alle Kräfte einsetzen, kommen Sie ans Ziel, und in diesem Fall heil nach Hause. Ihre Chancen sind umso besser, je stärker Ihre Motivation ist. In jedem Menschen der heutigen Zeit steckt ein gerütteltes Maß an Resignation. Das hat nicht nur individuelle Gründe, sondern auch geschichtliche. Die heutige Zeit bietet ja nicht gerade rosige Zukunftsaussichten. Resignation kann nur abgebaut werden, wenn man seinem Leben zunehmend Sinn gibt. Ein Mensch mit einem sinnvollen Leben stirbt nicht so leicht.

Was dem Leben Sinn gibt und was nicht, das muß jeder selbst herausfinden. Sicher ist, daß es sehr ernst gemeint sein muß, wenn man dem eigenen Tod entrinnen will.

Ich behaupte also: Die beste Lebensversicherung ist es, ein sinnvolles Leben zu führen.

Wenn man sein normales Alltagsleben einmal unter diesem Gesichtspunkt prüft, findet man meistens nicht so viele sinnvolle Dinge unter all den scheinbar so notwendigen Tätigkeiten. Das heißt, daß wir durch unsere normale Lebensweise psychisch nicht sehr gut fürs Überleben ausgerüstet sind. Aber was nicht ist, kann ja noch werden. Deshalb haben Sie sich ja möglicherweise eine Überlebenssituation "ausgesucht". Sie könnten zum Beispiel ein Gelübde ablegen: "Wenn ich hier heil heraus komme, werde ich das und jenes tun!" Sie werden feststellen, daß es oft gerade die Dinge sind, die Sie sowieso schon lange hätten tun wollen. Aber jetzt haben Sie die Möglichkeit, sie ganz verbindlich vor Ihrem "inneren Regulator" zu bekräftigen. Ihre Anstrengung, zu überleben, ist damit gleichsam eine Übung für den nächsten Lebensschritt. Schaffen Sie sich damit ein Motiv zum Überleben!

Nochmal etwas zum Begriff "Survival": Die Vorsilbe "sur" wird in vielen Worten der englischen Sprache auch im Sinne von "höher", "darüber hinaus" benutzt. Beim Sur-Vival handelt es sich durchaus um eine höhere bzw. intensivere Form des Lebens. In lebensgefährlichen Situationen spürt man eine Intensität, die man im Alltag vermisst. Deswegen suchen ja auch so viele Menschen den berühmten "Kick" in extremen Sportarten. Warum ist aber der Alltag, zumindest in unserer gesättigten Industriegesellschaft, so langweilig? Aus meiner Erfahrung gibt es dieses intensive Alltagsleben, und zwar dann, wenn ich mich traue, auch den prickelnden Situationen nachzugehen. Ich denke, daß auch Reinhold Messner, der die höchsten Berge bestiegen und ewiges Eis durchquert hat, das gemeint hat, indem er sagte: "Ich bin ein Narr, der mit seiner Sehnsucht nach Liebe und Zärtlichkeit auf die kalten Berge läuft..." (Aus: R. Messner, Der gläserne Horizont).

Man kann den Lebenssinn im Überleben finden. Und Überleben heißt dann, heil aus einer extremen Situationen herauskommen und darüberhinaus: drinbleiben, in Kontakt treten mit der Natur und den Mitgeschöpfen, den Mut finden, den Alltag auf den Kopf zu stellen und das Unmögliche möglich machen.

2.2 Training

Vertrauen wächst mit positiven Erfahrungen. Mit jeder gemeisterten Situation in der Natur wird die Gewißheit größer, auch mit extremeren Herausforderungen fertig zu werden. Vor allem deshalb ist es sehr wichtig, zu üben. Üben Sie also Vertrauen - in die Natur, wie in sich selbst. Das Erlernen von technischem Können ist sehr wichtig, aber es ist nicht das Ziel, sondern der Weg. Lernen Sie, jede Situation zu genießen! Damit ist ein guter Anfang gesetzt für eine Vertrauensbasis zu allem, was Sie umgibt.

Trainieren Sie Dankbarkeit! Die wichigste Erfahrung, die ich auf meinen Touren durch die Wildnis gemacht habe, war die Entdeckung der Dankbarkeit. Ich bekam immer das "geschenkt", was ich wirklich brauchte. Wenn ich nach einem anstrengenden Tag durch strömenden Regen mir nichts sehnlicher wünschte als eine Kanne heißen, duftenden Tees, konnte ich mir fast "sicher" sein, daß ich irgendwie auf ein Büschel Pfefferminze treffen würde. Ich hatte solche Erlebnisse so häufig, daß ich fast ein "Naturgesetz" daraus formulieren möchte. In einer Survival-Situation ist Dankbarkeit eine sehr wichtige Überlebensfähigkeit. Sie hilft, Panik zu überwinden und öffnet den Blick nach außen. Und sie macht auch den Alltag spannender.

Trainieren Sie Bescheidenheit! Der heutige Normalbürger ist so stark beeinflußt von der Konsumindustrie, daß er oft schon unbewußt davon ausgeht, man werde nur glücklich, wenn man viel besitzt oder zwischen vielen Produkten auswählen kann.

Bescheidenheit dagegen ist das Wissen, wie man mit wenigen, aber "Seele enthaltenden" Dingen auskommen und trotzdem glücklich sein kann. Bescheidenheit ist kein moralischer Anspruch auf Konsumverzicht, sondern eine Entdeckung, die ich allen meinen Mitmenschen nur wünschen kann. Vielleicht haben Sie sie ja auch schon gemacht. Zum Beispiel nach einer langen Wanderung, es mag heiß gewesen sein, Sie haben dorniges Gestrüpp und trockene Hügel durchquert, und dann, als die Sonne schon fast unterging, trafen Sie - sagen wir - auf einen reifen Feigenbaum mit köstlichen Früchten. Können Sie fühlen, wie gut die schmecken? Können Sie den Unterschied sehen zu den alltäglichen Eßgewohnheiten, wo man oft viel zu viel in sich hineinstopft, ohne wahrzunehmen, was man da eigentlich ißt? Das meine ich mit Bescheidenheit, und dieses Glück sollte man nicht nur einem mehr oder weniger seltenen Zufall überlassen.

Eng mit der Bescheidenheit hängt die Fähigkeit zusammen, Schönheit sehen zu lernen. Wenn man sich sehend in einer Landschaft wie in Abb. 1.1 bewegt, wie kann man da auf den Gedanken kommen, verloren zu sein?

Abb. 1.1 Der Schönheit auf der Spur

3 Verhalten

In Survival-Situationen hängt die Überlebenschance vom richtigen Verhalten ab. Das Wichtigste ist die Wahrnehmung der Situation und die Anpassung an die neue Umgebung. Das ist natürlich nur möglich, wenn keine Panik ausbricht oder die Angst weitestgehend abgebaut werden kann. Die Auflösung der Angst ist eine wesentliche Voraussetzung für das Überleben. Wenn man mit mehreren Menschen unterwegs ist, muß man zu einem gemeinsamen Handeln finden. Aus einer Ansammlung von Individuen muß ein Team entstehen. Wenn man die ersten Hürden hinter sich hat, ist auch das Finden einer Aufgabe, besonders bei Langzeitaufenthalten, von Bedeutung.

3.1 Auflösung der Angst

Panik kann entstehen, wenn sich Menschen unvorbereitet einer bedrohlichen Situation ausgesetzt sehen. Sie ist ein Massenphänomen, bekannt aus Fußballstadien oder anderen Großveranstaltungen, und in dieser Größenordnung kaum auflösbar. Der Einzelne kann nur versuchen, sich selbst nicht an diese Panik anzuschließen und sich vor der Reaktion seiner Mitmenschen, so gut es geht, zu schützen. In kleineren Gruppen kann das Ausbrechen von Panik durch eine starke Autorität verhindert werden.

Ausgangspunkt für das Entstehen von Panik ist die Angst, die jeder Mensch in einem sehr hohen Maß mit sich trägt, auch wenn sie im Alltag nicht bemerkt wird.

In Extremsituationen wird diese latente Angst sofort geweckt. Es ist an sich eine sinnvolle Körperreaktion, um durch eine erhöhte Adrenalinausschüttung den Körper auf die notwendigen Aktivitäten vorzubereiten. Dementsprechend zügig wird sie auch vom Körper selbst ausgelöst und geht über in sehr schnelles und präzises Handeln. Dieser biologische Angst-Handlungs-Reflex kann aber bei den meisten Menschen nicht frei ablaufen, weil er durch eine Fülle von Zivilisationsängsten überlagert ist. Zivilisationsängste sind das Produkt der langen Entfremdung des Menschen von der Natur. Sie dienen nicht dem Leben, sondern behindern es. Mit einer realen Bedrohung haben sie meistens nichts zu tun. Deswegen ist das Kennenlernen dieser Ängste ein erster Schritt zu deren Überwindung.

Die Zivilisationsangst sitzt sehr tief in unseren Zellen und führt dazu, daß man sich "kopflos" verhält, und zwar gerade dann, wenn man seinen Kopf dringend gebrauchen müßte, um sich aus einer verzwickten Lage zu befreien. Der Umgang mit der eigenen Angst kann aber gelernt werden, in dem man sich angstmachenden Situationen kontrolliert aussetzt. Der heutige Mensch hat vor vielen "natürlichen" Dingen Angst, zum Beispiel vor der Nacht und ihren Geräuschen. Machen Sie doch einmal die Übung, sich nachts im einheimischen Wald in eine besondere Situation zu begeben. Graben Sie sich ein Loch, so etwa in den Ausmaßen Ihres späteren Grabes, decken es mit Zweigen ab und legen sich hinein. Sie werden dabei mit Ängsten in Berührung kommen, die wenig mit dieser an sich angenehmen Situation zu tun haben. Sie können jederzeit ihr "Grab" verlassen, es gibt keine gefährlichen Tiere oder Wetterumschläge. Das Schlimmste, was in unseren Wäldern passieren könnte, ist, daß ein Wildschwein zu Ihnen in die Grube fällt. Es wird darüber aber genauso überrascht sein wie Sie, und die Wahrscheinlichkeit eines solchen Vorfalls ist sehr gering. Sie werden durch solche Übungen wissen, womit Sie es im Extremfall zu tun bekommen und können dann leichter mit Ihren Befürchtungen umgehen.

Der Mensch ist auch sehr entfremdet von seinem eigenen Körper und weiß oft gar nicht, zu welchen erstaunlichen Leistungen er eigentlich imstande ist. Die Kenntnis der eigenen Kraft schafft Selbstvertrauen. Üben Sie diese Kraft. Überwinden Sie Höhenangst, indem Sie an kleinen Felsen Kletterübungen machen. Schaffen Sie sich ein sicheres Umfeld und beobachten Sie, wann Ihre Angst einsetzt. Sie werden merken, daß es oft nicht die Situation selbst ist, die angstauslösend wirkt, sondern ihre eigenen negativen Gedanken.

Diese Gedanken sind aber mit etwas Willenseinsatz, Disziplin und Humor leicht zu überwinden. Bleiben Sie mit ihren Gedanken bei dem, was gerade anliegt und verschwenden Sie keine Sorgen an Dinge, die noch in der Zukunft liegen. Versuchen Sie, auch bei ungefährlichen Tätigkeiten ganz in diese Wahrnehmung zu kommen. Wenn Sie erst auf einem rutschigen Stamm über einen wildschäumenden Fluß balancieren müssen, können Sie es sich nicht leisten, über Ihre Probleme mit Ihrem Chef nachzugrübeln. Das wird man in der Regel auch "automatisch" nicht tun. In jedem Menschen schlummert eine Überlebenskraft, die kennenzulernen sich lohnt. Die eigentliche Faszination des Abenteuers liegt ja gerade darin, daß man Situationen erlebt, die einen aus der gewohnten "Psyche" hinausschleudern und mit dem unmittelbaren, freien Leben verbinden. Diese Erfahrung möglich zu machen, auch ohne sein Leben aufs Spiel setzen zu müssen, ist ein Anliegen dieses Buches.

Das Wort Angst kommt von Enge. Man steht unter Verschluß, von außen wird nichts mehr aufgenommen, die Kommunikation ist unterbrochen. Um Angst aufzulösen, muß man eine Öffnung schaffen können, die wiederverbindet mit dem Außen, also mit der Welt. Öffnung schafft man durch Vertrauen. Vertrauen ist der perfekte Gegenspieler der

Angst. Wenn man auf einen Menschen trifft, der offensichtlich in Panik geraten ist, kann man ihm durch eine klare, nüchterne Ansprache heraushelfen. Voraussetzung ist, daß man in sich selbst nicht eine ähnliche Angst verspürt wie der Betroffene. Panik ist viel häufiger die eigentliche Todesursache als man denkt. Selbst der Stich eines Skorpions ist nicht so gefährlich, daß die Entscheidung über Leben und Tod nicht letztlich doch vom Individuum selbst getroffen werden könnte, vorausgesetzt, es kann sich von seiner Angst aus eigener Kraft oder durch die Hilfe anderer befreien. Die Selbstheilungskräfte des eigenen Organismus sind enorm, wenn dieser Organismus die Heilung will und sich innerlich dafür empfänglich macht.

Auch diese Empfangsbereitschaft kann gelernt werden. Der moderne Mensch hat ein übertriebenes Schutz- und Sicherheitsbedürfnis entwickelt, was oft Angst erzeugt. Die Natur und ihre Elemente wieder kennenzulernen und sich ihnen auszusetzen, ist ein Weg, der mehr Selbstvertrauen aufbaut als viele Therapien. Wissen aus eigener Erfahrung und durch eigene Beobachtung zu erwerben, ist ein gutes und dauerhaftes Mittel, die Angst zu überwinden.

Um das Thema abzuschließen, möchte ich noch einen kleinen Hinweis geben: Wärme und Vertrauen haben viel miteinander zu tun. Wärme ist auch deswegen in den meisten Situationen der wichtigste Überlebensfaktor. Schaffen Sie sich in einer angstauslösenden Umgebung als erstes Wärme. Bauen Sie sich eine Behausung, die Ihnen halbwegs Behaglichkeit bietet, und es werden von selbst gute und überlebenswichtige Gedanken in Ihnen aufkommen.

3.2 Wahrnehmung und Anpassung

Das Wichtigste in einer Survivalsituation ist es, die Ruhe zu bewahren und trotzdem schnell zu handeln. Folgende Fragen können Ihnen dabei helfen:

- Wie wahrscheinlich ist Hilfe, und was kann ich sofort tun, um die Helfer auf mich aufmerksam zu machen?

- Gibt es Hinweise darauf, an welchem geographischen Standort ich mich befinde?
- Wie sieht die Landschaft aus, welche Tiere und Pflanzen könnten hier zu finden sein?
- Wo könnte es Baumaterial für eine provisorische Unterkunft geben?
- Wo könnte es brauchbares Wasser geben?
- Wie kann ich die am Ort vorhandenen Materialien für meine Rettung nutzen?
- Was tun andere Säugetiere, um in dieser Umgebung leben zu können, und was kann ich von ihnen lernen?

Vergeuden Sie keine Zeit damit, über Ihre Situation zu klagen. Verschwenden Sie keine Gedanken an Dinge, die zur Zeit nicht erreichbar sind, wie ein wichtiges Telefonat oder ein heimischer Erdbeerkuchen. Wenn Sie an Ihre Angehörigen denken, dann senden Sie Ihnen innerlich die Nachricht, daß Sie am Leben sind. Es gibt Wege zwischen Himmel und Erde, die solche Nachrichten durchaus ankommen lassen. Überlegen Sie, was Sie jetzt wirklich brauchen und machen dann folgende Übung: Wünschen Sie sich aus vollem Herzen das, was Sie brauchen und dann "vergessen" Sie diesen Wunsch. Diese Übung der "Entfixierung", wie ich sie nenne, ist ungeheuer wirkungsvoll und steigert die Wahrnehmung enorm. Oft habe ich erlebt, daß sich nicht nur mein Wunsch, sondern sogar viel mehr erfüllte. Geben Sie zum Beispiel der Pfefferminze für Ihren gewünschten Tee die Möglichkeit, sich zu zeigen, auf Sie zuzukommen! Aber fixieren Sie sich nicht darauf! Denken Sie nicht, wenn der Wunsch sich nicht sogleich erfüllt, daß dieses Prinzip nichts taugt und sowieso alles unmöglich ist. Schauen Sie sich vielmehr um, schauen Sie, was die Welt ihnen anbieten möchte und kann. Dann werden Sie auch ihre Geschenke ernten können.

3.3 Nutzen der Gemeinschaft

Mehrere Menschen können besser überleben, als ein Mensch allein. Sie können sich gegenseitig Wärme geben, bei schwierigen Wegstücken sichern, sich die Arbeit aufteilen, vor allem sich gegenseitig auch in schwierigen Phasen motivieren. Voraussetzung dafür ist allerdings, daß sie untereinander eine Kooperation herstellen, sich also einigen können über das gemeinsame Ziel und das dafür notwendige Handeln. Überlebenswissen heißt hier: Wie macht man aus einzelnen Individuen eine überlebensfähige Gruppe? Wie stellt man Kooperation zwischen Menschen her und überwindet Feindschaft und Mißgunst in der Gruppe?

Eine Frage, an der sich viel Konfliktstoff entzünden kann, ist die nach der Autorität in der Gruppe.

Deswegen hat das Militär den Leiter einer Gruppe von vornherein durch seinen Rang festgelegt. Das vereinfacht die Kommunikationsstrukturen, denn Anweisungen gehen in hierarchischer Weise von oben nach unten, Diskussionen und Konkurrenzkämpfe werden vermieden. Nachteilig ist, daß sehr viel Kompetenz auf einen einzigen Menschen übertragen wird, der natürlich genauso irren kann wie jeder andere Mensch. Außerdem kann das gemeinsame Wissen nicht zum Tragen kommen.

Auf Extremsituationen und natürlich auf zivile Verhältnisse ist dieses Modell nur bedingt übertragbar. Hier braucht es eine Führungsstruktur, die sich auf Vertrauen aufbaut und sich nicht statisch aus einer Rangordnung ableitet.

In Notsituationen muß jeder, der über die entsprechende Erfahrung verfügt, die Verantwortung annehmen und die entsprechenden Anweisungen geben. Ist die akute Gefahr gebannt, kann mit dem Aufbau des Teams begonnen werden. Setzen Sie sich zusammen und besprechen dann gemeinsam die Lage und mögliche Überlebensstrategien. Achten Sie darauf, daß keine unnötigen Diskussionen entstehen, sondern daß sich die Beiträge konstruktiv aufeinander beziehen. Eine gewählte Strategie wird dann von allen getragen, wenn sie verstanden wird und nicht dem Machtanspruch einer Person entspringt. In jedem Fall ist es wichtig, alle Mitglieder der Gruppe über notwendige Entscheidungen zu informieren und Bedenken Einzelner in diese miteinzubeziehen. Jeder muß die Gewißheit haben, daß er nicht ausgeschlossen wird und seine Meinung bei jeder Gelegenheit aussprechen kann. Genau so wichtig ist es, daß jeder seine Aufgabe erhält. Machen Sie sich mit dem Satz vertraut: Eine Kette ist so stark wie ihr schwächstes Glied. Die Starken dienen den Schwächeren, unterstützen sie, damit ein Wir-Gefühl entstehen kann, das letztlich immer stärker wirkt als die Kraft eines Einzelnen.

Für jeden Trainer einer Outdoor-Gruppe ist es eine Versuchung, die Dinge lieber selbst zu machen, weil dann alles viel schneller geht. Man ist ständig im Einsatz, und die anderen kommen sich immer nutzloser vor. Das ging mir auch so, bis ich mich entschieden hatte, die Reisen als Leitungsperson genauso zu genießen wie als Einzelgänger und immer weniger zu organisieren. Dadurch ermöglicht man den anderen, ihre Aufgabe zu finden, und aus einer Ansammlung von Menschen wird immer mehr ein Team. Jeder lernt von Tag zu Tag dazu und gewinnt mehr Selbstvertrauen. Einmal, als ein großes Gewitter heraufzog, habe ich mich als Leiter der Gruppe bewußt nicht an der Wahl des Lagerplatzes und dem Campaufbau beteiligt. Zuerst waren alle Beteiligten entrüstet, aber nach vollbrachter Tat überwog die Begeisterung darüber, daß man wieder ein Stück Selbständigkeit erobert hatte. Wichtig ist es, Probleme, Konflikte und untergründige Gedanken möglichst öffentlich anzusprechen, damit die Handlungen eines jeden für andere verständlich werden. Je mehr man über die Schwierigkeiten, Möglichkeiten und Wachstumsprozesse der anderen erfährt, desto kooperativer wird das Verhältnis untereinander.

Versuchen Sie eine Einigung darüber zu erzielen, daß möglichst keiner aus der Gruppe negativen Gedanken nachhängt. Da man sowieso gemeinsam in einer schwierigen Lage ist, deren Ausgang man nicht kennen kann, kann man genauso gut positiv denken wie negativ. Über die Situation zu klagen, das Schlimmste heraufzubeschwören, andere zu beschuldigen oder sich zu bevorteilen - das sind alles vermeidbare Dinge, die eine Menge Energie kosten und die Gruppe belasten. Machen Sie sich zum Vorbild, indem Sie bei sich selbst mit dieser geistigen Disziplin anfangen, und schlagen Sie humorvolle Alternativen vor, um notorische Pessimisten umzustimmen.

Auf diese Weise entwickelt sich im Lauf der Zeit aus einer geführten Gruppe ein Team. Ein solches Team von selbstverantwortlichen Menschen ist die beste Voraussetzung für das Überleben.

3.4 Aufgabe

Wenn man nicht selbst etwas für seine Rettung tun kann, sondern an einem Ort ausharren muß, ist es wichtig, die eigene Überlebensmotivation aufzubauen. Wenn man sein Interesse an der Welt erhalten oder hier gar gefunden hat, ist das sicherlich nicht so schwer. Zu tun gibt es eigentlich genug: Der Lagerplatz kann verbessert werden, der Unterschlupf kann zur Morgensonne hin ausgerichtet werden, damit das Aufwachen schon angenehm begleitet ist von Wärme und Licht. Vielleicht gibt es auch jemanden, der schöne Geschichten zum Einschlafen erzählen kann. Oder Sie bauen ein künstlerisches Mosaik aus Steinen und Zweigen. Es gibt keine Grenzen für die Phantasie und alles ist eine Aufgabe. Hier in der freien Natur, wo es keine Bezahlung und Statussymbole mehr gibt, können sich die Wertmaßstäbe verändern. Was trägt dazu bei, daß die Situation genußvoll und interessant wird?

Und: Lernen Sie, zu beten! Ja, Sie haben richtig gelesen! Sie werden schon herausfinden, zu wem Sie beten müssen. Es ist ganz egal, wie Sie ihn oder vielleicht auch sie nennen. Ein ehrlich gemeintes Gebet wird auf jeden Fall bei einer

Stelle landen, die Ihnen Kraft gibt. Wie bei allen Dingen ist auch in diesem Bereich ein wenig Übung vor dem Ernstfall von Nutzen.

4 Der Mensch ist ein Warmblüter

Der Mensch ist ein Warmblüter und als solcher existentiell darauf angewiesen, seine Körpertemperatur zu erhalten und auszugleichen. Im Gegensatz zu seinen tierischen Verwandten sind ihm jedoch im Verlauf der Evolution die Haare weitestgehend abhanden gekommen. Das Fehlen einer isolierenden Fellschicht zwingt den Menschen zur Nutzung künstlicher Isolierungen. Das trifft vor allem auf diejenigen Lebensräume zu, die außerhalb der Tropen liegen. Erst die Erfindung solcher künstlicher Isolierungen hat es dem Menschen ermöglicht, die gesamte Erde zu besiedeln. Und die naheliegendste Erfindung war, sich selbst ein Fell umzuhängen, also die Kleidung.

Für den modernen Survival-Schüler ist es in der Regel kein Problem, die erforderliche Kleidung gut zusammenzustellen. Ich möchte ihm aber vorab etwas ans Herz legen, was durch die zivilisierte Lebensweise leicht in Vergessenheit gerät, und zwar die Bedeutung der inneren Einstellung zu Kälte und Hitze. Man friert nicht nur, weil es kalt ist, sondern weil man Angst vor der Kälte hat. Aus der Tradition des Zen ist bekannt, daß Mönche im beinharten Winter und in nasser Kleidung einen hohen Berg besteigen konnten, ohne zu erfrieren. Ich habe diese Übung nie gemacht und will sie niemandem empfehlen. Aber sie zeigt die Bedeutung der inneren Einstellung. Für den Anfänger, für den ich mich in diesem Sinn auch halte, ist es immer gut, sich den Elementen, wenn auch nur kurzzeitig, ganz auszusetzen. Wenn ich im glasklaren, aber eisig kalten Wasser eines Flusses badend in die aufgehende Sonne blinzle, wenn ich mich nackt in den Regen oder bei klirrender Kälte unter einen Wasserfall stelle und mich danach am Feuer aufwärme, sind das Erlebnisse, die mich wach machen und mich mit der Welt verbinden. Sie wärmen mich inwendig und machen mich weniger abhängig von äußerer Wärmezufuhr. Mit Abhärtung hat das nichts zu tun.

4.1 Kleidung

Die Funktion der Kleidung ist es, den Körper zu isolieren. Doch es ist nicht die Kleidung, die wärmt, sondern die im Gewebe eingeschlossene Luft. Durch die Kleidung wird also ein isolierendes Luftpolster um den Körper herum geschaffen.

Durch das Fehlen der Behaarung konnte der Mensch eine sehr effiziente Methode entwickeln, den überhitzten Körper durch Schwitzen abzukühlen. Vermutlich ist der Mensch das "saunafähigste" Lebewesen auf diesem Globus. Dieser Vorteil kann jedoch in gemäßigten Klimaregionen schnell zum Nachteil werden, da ein durchnäßtes Gewebe die isolierende Wirkung weitgehend verliert. Das bedeutet, daß die Kleidungsstücke, die man trägt, der jeweiligen Außentemperatur und der Tätigkeit angepaßt sein müssen. Aus diesen Vorüberlegungen ergeben sich bereits erste Schlußfolgerungen für die richtige Kleidung am richtigen Ort.

Ein Gewebe, das gut wärmen soll, muß viele kleine Hohlräume enthalten, also viel Luft einschließen können, und so beschaffen sein, daß möglichst kein Austausch der erwärmten gegen kalte Luft stattfinden kann. Es muß winddicht sein, damit nicht durch den Wind die mit viel Energie angewärmten Luftpolster aus dem Gewebe hinausgeblasen und durch kalte ersetzt werden. Dann muß es wasserdicht sein, weil durchnäßte Kleidung nicht mehr isoliert. Aber sie darf die Verdunstung nicht verhindern, weil sich sonst Schweiß unter der Oberfläche sammelt. Da es kein Gewebe gibt, was all diese Anforderungen auf einmal erfüllen könnte, ist die beste Art, sich gegen niedrige Temperaturen zu schützen, die des Zwiebelschalenmodells:

Ideal ist als unterste Schicht ein Netzhemd, um die nächste Schicht, möglichst Angorawolle, "auf Distanz" zu halten. Danach ist ein Wollhemd und darüber ein locker gestrickter Pullover zu empfehlen (nur dann mit Rollkragen, wenn er einen kurzen Reißverschluß hat.) Für die Beine sind Jeans das Schlechteste; am besten sind Hosen aus Loden (Wollfilz) über Unterhosen aus Angorawolle.

Jacken müssen vor allem winddicht sein. Sie können ebenfalls aus Loden sein und sollten tiefer als die Hüfte reichen. Wichtig ist, daß sie auf halber Höhe Seitentaschen für die Hände besitzen. Meistens sind die Seitentaschen zu tief an der Jacke angebracht und die Hand ist nicht völlig unterzubringen. Fäustlinge wärmen mehr als Fingerhandschuhe. Bei starker Kälte trägt man am besten gestrickte Fingerhandschuhe aus Wolle und zieht Fellfäustlinge darüber.

Als Jacke, die gegen Nässe schützt, ist ein gewachstes Material oder Gore-Tex u.ä. zu empfehlen. Dabei ist zu beachten, daß die Nähte speziell gedichtet sein sollten. In Gebieten, in denen mit Dauerregen zu rechnen ist, kann auch ein gummierter Regenschutz gute Dienste tun. Diesen aber möglichst lose über die Kleidung hängen, über den Rucksack, nicht darunter, sonst gerät man sehr schnell ins Schwitzen. Durchaus empfehlenswert kann ein Schirm sein, allerdings nur bei geringen Windstärken. In Nepal ist er während der Monsunzeit ein ständiger Begleiter der Einheimischen auf ihren Bergpfaden.

Bei Schuhen gilt ebenfalls, daß mehrere lockere Schichten am besten isolieren. Nie so viele Socken übereinander ziehen, daß der Fuß im Schuh beengt ist! Besonders bei Gummistiefeln zusätzlich dicke Filzlinge einziehen, denn Gummi gibt die Wärme viel schneller ab als Leder.

Wenn man sich so Schicht für Schicht kleidet, hält man das Zentrum warm. Darüber hinaus sind natürlich auch alle exponierten Körperpartien wichtig, wie Kopf und Hals. Über sie kann man sehr viel Wärme verlieren. Deshalb sind Kopfbedeckung und Schal praktisch ein "Muß".

Wind ist ein besonderer Faktor im Temperaturgeschehen. So, wie Wäsche auf der Leine bei Wind wesentlich schneller trocknet als bei Windstille, so kühlt auch der Körper schneller aus. Durch den Wind wird die Verdunstung stark beschleunigt und als Folge davon die Auskühlung. Außerdem werden die durch den Körper erwärmten Luftschichten ständig ausgetauscht. Durch den Wind wird die Temperatur, die auf den Körper einwirkt, herabgesetzt, entspricht also nicht mehr der des Thermometers. Diese Tatsache wird als "Chill-Effekt" bezeichnet. Der Chill-Effekt führt dazu, daß die meisten Erfrierungen nicht bei besonders tiefen Temperaturen auftreten, sondern bei stürmisch-nassem Wetter in der Nähe des Gefrierpunktes.

Kleidung, insbesondere Socken, sollte abends gelüftet werden. Feuchte Kleidung muß ausgezogen werden. Sie kann allenfalls zum Trocknen mit in den Schlafsack genommen werden.

Man kann die Isolationswirkung der Kleidung durch natürliche Materialien verbessern. Die Natur hält dafür eine ganze Reihe von Materialien bereit. Trockenes Moos, Schilffahnen und besonders die "Watte" von Rohrkolben können zwischen Pullover und Jacke gestopft werden.

Soweit das Wichtigste zum Schutz gegen Kälte. Doch es gibt noch eine weitere Tätigkeit eines warmblütigen Organismus, auf die man achten muß, um die richtige Kleidung zu wählen: die des Schwitzens.

Eine von Schweiß durchnäßte Kleidung ist genauso wertlos, wie eine vom Regen durchnäßte. Dies kann in einer Überlebenssituation fatale Folgen haben, wenn man keine Wäsche zum Wechseln und keine Möglichkeit zum Trocknen hat. Außerdem erhöht sie die Erkältungsgefahr.

Das Schwitzen zu vermeiden, ist eine Möglichkeit, dem entgegenzuwirken. Um genau die richtige Temperatur um den Körper einstellen zu können, sollten viele relativ dünne Schichten angezogen werden, die aber nicht dicht aufeinander liegen sollten, sondern locker, um weitere Lufträume zu schaffen. Je nach Bedarf kann man sie dann an- und ausziehen.

Besonders leicht kommt man beim Bergwandern ins Schwitzen; deshalb zieht jeder zünftige Bergwanderer beim Abmarsch so wenig an, daß er sofort losgehen muß, um nicht zu frieren. Er weiß, daß sich sein Körper bereits nach wenigen Schritten erwärmt und damit die Temperatur wieder "stimmt". Ganz verhindern kann und soll man das Schwitzen natürlich nicht. Das bedeutet für die Auswahl der Kleidung, daß sie die Feuchtigkeit nach außen durchlassen sollte, ohne die erwärmte Luft zu verlieren. Wolle isoliert im Gegensatz zu Baumwolle auch dann noch, wenn sie feucht geworden ist, vor allem wenn sie naturbelassen, d.h. nicht entfettet ist. Wolle ist darüberhinaus im Vergleich zu Kunstfasergeweben relativ unempfindlich gegen Funkenflug am Lagerfeuer.

4.2 Wärme im Notfall

Im Notfall, zum Beispiel bei einem Wetterumschwung, ist es das wichtigste, sofort einen Windschutz aufzusuchen, um die auskühlende Wirkung des Windes zu verringern. Bei einem Schneesturm in den Bergen kann man sich in den Schnee eine Notunterkunft graben (Abschnitt 5.7). Dort, wo der Schnee dick genug liegt, ist man ohnehin im Windschatten. Schnee isoliert sehr gut und reflektiert die Körperwärme. Das wissen sogar die Hühner! Manche Arten, z.B. Auerwild, lassen sich einschneien und erhalten so eine Schneebehausung, ohne einen Flügel "krumm machen zu müssen".

Wenn der Körper seine Temperatur nicht halten kann, schaltet er um auf ein Notprogramm mit dem Ziel, die zentralen Körperfunktionen möglichst lange aufrecht zu erhalten. Dazu reduziert er die Blutzufuhr zunächst in die peripheren Körperteile. Die häufigsten Erfrierungen tauchen daher an Füßen und Händen auf. Der Körper unterbricht die anfängliche Gefäßerweiterung, mit der er die betroffenen Partien stärker durchbluten, d.h. erwärmen wollte und tut genau das Gegenteil: Die Gefäße in der Haut ziehen sich zusammen, bleiche bis gelblich gefärbte Partien entstehen, ein leichter Schmerz und ein prickelndes Gefühl tritt auf. Mit leichtem Reiben (aber nicht mit Schnee!) und durch Bewegung kann dieses Stadium noch rückgängig gemacht werden. Durch die Muskeltätigkeit wird Wärme frei und der Körperteil wird wieder gut durchblutet.

Heftigere Unterkühlungen geben sich durch Verhärtung, Gefühllosigkeit und wachsige Verfärbung der Haut zu erkennen. Hier muß für eine baldige Aufwärmung gesorgt werden, zum Beispiel in einem stark geheizten Raum (aber noch unter Körpertemperatur, keine Sauna, weil dadurch der Körper zur Wärmeabgabe veranlaßt wird!), Ausziehen nasser Kleidung, Einhüllen in vorgewärmte Decken, warme Getränke. Im Freien können unterkühlte Extremitäten am Bauch oder unter der Achsel eines Helfers aufgewärmt werden, oder die Helfer entfachen zwei große Feuer und legen den Patienten dazwischen.

Bei Unfällen im Wasser sollte man möglichst keine Kleider ablegen, da sich um den Körper herum das Wasser anwärmt. Bei Bewegung fließt es weiter und wird durch kaltes ersetzt. Durch Kleidung wird dieser Vorgang gebremst. Die Überlebenschance in kaltem Wasser wird normalerweise nicht hoch eingeschätzt, aber ich möchte an dieser Stelle von einer Erfahrung berichten, die ich während eines kalten Schwarzwaldwinters zusammen mit Freunden machten konnte.

Wir hatten ein Haus und eine Sauna zur Verfügung, als einer von uns auf die Idee kam, sich in einen zugefrorenen Teich zu legen. Er hackte ein Loch ins Eis und legte sich ins flache Wasser. Das steckte so sehr an, daß wir uns einen Sport daraus machten, wer es wohl am längsten darin aushält. Und allen wissenschaftlichen Voraussagen zum Trotz hielt es der "Gewinner" länger als eine halbe Stunde aus und stieg gesund und munter aus dem Wasser. Es hat sich niemand bei dieser "Teicholympiade", wie wir das später nannten, erkältet oder irgendwelche Erfrierungen zugezogen.

Wenn man bei 0° Wassertemperatur still liegt, beginnt sich der Wasserfilm um den Körper zu erwärmen. Sie können diesen Vorgang bei einer günstigen Gelegenheit und einem zugefrorenen Teich selber einmal testen und vorsichtig mit der Hand die Wärmeschichtung um den Körper herum fühlen. Ich empfehle Ihnen allerdings sehr, keinen Ehrgeiz an den Tag zu legen, die oben genannte "Leistung" zu überbieten. Meiner Meinung nach war sie nur möglich durch die Kraft und Energie der Gruppe und ist nicht einfach ohne Vorbereitung und allein zu wiederholen.

Wenn man Ertrinkende aus dem Meer birgt, kann man sie, wenn man kein Handtuch hat, mit Sand abtrocknen. Um sie vor dem auskühlenden Wind zu schützen, ist eine Sandmulde geeignet, in die der Betreffende gelegt und mit trockenem Sand überschichtet wird.

4.3 Kühlung im Notfall

Nicht nur Kälte, sondern auch starke Hitze erfordert besondere Maßnahmen hinsichtlich der Kleidung, vor allem wenn es dazu noch windig ist. Es gibt vor allem zwei Gefahrenquellen: Überhitzung und Austrocknung (Dehydrierung) des Körpers. Der Wind entzieht dem Körper viel Wasser durch Verdunstung, ein Vorgang, der durch schlecht isolierende Kleidung unterstützt wird.

Wenn eine Überhitzung droht, ist es ratsam, die körperliche Anstrengung zu reduzieren. Das geschieht auch "automatisch", denn in großer Hitze fühlt man sich schlapp und müde. Und natürlich braucht der Körper jetzt genügend Wasser.

Bei der Kleidung ist darauf zu achten, daß der Wind nicht an nackte Hautstellen herankommt und sie dennoch dem Körper die Möglichkeit zur Abkühlung läßt. Deshalb ist eine leichte, lockere Kleidung wichtig. Eine entsprechende Kleidung für eine Reise in heiße Gebiete kann man sich ohne weiteres bei den Einheimischen abschauen.

Umgekehrt wie bei der Kältereaktion versucht der Körper bei zu großer Hitze, die Temperaturabgabe durch vermehrte Durchblutung der Oberfläche zu verbessern. Dadurch fällt der Blutdruck ab, es folgt eine Blutleere im Gehirn. Man fällt in Ohnmacht. Das ist zwar unangenehm, aber nicht besonders schwerwiegend. Viel ernsthafter ist der Hitzschlag. Er beginnt mit Kopfschmerzen, Herzklopfen und zunehmender Übelkeit, die teilweise mit Krämpfen verbunden sind. Man sollte zügig einen schattigen Platz aufsuchen und die Kleider ablegen, bzw. einen überhitzten Menschen dorthin bringen. Die Abkühlung wird unterstützt durch kalte Getränke, die man in kleinen Schlucken zu sich nimmt, oder durch Abreiben mit einem nassen Lappen.

Als Sonnenstich bezeichnet man eine Überhitzung des Kopfes. Sie geht mit ähnlichen Symptomen einher wie der Hitzschlag und ist genauso ernstzunehmen. Am besten ist es natürlich, es gar nicht erst soweit kommen zu lassen, also einen Hut zu tragen oder, falls keiner zur Hand ist, das berühmte Taschentuch mit seinen vier Knoten.

5 Behausung

Die Behausung ist neben der Kleidung das wichtigste Überlebensmittel. Dies trifft sowohl für kalte als auch für heiße Klimazonen zu. In den kalten Regionen ist der Schutz vor dem Erfrieren und in den warmen Gebieten der Schutz vor Überhitzung von Bedeutung. Während in den heißen Regionen jedoch in der Regel ein Schattenplatz ausreicht, ist der Aufwand für den Kälteschutz viel höher. Im einfachsten Fall können überstehende Felsvorsprünge, Höhlen, dicke umgestürzte Baumstämme usw. verwendet werden. Bei arktischen Verhältnissen sind sehr dicke Schichten aus abgestorbenem Pflanzenmaterial oder Schnee erforderlich.

Wie wichtig ein Dach über dem Kopf ist, wurde mir bei einer Motorradtour in Finnland an der russischen Grenze klar, als ich mich mit den Tankstellen verkalkuliert hatte und auf freier Strecke übernachten mußte. Nach einer längeren Tagestour vom Regen durchnäßt, mußte ich möglichst schnell ein trokkenes Plätzchen finden, ohne lange nach Baumaterial zu suchen. Da ich eine Zeltplane dabei hatte, entstand das Dach direkt am Motorrad, und ein kleines Feuer direkt vor der Plane gab mir die erforderliche Wärme.

Aber es geht auch ohne Zeltplane, wenn man sich mit Materialien aus der Natur zu helfen weiß. Bei allen im Folgenden beschriebenen Behausungen aus natürlich vorkommendem pflanzlichem Material sollten wir darauf achten, möglichst abgestorbene Pflanzenteile zu verwenden.

Diese sind trockener und isolieren dadurch besser. Außerdem vermeiden wir eine unnötige Verletzung der Pflanzen. In vielen Urvölkern sprechen die Menschen mit einer Pflanze, bevor sie sie beschneiden. Sie teilen ihr mit, warum und wofür sie ein Teil von ihnen brauchen und bedanken sich für diese Gabe. Das mag einem Westeuropäer befremdlich vorkommen. Viele Urvölker gehen im Gegensatz zu uns davon aus, daß alles, was materiell ist, auch Seele enthält, seien es Steine, Landschaften und natürlich auch Pflanzen. Und wenn man davon ausgeht, dann ist es nur logisch, daß man mit allen Wesen auch einen geistigen Kontakt aufnehmen kann. In unserer westlichen Kultur haben wir ein sehr mechanisches Weltbild entwickelt, und Pflanzen und Bäume werden als "Dinge" betrachtet, als Hindernisse für große Bauprojekte oder als bloße Kalorienträger. Um diese Denkgewohnheit zu überwinden, empfehle ich allen, es den Urvölkern nachzumachen und bei allen Tätigkeiten den um uns lebenden Wesen mitzuteilen, daß wir mit Ihnen kooperieren und sie nicht bekämpfen. Eine Ausstrahlung der Bewußtheit und der friedlichen Absicht ist die beste Basis für das Zusammenleben zwischen dem "neuen" und den alteingesessenen Nachbarn.

5.1 Lagerplatz

Die Wahl des Lagerplatzes ist wichtiger, als allgemein angenommen wird. Der ideale Lagerplatz befindet sich in einer Entfernung vom Wasser von mindestens 50 Metern und so hoch, daß er bei steigendem Wasserspiegel nicht überflutet werden kann. Auf diese Weise vermeidet man auch weitgehend die Tauniederschläge, die in Wassernähe immer besonders stark sind. Die Hütte sollte nicht in einer Mulde stehen. Zum Ablaufen des Regenwassers wird ein kleiner Graben am Fuß der Unterkunft angelegt.

Der Platz sollte vor Wind, möglichst auch vor Niederschlägen geschützt sein. Dies ist am ehesten auf der windabgewandten Seite von Felsen oder Waldstücken der Fall. In

Mitteleuropa kommt Regenwetter vorherrschend von Westen, deshalb ist die statistisch sicherste Seite auf der Ostseite von Waldstücken oder Felsen. Die regenbringende Windrichtung kann aber aufgrund der örtlichen Verhältnisse, insbesondere im Gebirge und an der Küste, stark schwanken. An der Küste gibt es durch aufsteigende Luftmassen infolge der schnelleren Erwärmung des Landes tagsüber oft eine Luftbewegung vom Wasser in Richtung Land und nachts umgekehrt.

Unter kalten und gemäßigten Klimabedingungen hat ein Sonnenplatz viele Vorteile, z.B. am Südrand einer Lichtung. Hier trocknet nasse Ausrüstung schneller, als im beschatteten Wald, und es ist länger hell. Das Umgekehrte gilt unter heißen Bedingungen. Hier sollte Schatten und Luftzug das entscheidende Kriterium sein. Dabei ist jedoch zu beachten, daß in der Wüste die Nächte oft empfindlich kalt werden.

Die Suche nach Windschutz darf aber nicht dazu verleiten, Lagerplätze zu wählen, bei denen andere Risiken bestehen. Neben den bereits erwähnten sind dies insbesondere Stellen unter Überhängen, von denen Steine und Felsen abbrechen könnten, oder unter blitz- bzw. windgefährdeten Bäumen. Wenn man das Risiko nicht beseitigen kann, sollte der Lagerplatz anders gewählt werden.

Große Sorgfalt ist bei der Wahl des Feuerplatzes erforderlich. Es ist auf jeden Fall zu vermeiden, daß Funken die Behausung oder die umgebende Vegetation entzünden. Deshalb ist der Abstand zur Hütte groß genug zu wählen. Der Abstand richtet sich nach der Größe des Feuers. Ebenso ist auf überhängende Zweige zu achten. Ein ganz besonderes Risiko besteht in Moorgegenden, wo der Boden aus Wurzeln und abgestorbenem pflanzlichen Material (Torf) besteht. Hier kann ein Feuer unbemerkt unterirdisch weiterglimmen und Tage später erst ausbrechen. Eine Unterlage aus Steinen und gründliche Befeuchtung um das Feuer herum können hier Abhilfe schaffen.

Bei der Wahl des Lagerplatzes ist darauf zu achten, daß man Wechsel und Lagerplätze von Tieren möglichst wenig stört. Dies verringert das Risiko, von den Tieren angegriffen zu werden, seien es nun Ameisen, Wespen oder Bären. Wenn man in einem Gebiet ist, in dem Bären vorkommen, muß man seine Nahrungsmittel gut aufbewahren. Am besten abseits des Lagers zwischen zwei Bäumen aufhängen!

5.2 Laubhütte

Die Laubhütte ist die einfachste Form der Behausung mit natürlichem Material. Sie ist außerdem die beste Überlebensmöglichkeit, wenn man (noch) kein Feuer zur Verfügung hat. In den Abb. 5.1 und 5.2 ist der Aufbau zu erkennen. Der wesentliche Teil ist ein etwa armdicker Firststamm, dessen unteres Ende auf dem Boden aufliegt und dessen oberes Ende entweder auf einem Baumstumpf, Felsblock oder ähnlichem ruht, bzw. durch zwei schräg gegeneinander gestellte, gegabelte Stöcke gehalten wird, die in den Boden gesteckt werden; Höhe etwa 80 cm. Der Firststamm sollte so lang sein, daß zusätzlich zum ausgestreckten Körper noch Platz von etwa einem halben Meter bleibt, um die Öffnung abdichten zu können. Die Öffnung möglichst gegen Osten richten, um Morgensonne einzufangen. Die Mittagssonne steht zu hoch, um nutzbar zu sein. Eventuell ist eine Arbeitsfläche für das Aufbewahren von Holz, Werkzeug und Gepäck sinnvoll.

Gegen den Firststamm werden zuerst kräftigere, danach dünnere Zweige gelehnt (Abb. 5.1). Das Dach muß so steil sein, daß einerseits der Körper genug Bewegungsfreiheit hat und andererseits das Regenwasser gut abfließen kann. Die Zweige werden dicht gepackt, damit das feinere Material, das als nächste Schicht darüber gedeckt wird, nicht durchfallen kann. Die Zweige dürfen nicht aus dieser Schicht hinausragen, da an ihnen das Regenwasser heruntersickert. Für die Deckschicht eignet sich leichtes, luftiges, weiches und möglichst trockenes Material, z.B. Farnwedel (wirken

Abb.5.1 Gerüst einer Laubhütte

auch gut gegen Insekten), Gras, Rohrkolbenblätter, Schilfrohr, darüber Blätter, danach Moos und als Abdeckschicht evtl. Rindenstücke in Dachziegellage zum besseren Ablaufen des Wassers. Wenn die Rindenstücke nicht schwer genug sind, bzw. wenn Blätter als Abdeckschicht verwendet werden, müssen Äste aufgelegt werden, die das Wegwehen verhindern. Falls nur wenig trockenes Material vorhanden ist, benutzt man dieses als innere Lage. Die erforderliche Dicke der isolierenden Laubschicht ist abhängig von der Temperatur und sollte mindestens 75 cm betragen, bei Temperaturen unter 0°C bis doppelt soviel. Die fertige Hütte sieht wie ein großer Laubhaufen aus (Abb. 5.2).

Das Innere - Boden, Ecken und Winkel - wird mit möglichst feinem Material ausgestopft, z.B. Schilffahnen, Rohrkolbenblättern und -watte, trockenem Laub und Farnwedeln. Notfalls tut es auch etwas feuchtes Material. Der Prozeß kann bei trockenen Witterungsbedingungen vereinfacht werden, indem man mit dem Ausstopfen bereits beginnt, wenn die unterste Astlage auf den Firststamm gelegt ist. Auf diese Weise kann einiges Material auch von außen in den engen Fußraum eingebracht werden. Der Arbeitsbereich am Ein-

Abb.5.2 Fast fertige Laubhütte

gang wird nicht ganz ausgestopft, sondern nur der Boden ausgelegt.

Die fertige Laubhütte ist im Prinzip ein Schlafsack im Eigenbau. Wie bei Schlafsäcken ist auch hier ganz wichtig, daß die Hütte nicht zu groß ist. Alle Leerräume verschlechtern die Isolation. Raum sparen heißt auch Arbeit und Energie für die Materialsuche sparen. Wenn die ganze Körperlänge ausgestopft ist, muß das Material mit dem Körper zusammengedrückt werden, damit aus wenigen großen viele kleine isolierende Lufträume entstehen. Den Vorgang des Ausstopfens und Zusammendrückens noch bis zu zweimal wiederholen, um genügend isolierendes Material einzubringen. Das Isolationsmaterial soll den Körper wie ein dichter Kokon umgeben.

Zur Abdichtung der Öffnung einen Haufen Isolationsmaterial und/oder dicke Aststücke in Reichweite bereitlegen, mit denen man nach dem Hineinkriechen hinter sich die Öffnung verschließen kann. Wenn man mehrere Nächte in der Hütte verbringen muß, lohnt sich die Herstellung einer einfachen Tür. Diese besteht aus einem lockeren Geflecht aus biegsamen, fingerdicken Zweigen. Die Zweige werden im Abstand von etwa 10 cm miteinander verflochten. Die Länge der Zweige sollte mehr als das Doppelte der Öffnung betragen. Auf das Geflecht wird Isolationsmaterial gehäuft und mit den überstehenden Zweigenden auf dem Gewebe "festgenäht".

Da man sich in einem Schlafsack aus leicht brennbarem Material befindet, darf man direkt vor der Hütte kein Feuer machen. Die Brandgefahr kann etwas verringert werden, wenn man relativ feuerfestes Abdeckmaterial benutzt, wie z.B. Rindenstücke.

5.3 Lean-to

Das Lean-to (Abb. 5.4) ist praktisch nur ein Schrägdach und wird bei höheren Temperaturen verwendet, wenn nur ein Regenschutz erforderlich ist, bzw. wenn bei tiefen Temperaturen ein Dauerfeuer unterhalten werden kann. Die Schräge zeigt in die Hauptwindrichtung. Für eine Person wird im einfachsten Fall in etwa 150 cm Höhe ein mindestens armdicker Firstbalken auf die Astgabeln zweier im Abstand von mindestens zwei Meter stehenden Bäumen gelegt. Falls keine passenden Bäume gefunden werden, kann man statt dessen zwei stärkere Äste mit Gabeln an der Oberseite in den Boden treiben, bis sie halten (notfalls mit weiteren schrägen Ästen abstützen oder mit Schnur wie bei Zelten verspannen).

Zur Anlage des Daches werden Äste, große Rindenstücke etc. etwa im 45-Grad-Winkel gegen den Firststamm gelehnt und, wenn nötig, mit Schnur befestigt. Die zweite Lage besteht aus schräg gelegten Stöcken und darüber belaubten Zweigen, Rindenstücke u.ä. zur Abweisung des Regens.

Bei Bedarf können Seitenwände in derselben Weise wie das Dach hergestellt werden. Müssen die Seitenwände aus Platzgründen steil sein, empfiehlt sich der im folgenden Abschnitt beschriebene Bau von Laubwänden.

Abb. 5.3 Laubwand

Die Öffnung sollte zur windabgewandten Seite zeigen und einen Vorplatz besitzen, der für die Anlage eines Feuers geeignet ist.

5.4 Laubwand

Die Grundstruktur besteht aus Stöcken, die in zwei Reihen (Abstand ca. 20 cm) in den Boden gesteckt sind. Sie müssen so dicht stehen, daß das Laub dazwischen gehalten wird. Das Laub, am besten vermengt mit Gras, Farnkraut und kleinen Zweigen, muß fest zwischen die Stöcke gestopft werden (Abb. 5.3).

5.5 Schilfhütte und Strohhaufen

In großen Feuchtgebieten ist oft kein Baum zu finden. Hier ist das meistens vorhandene Schilf ein ideales Baumaterial, das in diesen Gebieten oft auch als Material zum Dachdekken benutzt wird. Bei diesem Material ist die Windsicherung besonders wichtig. Ein mindestens 50 cm dickes Bündel von mindestens 2 m langen Schilfhalmen wird am oberen Ende zusammengebunden. Danach bricht man die "Fahnen" an den Spitzen als Isolationsmaterial für den Innenraum ab und stellt das Bündel in Form eines Tipis auf. Weitere gebündelte Halme werden um den ersten Kegel gelegt und zum Schluß ebenfalls festgebunden. Die Basis kann mit Erde stabilisiert werden. Im Winter kann man das gesamte Bauwerk zusätzlich mit Schnee bedecken. Danach wird der Innenraum mit Schilfbündeln ausgelegt und mit den Fahnen abgedeckt, die besonders gut isolieren.

In Agrarsteppen ist ebenfalls kaum ein Baum zu finden, der Streu liefern könnte, aber oft Strohhaufen, in die man sich leicht eine Höhle wühlen kann. Ballen können auseinandergenommen werden und zerfallen in der Regel in lockere Platten, die leicht als Bodenbelag ausgelegt werden können. Weitere Strohplatten werden feiner zerteilt und zu einem zwei Meter hohen Haufen aufgeschüttet. Dieser Haufen kann als Windschutz mit Strohplatten abgedeckt werden. Zum Schlafen wühlt man sich in den Haufen hinein.

Wenn genügend Ballen vorhanden sind, die auch lang genug sind, kann man sie als Wände aufstellen und mit quer darüber gelegten Ballen abdecken. Die entstandene Höhle wird dicht mit Stroh ausgestopft.

5.6 Planen

Zeltplanen, Ponchos, Plastikplanen und Fallschirme können in den verschiedensten Variationen zur Herstellung von Notunterkünften eingesetzt werden. Ideal ist meistens die Verwendung als Lean-to (siehe 5.4). Wenn die Planen keine Ösen besitzen, kann ein Kieselstein mit etwa 2 cm Durchmesser benutzt werden. Man fertigt eine Schlinge, drückt den Stein gegen die Plane, legt die Schlinge über Plane und Stein und zieht sie zu. Diese Technik hat einen geringen Materialverbrauch und eine gute Haltbarkeit auch bei glatten Planen.

Man kann ein Lean-to in verschiedenen Variationen aufbauen. Die Zeltrückwand dient als Reflektor für das davor

Abb. 5.4 Lean-to aus einer Zeltplane, Feuerstelle mit Reflektor

angelegte Feuer. Gleichzeitig ergibt sie einen guten Wind- und Wetterschutz.

5.7 Schneeunterkunft

Schnee ist im Prinzip ein leicht zu handhabendes und gut isolierendes Baumaterial. Der Bau eines Iglus ist allerdings etwas für Fortgeschrittene. In einer Notsituation ist die sinnvollste Notbehausung im Wald ein Baumunterschlupf, im freien Gelände eine Schneewand oder im Idealfall eine Schneehöhle. Bei allen Bauten im Schnee sollte man unbedingt darauf achten, daß sie sich nicht an lawinengefährdeten Plätzen befinden und nicht voll dem Wind ausgesetzt sind. Die Konsistenz des Schnees, die zur Verfügung stehende Zeit und die Gegend entscheiden über die Wahl der Behausung. Das Wissen, wie man mit Schnee Behausungen baut, ist gerade in unserer Zeit wichtig, wo sich viele Menschen im Winter in den Bergen aufhalten und durch einen Wetterumsturz oder durch Übermüdung bei Skitouren in Lebensgefahr geraten.

Bei Schneehöhen über einem Meter kann man eine Unterkunft an einem Nadelbaum bauen, dessen untere Äste fast bis auf den Schneebelag reichen. Um den Stamm herum sollte ein Loch so tief gegraben werden, daß der Kopf beim Sitzen nicht herausschaut. Der Aushubschnee wird um das Loch herum als Wall angelegt, damit keine zusätzliche Kaltluft hineinfließen kann.

Schneehöhlen sind in Gegenden mit großen Schneeverwehungen bei halbfestem bis festem Schnee zu bauen(Abb. 5.5). Man baut sie in bereits vorhandene Schneewächten oder stellt eine solche selbst her, indem man einen zwei Meter hohen Schneehügel auftürmt und ihn leicht festklopft. Eine Schneehöhle darf man niemals allein bauen, weil immer eine Einsturzgefahr besteht! Einer bleibt außen, wenn der andere innen arbeitet. Die Öffnung der Höhle muß unten liegen, damit die Kaltluft abfließen kann und die Warmluft sich hält. Das Aushöhlen beginnt am Boden. Wenn man sich bis in die Mitte des Hügels vorgearbeitet hat, läßt man eine Stufe stehen und arbeitet sich auf der höheren Ebene weiter vor. Die Höhle muß möglichst klein gehalten werden, um nur ein kleines Luftvolumen mit der Kerze oder der eigenen Körpertemperatur erwärmen zu müssen. Eine Fläche von einem mal zwei Meter bei einer Höhe von einem Meter reicht völlig aus. Die Vertiefung ist erforderlich, damit die Kaltluft abfließen kann. Die Wände werden geglättet, damit das Tauwasser nicht abtropft, sondern an der Wand hinabfließt. Danach wird das Loch mit einem Schneeblock verschlossen. Mit einem Stock werden an der tiefsten Stelle und in halber Höhe je ein Luftloch gebohrt.

Auf der Bank wird das Lager zum Boden hin mit Nadelholzzweigen und darüber, falls vorhanden, anderen Materialien isoliert. Eine Kerze reicht meistens schon aus, um die Temperatur etwa bei Null Grad zu halten.

Ein anderes, einfaches Verfahren, besonders bei nassem Schnee, ist das Rollen von Schneekugeln, die man dann zu Wänden formt. Diese werden mit Ästen überdeckt.Das Gebilde wird dann mit lockerem Schnee, der die Isolierung verbessert, überhäuft, bis ein Hügel entsteht. Das Lager wird auch hierbei erhöht angelegt. Falls man ein Feuer die ganze Nacht unterhält, kann die Türöffnung auch groß sein und offen blei- ben. Die dem Feuer zugewandten Seiten der Zweigen von der Wärme abgeschirmt.

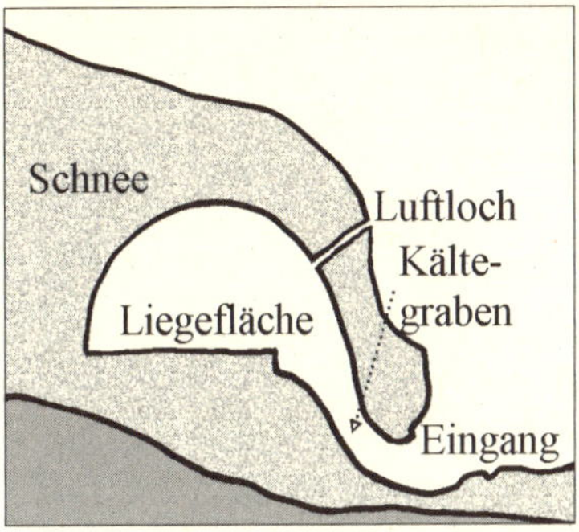

Abb. 5.5 Notbehausung in einer Schneewächte

Ein Gerüstbiwak ist geeignet für pulvrige Schneeverhältnisse. Als Werkzeuge werden Skier, Äste, Planen und eine Lawinenschaufel, bzw. besser eine Schneeschaufel gebraucht. Die Skier und entsprechende Äste werden zu einem Tipi aufgestellt und oben zusammengebunden. Planen, Rettungsdecken oder ähnliches werden darübergelegt und mit dem lockeren Schnee isoliert. Der Eingang ist möglichst tief und weist im 90°-Winkel zur Windrichtung. Wenn der Eingang auf der windabgewandten Seite angebracht wird, besteht die Gefahr, daß er während eines Schneesturmes zugeweht wird, denn der Schnee lagert sich im Windschatten ab.

Ein **Iglu** (Abb. 5.6) ist bei längerem Aufenthalt im Schnee die richtige Behausung und geeignet bei festem, aber nicht bei eisigem Schnee. Zur *Vorbereitung* zieht man einen Kreis als Grundfläche, da die runde Form die stabilste ist (a). Dann trägt man den lockeren Schnee von der Oberfläche ab. Im Idealfall ist der Schnee für das Iglu fest, aber auch leicht. Den Ort, wo man die Schneeblöcke schneiden möchte, sollte man nicht begehen. Idealerweise schneidet man die Blöcke direkt am Bauplatz. So entstehen in einem Arbeitsgang die erforderliche Vertiefungen. Der Eingang muß im 90°-Winkel zur Hauptwindrichtung angelegt werden, damit er nicht zuschneit. Im *Querschnitt* besteht das Iglu aus drei Ebenen (c). Die Liegefläche innen sollte deutlich höher liegen als

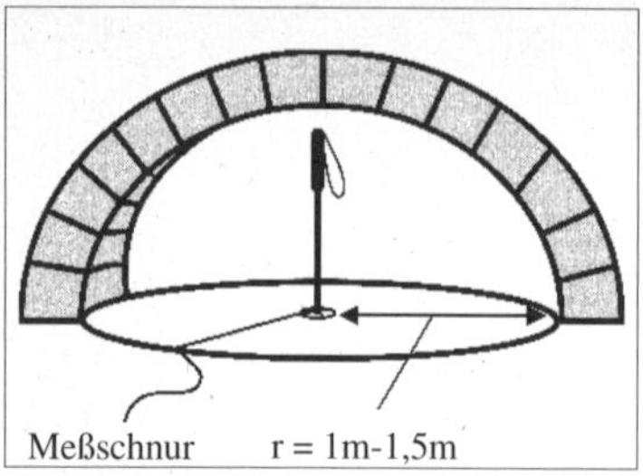

a

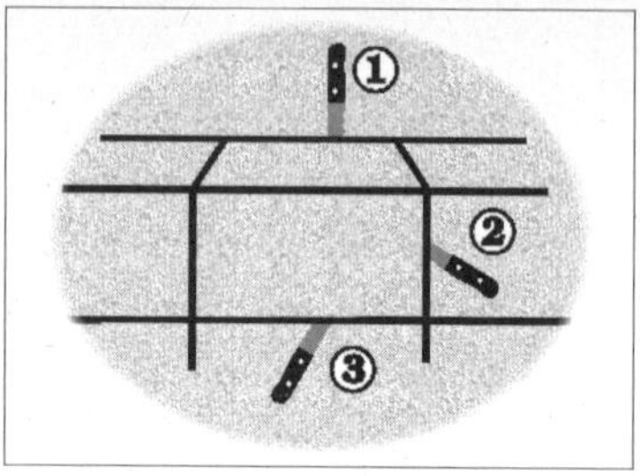

b

die Oberkante des Eingangs (ca. 30-100 cm), damit das schwere, ausgeatmete Kohlendioxid zum Eingang sinkt und der leichte Sauerstoff zur Liegefläche aufsteigt. Außerdem steigt die warme Luft nach oben und die Kaltluft entweicht nach unten durch den Eingang. Dieser physikalischen Eigenschaft der Luft ist es zu verdanken, daß ein Iglu überhaupt "beheizt" werden kann. Unterhalb der Liegefläche befindet sich eine zweite Fläche, die man z.B. zum Abstellen des Gepäcks verwenden kann. Über eine weitere Stufe betritt man die Grundfläche des Eingangstunnels. *Zum Schneiden der Blöcke* verwendet man am besten eine lange Fuchsschwanzsäge oder ein altes Tapeziermesser als Schneewerkzeug. Die Inuit benutzten bearbeitete Karibou-Geweihe oder Knochen. Der 1. Schnitt erfolgt senkrecht über die gesamte

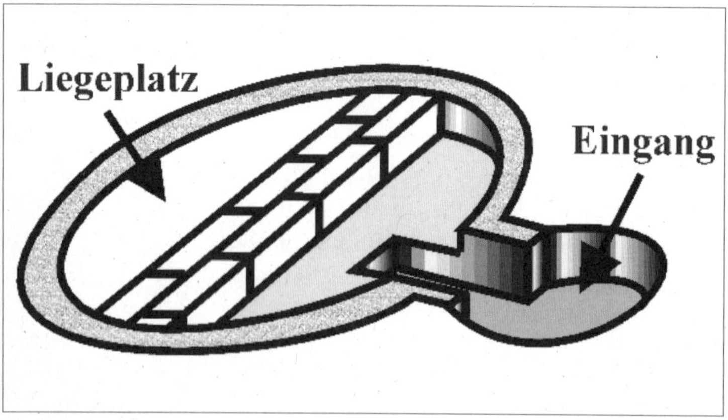

c

Länge des Blockes. Danach werden die zwei seitlichen Schnitte leicht keilförmig vorgenommen. Als letzter Schnitt folgt der waagrechte, untere, der den Schneeblock mit einem dumpfen "Plummb" freigibt (b). Die Blocks sollte man möglichst nicht ausbrechen, denn die gute Form erleichtert den Bau. Je größer die Blöcke sind, umso einfacher ist das Bauen.

Das Bauen. Der erste Block muß möglichst groß sein, da er den unterirdischen Eingang als Sturz überspannen soll. Er wird leicht nach innen gekippt . An einer Seite des Sturzes baut man den Beginn der "Spirale" aus niedrigeren Blöcken, gefolgt von weiteren, bis die geplante Grundhöhe der Blökke auf der anderen Seite des Sturzes erreicht ist. Jetzt "mauert" man spiralförmig weiter (g). Das richtige Anpassen der Blöcke (d-f) ist das A und O im Iglu-Bau. Ein Block hält, wenn er an zwei diagonalen Ecken aufliegt. Das ist notwendig, damit bei der schrägen Wand der Block nicht

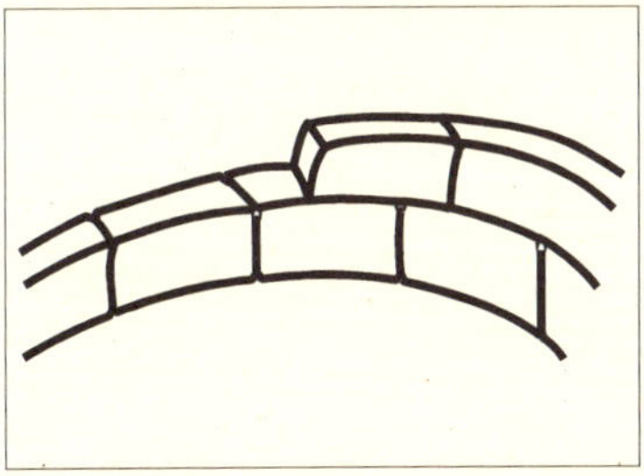

d

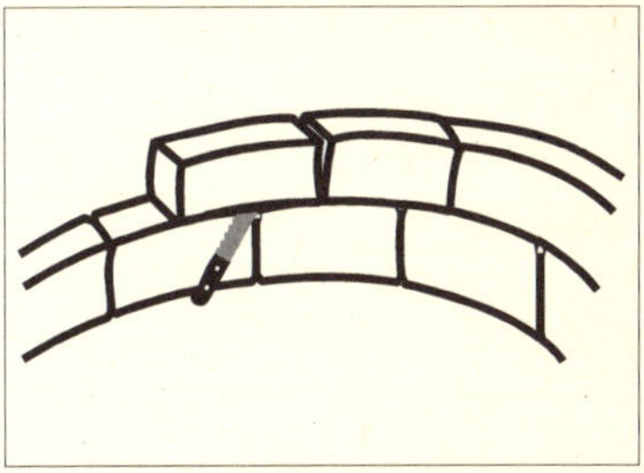

e

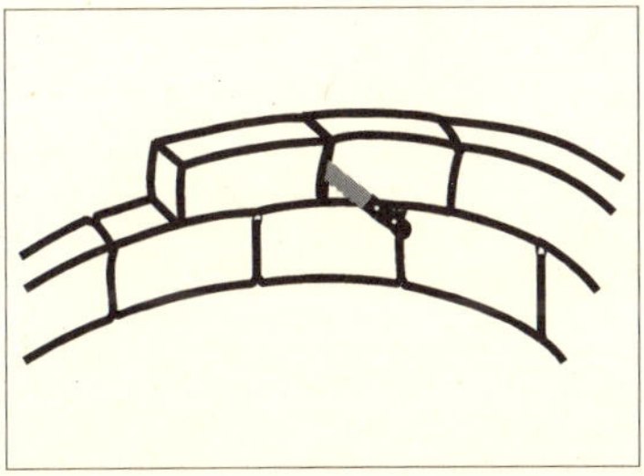

f

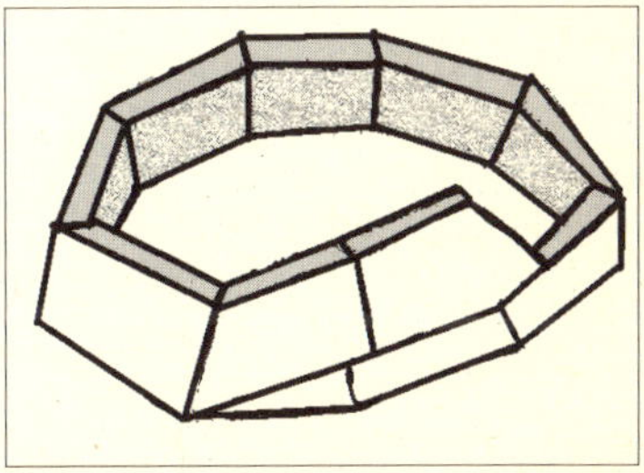

g

Abb. 5.6 Fertiges Iglu mit Eingangsgiebel

nach innen fallen kann. Wenn der Block an zwei Ecken sitzt, kann man die Form so anpassen, daß auch die 3. Ecke sitzt. So wird Block für Block angepaßt, zunächst die Unterseite, dann die Seiten mit dem Schneewerkzeug entsprechend bearbeitet. Die Blöcke müssen möglichst "satt" am vorherigen Block ansetzen. Ein leichtes Andrücken ist meistens erforderlich. Von Runde zu Runde müssen sich die Blöcke weiter nach innen neigen. Der letzte Block muß größer sein als das verbliebene Loch und wird von außen auf die Schlußöffnung gekippt. Danach wird er von innen mit dem Schneewerkzeug angepaßt. Erst mit dem letzten Block erhält das Iglu seine volle Stabilität. Jetzt kann man sogar darauf herumtoben, ohne daß es zusammenfällt, wohingegen es bis zum Abschlußblock eine eher heikle Angelegenheit war. Wenn man die Blöcke nicht gut angepaßt hat, können Dellen in der Kuppel entstehen, die aber keine Einsturzgefahr bedeuten und auch nicht herausfallen. Nun ist das Iglu fertig, und alle Lücken werden mit Schnee verfugt. Wenn man einen Brenner im Iglu benutzen möchte, sollte man ein Lüftungsloch an der Stirnseite installieren mit einem Durch-

Abb. 5.7 Iglusiedlung am Gipfelkreuz

messer von ca. 5-10 cm. Das Loch kann man dann leicht mit einem Schal oder Handschuh verstopfen.

Der Eingang kann mit einer Giebelkonstruktion überdacht werden.

Ein Iglu ist ein faszinierendes Bauwerk. Mit einer einzigen Kerze kann er sehr hell erleuchtet werden, da sich das Licht unendlich in den Eiskristallen widerspiegelt. Der Schnee hat außerdem eine unglaubliche schalldämmende Wirkung. Worte, die außen deutlich und laut gesprochen werden, kann man innen nicht hören. Diese Art von Behausung ist wirklich nicht nur für einen Notfall gemacht. Eine Nacht im Iglu bleibt für jeden ein einmaliges Erlebnis.

6 Wasser

Wasser ist mehr als die chemische Verbindung zweier Wasserstoffatome und eines Sauerstoffatoms. Wasser ist ein Baustein sämtlicher Lebensprozesse und unentbehrlicher Bestandteil aller Körpersubstanzen von Mensch, Tier und Pflanze gleichermaßen. Wer Wasser betrachtet, wird schnell

feststellen, daß es Gefühle auslöst. Denken Sie an einen schäumenden Gebirgsbach oder an die gleichmäßig ruhige Bewegung des Meeres und seine unerforschten Tiefen.

Durch die zunehmende Umweltverschmutzung wird sauberes Wasser immer seltener. Vielleicht ist es bald kostbarer als Öl. Der richtige Umgang mit Wasser wäre ein erster Schritt, um sich diese Zusammenhänge bewußt zu machen. Wer einmal eine Situation des Wassermangels erlebt hat, wird mit Sicherheit weniger verschwenderisch und weniger sorglos mit diesem Element umgehen. Die Wasserverschwendung einzuschränken, ist der erste Schritt zum Überleben.

6.1 Wasserbedarf und Wassersparen

Der erwachsene Mensch besteht zu ca. 70 % aus Wasser. Wasser ist für alle körperlichen Prozesse erforderlich, von der Regulierung der Körpertemperatur bis hin zur Verdauung.

Der Wasserbedarf ist oft höher, als es vom Körper durch Durstgefühl signalisiert wird. Es ist schon vorgekommen, daß man einen vollen Wasserkanister neben einem Verdursteten gefunden hat. Wenn Wasserverluste nicht umgehend ausgeglichen werden, sind oft wesentliche Überlebensfunktionen eingeschränkt, wie z.B. das Denkvermögen. Deshalb trinkt man insbesondere in heiß-trockenen Gebieten in regelmäßigen Abständen und in kleinen Schlucken und wartet nicht auf den Durst.

Der Wasserbedarf wird entscheidend durch die Verdunstung bestimmt. Schwitzen durch Ruhe zu vermeiden ist oft sinnvoller als Wasserrationierung oder eine übereilte Suche nach Wasserstellen. Das Schwitzen kann dadurch verringert werden, daß man anstrengende Tätigkeiten auf die kühleren Nachtstunden verschiebt. Das betrifft Märsche, Ausheben von Destillationsgruben etc. Aber auch bei Kälte das Trinken nicht vergessen!

Genügend Kleidung anlassen, denn dadurch verdunstet der Schweiß nicht so rasch und erhält länger seine kühlende Wirkung. Ohne Kleidung hat man zwar möglicherweise ein kühleres Gefühl, verdunstet aber zu große Wassermengen.

Eine ganz wichtige Methode des Wassersparens ist die Vermeidung von Durchfall, indem man bedenkliche Wasservorkommen und verdorbene Nahrung meidet, und Wasser abkocht.

Kühlung kann man schaffen durch das Aufsuchen von Schatten. Mit Wasser sollte man sich nur dann abkühlen, wenn es ohnehin nicht trinkbar ist. Wind ist keine geeignete Kühlung, da diese Kühlung Verdunstungskälte ist. Dadurch wird das Schwitzen und damit der Wasserverbrauch unbemerkt vermehrt. Wind führt zu verstärkter, aber unbemerkter Verdunstung von Körperflüssigkeit.

Bei Wassermangel: Nicht rauchen, nicht essen, keinen Alkohol trinken, durch die Nase atmen, wenig sprechen!

Ohne Wasser ist selbst bei völliger Ruhe die Überlebenschance nicht mehr als zwei Tage, wenn die Temperatur über 45° C beträgt, während man bei 10° ohne weiteres 10 Tage überleben kann. Durch anstrengende Tätigkeit wird die Überlebensfähigkeit drastisch reduziert, vor allem bei hohen Temperaturen.

Diese Angaben stellen nur sehr grobe Anhaltspunkte dar. Der individuelle Wasserbedarf kann sehr stark davon abweichen. Die Symptome der Dehydrierung sind folgende: Zuerst verlangsamen sich die Bewegungen, der Appetit läßt nach und man fühlt eine beginnende Übelkeit, die sich im fortschreitenden Stadium verstärkt. Dann steigt auch bereits die Körpertemperatur, man wird schläfrig. Wenn Schwindel und Kopfschmerzen auftreten und einhergehen mit undeutlicher Sprache, Bewegungsunfähigkeit und Schwierigkeiten beim Atmen, ist der Zustand schon sehr ernst.

In Litern ausgedrückt ist bei Wüstenwanderungen ein Mindestbedarf von 5 Litern pro Tag anzusetzen. Sinnvoll ist auch in diesem Bereich das Üben in der Praxis, um den individuellen Bedarf herauszufinden. Sicherheitshalber sollten in diesem Fall zunächst 7 Liter/Tag mitgenommen werden, bis man die erforderliche Menge herausgefunden hat. Auch hier gilt: immer einen Notvorrat mitnehmen.

6.2 Sauberes Wasser

Sauberes Wasser ist selten geworden. In der heutigen Zeit sind selbst Wasservorkommen in der Wildnis durch Luftverunreinigung verschmutzt. Wer einmal die Abgasfahne eines russischen Stahlwerks in der Wildnis beobachten konnte, ahnt, welche Vielzahl von chemischen Substanzen durch den Regen in die Bäche eingetragen werden können. Die beiden folgenden Abschnitte geben einige Hinweise, wie man erkennen kann, ob das Wasser sauber ist, bzw. wo man sinnvollerweise suchen sollte, um sauberes Wasser zu finden.

Trübes Wasser bedeutet nicht unbedingt, daß das Wasser schmutzig ist, genauso wie klares Wasser nicht sauber sein muß. Wenn an einer zugänglichen Wasserstelle offensichtlich keine Tiere trinken, ist Vorsicht geboten. Das Wasser kann auch durch natürliche Mineralien ungenießbar sein. Braune Färbung des Wassers aus Feuchtgebieten, besonders Mooren, ist kein Zeichen für Verunreinigung, solange das Wasser durchsichtig ist. Auch die weißliche Färbung von Gebirgsbächen ist ungefährlich und entsteht in der Regel durch die Auswaschung von Kalk. Wenn man das Wassergefäß einige Zeit stehenläßt, setzt sich der Kalk am Boden ab.

Bräunlich-grünlich trübes Wasser mit geringer Durchsichtigkeit ist kritisch zu bewerten, aber auch klares Wasser unterhalb von Städten und Industrieansiedlungen. Hier sollte das Verfahren der "Uferfiltration" eingesetzt werden (siehe 6.5).

Wenn bekannt ist, daß an einem Wasserlauf oberhalb des eigenen Standorts weder Fabriken noch Orte liegen und die Gegend nicht in der Hauptwindrichtung von großen Industriegebieten liegt, kann man normalerweise davon ausgehen, daß das Wasser gut ist. Wenn der Fluß einen großen und tiefen See durchflossen hat, ist am Auslauf die Qualität ebenfalls sehr gut, da sich im See die Verschmutzungsstoffe direkt oder indirekt in Form abgestorbener Biomasse absetzen. Das kann man am Bodensee beobachten, dessen Ablauf praktisch Trinkwasserqualität hat, während die meisten Zuflüsse viel stärker verschmutzt sind.

Quellwasser ist meistens gut. Eine Ausnahme bilden ausgedehnte Kalksteingebiete, in denen oft ganze Flüsse im Untergrund verschwinden, um dann an anderer Stelle wieder zutage zu treten, wie z.B. die Donau. In der Regel ist Quellwasser jedoch durch den Boden gefiltertes Regenwasser, das oft über ein halbes Jahr als Grundwasser im Untergrund verweilt hat, bevor es an die Oberfläche kommt.

Dasselbe gilt für Brunnenwasser. Dabei muß man jedoch darauf achten, daß keine Tierleichen im Brunnen liegen. Das Vorkommen von Aalen in den großen mediterranen Brunnen ist jedoch unbedenklich, da diese umgekehrt für die Reinhaltung sorgen, falls Tiere in den Brunnen fallen und ertrinken.

Das von ungiftigen Pflanzen, wie z.B. der Birke gewonnene Wasser ist ebenfalls sauber. Allerdings enthält der Birkensaft viel Zucker, was zu Magenbeschwerden führen kann, wenn man zuviel davon trinkt. Man kann dadurch also nicht seinen gesamten täglichen Wasserbedarf decken. Wie man dieses Wasser gewinnt, ist in Abschnitt 6.4 beschrieben.

6.3 Wasser finden

Da Wasser der Schwerkraft folgt, ist es in Gebieten mit Wasservorkommen mit etwas Beobachtung und dem gesunden Menschenverstand leicht zu finden.

Was das Überleben in der Wüste betrifft, so möchte ich Sie daran erinnern, daß auch da Völker in ihrer ursprünglichen Lebensform überleben können. Australische Aborigines sagen, daß Europäer in der Wüste in erster Linie an ihrer Angst sterben und nicht daran, daß es kein Wasser gäbe. Ich empfehle sehr, vor Antritt einer Reise das Wissen der Ureinwohner zu studieren und sich mit ihren Denkgewohnheiten vertraut zu machen.

Im gemäßigten Klima. In hügeligen Gebieten findet man meistens Bäche in den Tälern (Ausnahme: Karstgebiete). Im Flachland sind Wasserstellen von weitem oft nur an vereinzelten Riedgräsern, Schilf, Erlen oder Weiden zu erkennen. In Gebieten mit Wassermangel ist es sinnvoll, an der Basis von Felshängen zu suchen oder in ausgetrockneten Flußbetten, wo sich das Wasser in den Außenkurven (Prallufer) oft dicht unter der Oberfläche befindet (s. S.60).

Zeigerpflanzen für Wasser sind Weidenbäume und Seggen. Das Quaken von Fröschen ist ebenfalls ein deutlicher Hinweis. Wildwechsel können zum Wasser führen, wenn man der Richtung zunehmender Breite folgt. Sie führen zum Wasser, wie die sich verbreiternden Flüsse zum Meer.

Beobachten Sie die Tiere! Bei der Wanderung zum Wasser sind die Tiere oft konzentrierter als auf dem Rückweg. Auf dem Rückweg nehmen sich die Tiere Zeit zum Grasen. Schwalben haben kurz vor der Brutzeit oft Lehm im Schnabel, wenn sie vom Wasser kommen.

In der Halbwüste. Die Anzeichen für Wasserstellen sind in der Halbwüste in Prinzip die gleichen wie im gemäßigten Klima. Unter den grasartigen Sumpfpflanzen sind es hier vor allem die schnittlauchartigen Binsen, die das Vorhandensein von Wasser anzeigen.

Natürlich ist das Vorkommen von Wasserstellen in der Halbwüste spärlicher als im gemäßigten Klima. Daraus ergeben sich zwei wichtige Folgerungen: Das Mitnehmen eines ausreichenden Wasservorrates ist hier besonders wichtig. Wenn man dennoch unterwegs auf die Nutzung von Wasservorkommen angewiesen ist, kann man davon ausgehen, daß diese von Tieren reichlich genutzt und dadurch auch verschmutzt werden. Um eine Ansteckung zu verhindern, sollte man dieses Wasser gründlich abkochen.

In trockenen Flußbetten ist oft dicht unter der Oberfläche Wasser zu finden und zwar an den tiefsten Stellen der Flußsohle, die meistens am Prallufer vorkommen. Man gräbt ein Loch, bis die Erde feucht wird und wartet, bis sich Wasser gesammelt hat und die Schwebstoffe abgesetzt sind. Wenn sich nicht genug Wasser zum Ausschöpfen gesammelt hat, kann man ein Tuch benutzen, das sich vollsaugt.

Wenn man die Windrichtung kennt, die den Regen bringt, kann man an dieser Seite am Fuß von Felsklippen nach Wasser suchen. Aber auch auf der anderen Seite, wenn das Profil des Felsens zu dieser Seite geneigt ist, so daß das Wasser dorthin fließt. Auch in der Wüste regnet es zuweilen. Wenn man eine Regenfront auf sich zukommen sieht, sollten die Zeltplanen vorbereitet werden, um das Wasser aufzufangen. Aber Achtung in Wadis - Ertrinkungsgefahr!

Früh am Tag kann in vielen Gebieten eine große Menge Tau gesammelt werden. Vom metallenen Oberflächen oder Felsen wird das Wasser mit einem Stück Stoff, Naturschwamm oder Moos abgewischt und über einem Gefäß ausgewrungen. Oft genügt es, dichtes Gras mit einem flachen Gefäß zu durchstreifen, in dem sich die an den Gräsern hängenden Tropfen sammeln.

In Schluchten sind oft Wasserbecken vorhanden, die manchmal sogar ganzjährig Wasser enthalten. Auf Zeichen für menschliche Wasserstellen achten, wie z.B. mit Buschwerk abgedeckte Stellen, auch Losung von Kühen und Ziegen.

Folgende Pflanzen sind Wasserspender in der Wüste: Wilder Wüstenkürbis und Affenbrotbaum in der Sahara, Affenbrotbaum in Australien und Barrel-Kaktus in den amerikanischen Wüsten, die zum Teil einen saftigen Inhalt haben. Der Barrel-Kaktus ist sehr schwierig zu öffnen, und es gibt auch bittere Exemplare, die dem durstigen Wanderer den Magen verderben können. Andere Pflanzen sind die Wurzeln von Kasuarine, des australischen Brunnenbaums und des Kino-

Gummibaums. Diese kann man aussaugen, nachdem man sie in 60-80 cm lange Stücke geschnitten und die Rinde entfernt hat. Es würde den Rahmen dieses Buches sprengen, auf diese Thematik ausführlicher einzugehen. Im Literaturverzeichnis finden Sie geeignete Fachliteratur.

In Eis und Schnee. Wasser in kalten Regionen zu finden, ist eigentlich kein Problem. Eis und Schnee darf aber nicht gegessen werden, weil der Körper dadurch zu stark auskühlt. Allenfalls kann bereits angetauter Schnee in geringen Mengen gelutscht werden. Trotz geringerer Verdunstung des Körpers ist also auch hier die Gefahr einer Dehydrierung gegeben, wenn man die etwas umständliche Aufbereitung scheut.

Wasser kann gewonnen werden, indem man ein Loch in die Eisschicht eines Sees hackt. Eis und Schnee kann geschmolzen werden, wobei zu beachten ist, daß das Schmelzen von Eis wesentlich schneller und mit weniger Energieaufwand zu bewerkstelligen ist, als das Schmelzen von Schnee, weil im Schnee isolierende Lufteinschlüsse vorhanden sind. Außerdem paßt mehr "Rohstoff" in den Topf. Schmelzen kann man Eis und Schnee auch in einer Plastiktüte, die man in die Innentasche der Jacke steckt. Das ist ideal für den Marsch. Auch selbstgemachte Sonnenkollektoren können verwendet werden. Das Eis auf oder unter eine schwarze Fläche legen, am besten aus Metall, und diese zur Sonne hin ausrichten. Eine ganz einfache Methode ist es, einen glühenden Stein in festgetretenen Schnee zu werfen. Der heiße Stein taut den darunter liegenden Schnee auf. Über das Ganze türmt man weiteren Schnee. Auch dieser taut und füllt das so entstandene Gefäß direkt mit Warmwasser.

Im Sommer gibt es in der Arktis oft kleine Süßwassertümpel auf Eisschollen oder Eisbergen. Auch Meereis ist genießbar, wenn es alt genug ist. Altes Eis (blaue Farbe und abgerundete Ecken) hat in der Regel nur einen sehr geringen Salzgehalt. Wenn Salzwasser in einem Gefäß friert, konzentriert sich das Salz im Zentrum, das am längsten flüssig bleibt, die Ränder sind wesentlich salzärmer. Auch hier gilt: möglichst alles Wasser abkochen.

6.4 Wasser gewinnen

Ein wichtiges Verfahren der Wassergewinnung in der Wüste, aber auch im gemäßigten Klima, kann die Solardestille sein (Abb. 6.1). Im einfachsten Fall wird ein Erdloch von etwa 1 Meter Durchmesser und ca. 50 Zentimeter Tiefe ausgehoben und oben mit einer transparenten Plastikfolie abgedeckt. Die Folie muß oben am Rand fest abgedichtet sein und darf keine Löcher haben. Sie muß gut durchhängen und in der Mitte mit einem Stein beschwert werden. Unter der dadurch gebildeten Spitze steht im Erdloch ein Gefäß, aus dem - falls vorhanden - ein Schlauch nach oben geführt wird. Das im Boden cnthaltene Wasser verdunstet durch die Wärme, kondensiert an der Folie und tropft in das Gefäß. Ein dichter Abschluß ist erforderlich. Durch den Schlauch kann das Wasser ohne Abnehmen der Folie abgesaugt werden. Etwas Stoff um das Schlauchende verhindert,

Abb. 6.1 Solardestille

daß ertrunkene Insekten mit angesogen werden.

Die Solar-Destille ist gleichzeitig ein Verfahren zur Wassergewinnung und -reinigung. Wassergewinnung insofern, als das Verfahren eingesetzt werden kann, um aus wenig feuchtem Boden Wasser zu extrahieren. Dieser Vorgang kann gefördert werden durch das Einlegen von wasserhaltigen Pflanzenteilen in die Grube. Durch die Destillation wird das Wasser gleichzeitig gereinigt. Dies ist besonders interessant, wenn Salzwasser, Urin oder Kühlwasser zur Verfügung steht. Durch Einlegen einer zweiten Folie (um Versickern zu verhindern) und Zugabe von nassen Textilien kann das Wasser in der Destille durch Verdunstung gereinigt werden. Die Salze und andere Verunreinigungen bleiben dann zurück.

Eine Solar-Destille zu bauen ist unter den Bedingungen eines Notfalls in der Wüste eine relativ große körperliche Anstrengung. Der Flüssigkeitsgewinn im Verhältnis zum Aufwand (Schwitzen) ist daher umstritten. Man rechnet, daß man mindestens 4 Destillen benötigt, um den Ruhewasserbedarf in sehr heißen Gebieten zu decken. Eine Ortsveränderung wäre somit nicht möglich, wenn man seinen Wasserbedarf aus der Destille decken will.

Eine einfache Solardestille wird von dem Survivalspezialisten Rüdiger Nehberg vorgeschlagen: Pflanzliche Biomasse oder feuchter Stoff wird in einen Plastiksack gefüllt, dieser dann aufgeblasen und in die Sonne gelegt. Man kann dadurch mit wenig Aufwand Trinkwasser erzeugen.

Wassergewinnung durch Pflanzen. Pflanzliche (auch tierische) Biomasse enthält einen großen Wasseranteil, was man über die Solardestille oder direkt nutzen kann, indem man den Saftstrom bei Pflanzen anzapft.

Ein gängiges und teilweise noch heute praktiziertes Verfahren ist das Anbohren von Birken und Ahornbäumen im Frühjahr (Abb. 6.2). Die Bäume werden vor dem Austrieb ca. 20 cm über dem Boden mit einem Bohrer von etwa 1 cm Durchmesser bis auf das Holz angebohrt. Dicht darunter wird eine zweite Bohrung nur in die Rinde gesetzt. In diese Bohrung wird ein schräg angeschnittenes Schilfrohr mit der Schräge nach oben zeigend gesteckt, so daß der aus dem oberen Loch austretende Saft hineinlaufen kann. Um den Saftstrom zu lenken, kann man Kerben in die Rinde schneiden. Wenn man die Höhe entsprechend wählt, kann das Schilfrohr auf dem Gefäß aufliegen. Ein Ertrag von bis zu 1 Liter pro Tag ist möglich. Durch langes Abkochen kann das nährstoffreiche Wasser zu einem köstlichen Sirup eingedickt werden. Der Baum verschließt die Öffnung nach einer gewissen Zeit von selbst wieder.

Die meisten Distelarten haben saftige Stengel und Blattnerven. Man entfernt die Stacheln, was bei einigen Arten recht schnell geht, und kaut dann die Stengel. Sie liefern reichlich Saft. Dasselbe gilt für die Sedum-Arten, wie z.B. die Fetthenne. Der Saft dieser Pflanzen ist erfrischend und schmackhaft, man kann sie leicht nebenbei pflücken und sogar während der Wanderung kauen.

Abb. 6.2 Zapfen von Birkensaft

In wärmeren Gebieten, vor allem im tropischen Regenwald, aber auch in gemäßigteren Zonen, sind oft armdicke Rankgewächse zu finden, z.B. auch verwilderte Weinstöcke. Im Notfall - Denken Sie an die Kooperation mit Pflanzen! - können diese an der Basis abgeschnitten werden. Das abgeschnittene Ende hält man über ein Gefäß, in das langsam der zurückströmende Saft tropft. Der Rückstrom des Saftes läßt sich verstärken, wenn in Mannshöhe ein zweiter tiefer Einschnitt in die Rebe gemacht wird.

Bei manchen Pflanzen tritt auch aus dem Stumpf abgesägter Bäume Wasser in größerer Menge aus, so z.B. bei Birken. Die Wassermengen können teilweise beträchtlich sein, eine einzige Pflanze deckt bisweilen den gesamten Tagesbedarf.

Einige Rankpflanzen sind giftig, wie z.B. Efeu! Machen Sie sich daher mit der einheimischen Vegetation vertraut, bevor Sie ihr Wasser trinken. Bekannte Kakteen mit eßbaren Früchten sind die überall im Mittelmeerraum vorkommenden gelbblühenden Feigenkakteen (Opuntia). Die gelben bis rotvioletten Früchte sind sehr saftig. Dagegen sind, wie bereits erwähnt, die Barrel-Kakteen schwer zu öffnen und oft ungenießbar.

6.5. Wasser reinigen

Heute werden **Wasserfilter und Entkeimungstabletten** angeboten für Reisen in Gebiete mit bedenklichem Wasservorkommen. Doch man kommt auch ohne diese Hilfsmittel aus.

Eine uralte Methode zur Wasserreinigung ist das Abkochen. Damit können aber nur Bakterien abgetötet und keine Schwermetalle eliminiert werden.

Ein sehr effektiver **Bodenfilter** kann - ebenfalls analog zur Praxis der Wasserwerke - aus Sand und Kohle hergestellt werden. Wie Abb. 6.3 zeigt, werden in ein Rohr (Bambus oder Birkenrinde, Nahtstellen mit Harz verklebt) oder in am Boden aufgeschnittene und zusammengesteckte Plastikflaschen folgende Schichten von unten nach oben eingefüllt:

Abb. 6.3 Bodenfilter

Kies oder zerknüllte frische Binsen, Baumwolltuch (falls vorhanden), Sand, zerstoßene Holzkohle vom Lagerfeuer (Aktivkohle), Sand. Die Schichtdicke beträgt jeweils mindestens 20 cm. Oben muß noch Platz für einen Viertelliter Wasser sein. Zuerst werden die Feinteile des Sandes ausgeschwemmt, daher ist der "Vorlauf" normalerweise etwas trüb. Nach mehreren Durchgängen wird das Wasser klarer. Durch die Kohle werden Bakterien und vor allem auch organische Chemikalien gebunden. Nach Möglichkeit sollte das Wasser zusätzlich abgekocht werden.

Wie bei großen Flußwasserwerken üblich, kann auch im Kleinen das Verfahren der "**Uferfiltration**" verwendet werden, um bedenkliches Flußwasser auf dem Umweg über angrenzendes Grundwasser zu reinigen. Der Wasserstand im Boden neben einem Wasserlauf ist in der Regel etwas höher als der Mittelwasserstand im Fluß. Durch Graben in mindestens 5 Metern Entfernung vom Fluß kann man leicht auf den Grundwasserspiegel stoßen. Dabei ist darauf zu achten, daß in möglichst sandigem Boden gegraben wird, der aber nicht zuviel schwarze organische Bodenanteile enthalten sollte. Je nach Wasserstand im Fluß erhält man hier das in Richtung Fluß strömende Grundwasser oder das durch den Boden gefilterte Flußwasser.

Pflanzen zur Wasserreinigung wurden früher in Ägypten benutzt, um das Nilwasser zu reinigen, hauptsächlich durch das Ausfällen von Schwebstoffen. Eine bakterielle Reinigung ist damit nicht möglich.

Bakterizide Eigenschaften haben unter mitteleuropäischen Bedingungen die Wurzeln von Erlen und Kalmus. Wenn man Wasser an Stellen schöpft, wo diese Pflanzen vorkommen, ist die Wahrscheinlichkeit einer bakteriellen Verunreinigung verringert. Man kann auch zerstampfte Wurzeln dem zu filtrierenden Wasser beigeben, wenn man keine Möglichkeit hat, das Wasser abzukochen.

6.6 Wasser transportieren

Bei Wanderungen in Wassermangel-Gebieten ist ein Transport von Wasser unumgänglich. Ein guter Wasserspeicher ist der eigene Magen. Dieser sollte an jeder Wasserstelle ganz voll gefüllt werden. In kleinen Schlucken trinken! Als Behälter sind kleinere, gut verschließbare Flaschen aus Polyäthylen oder Aluminium gut geeignet. Der Schraubverschluß wird mit einer Schnur an der Flasche befestigt, um einen Verlust zu vermeiden. Mehrere kleinere Flaschen sind besser zu verstauen, als eine große, und der Verlust bei Verschütten ist geringer. Als Teil des Survival-Packs (Kap. 15) können faltbare Plastikbehälter eine wertvolle Hilfe sein. Im Notfall können auch selbstgemachte Behälter, z.B. aus Bambus, Birkenrinde, etc. eingesetzt werden (Kap. 12).

7 Feuer

Im Zeitalter der Zentralheizungen gerät die Kunst des Feuermachens in Vergessenheit. Für manche mag ein einfacher Holzofen schon eine Herausforderung sein. Das Wissen, wie man ein Feuer im Freien entfachen kann und dazu noch nicht einmal Streichhölzer oder Feuerzeuge benötigt, wird sogar kaum noch in einschlägigen Büchern erwähnt. Dabei ist es mit ein bißchen Übung gar nicht so schwer. Feuermachen ist eine schöne Kunst, ein Ritual. Man kann sich zwar mit einer Schutzhütte warm und am Leben halten, aber ein Feuer gibt zusätzlichen Lebensmut und Durchhaltekraft. Vor allem, wenn man sich zu "Übungszwecken" in der Wildnis befindet.

Auf einer meiner Kanutouren durch Polen - es war Anfang November, kalt, stürmisch und hatte den ganzen Tag geregnet - fanden wir am Abend kaum ein einziges trockenes Ästchen, um ein Feuer entfachen zu können. Da der Wind zunahm, mußten wir uns beeilen. Es war außerdem unsere erste Nacht auf dieser Reise, und wir waren noch nicht gut aufeinander eingespielt. Man hörte den einen oder anderen leise fluchend durchs Unterholz ziehen, durchnäßt und kalt wie wir waren. Wir beschlossen, uns weiter von den Flußufern ins Landesinnere zu bewegen, um wenigstens windgeschützt zu sein. Plötzlich fanden wir auf einem idealen, windgeschützten Lagerplatz einen Plastiksack vollgestopft mit trockenem Heu. Es war eines dieser vielen "Geschenke", über die ich schon sprach. Das Feuer, das wir damit entfachen konnten, wärmte uns und vertrieb all die zweifelnden Gedanken und die steigende Sehnsucht nach Zentralheizung und trockenen Betten. Direkt neben unserem Lagerplatz wuchs eine Berberitze. Es war die einzige, die wir auf dieser Fahrt zu sehen kriegten. Tee aus Berberitzenfrüchten ist bekannt als gutes Vorbeugungsmittel gegen Erkältungen. Und so wärmten wir uns äußerlich und innerlich an den Gaben der Natur und trockneten unsere Kleider. Keine Frage, daß wir diese Reise fortsetzten.

7.1 Vorsichtsmaßnahmen

Feuer ist nicht nur wärmend, sondern auch zerstörerisch. Da wir uns, die umgebenden Pflanzen und ganze Biotope schützen wollen, ist eine hohe Achtsamkeit im Umgang mit Feuer erforderlich, und die entsprechenden gesetzlichen Bestimmungen in den jeweiligen Ländern sind einzuhalten.

Zunächst ist es wichtig, den Untergrund zu beachten. Wenn Feuer auf trockenen Moorböden, auf einer starken Humusauflage oder über Wurzeln, die dicht an der Oberfläche wachsen, angelegt wird, besteht eine erhöhte Feuergefahr durch das unterirdische Weiterwandern des Feuers. Es kann vorkommen, daß das Feuer wochenlang unterirdisch glimmt, bevor es ausbricht.

Auf Torfböden sollte deshalb möglichst kein Feuer entzündet werden. In Notfällen muß man unbedingt Steine auf den Untergrund aufschichten oder den Boden stark befeuchten.

Um jede Feuerstelle herum ist mindestens ein Meter frei von brennbaren Materialien zu halten. Der Abstand zur eigenen Behausung sollte mindestens einen Meter betragen. Je leichter brennbar die Materialien sind, die man zum Bau der Behausung benutzt, umso weiter entfernt ist das Feuer. Die Brennbarkeit des Dachmaterials kann durch Auflegen von Rindenstücken verringert werden.

Sobald das Feuer brennt, widmet man ihm immer einen Teil seiner Aufmerksamkeit. Bei längerer Abwesenheit muß das Feuer klein gehalten werden, damit Funkenflug unterbleibt. Wie man sich die Glut erhalten kann, wird in Abschnitt 7.4 beschrieben.

Das Feuer sollte nicht größer sein, als unbedingt für Kochen und Wärmen benötigt. Aber man kann einiges dafür tun, auch ein kleines Feuer sehr effizient zu nutzen, z.B. durch den Bau einer Feuerstelle.

7.2 Feuerstelle

Die einfachste Art einer Feuerstelle ist eine kleine Mulde, etwa 15-30 cm tief. Die Glut wird dadurch zusammengehalten und effektiver genutzt. Die genaue Tiefe der Mulde richtet sich nach der Größe des Feuers. Die Wärmestrahlen dürfen durch die Muldenwand nicht eingeschränkt werden. Wenn der Boden es aus Brandschutzgründen erfordert, wird die Mulde mit Steinen ausgelegt. Wichtig ist, daß man dafür nur trockene Steine verwendet, da nasse explodieren können.

Man stattet die Feuerstelle zusätzlich mit einem Reflektor aus (siehe Abb. 5.4), was die Wärmeausnutzung um das Dreifache steigern kann. Er sollte mindestens 1 m breit und 60 cm hoch sein. Als Reflektoren können verschiedene Dinge dienen. Manchmal sind sie natürlicherweise schon da, wie Felsen und Baumstümpfe (je glatter, umso besser), oder es kann die eigene Behausung sein. Die Feuerstelle wird in der Nähe des Reflektors angelegt, bei Felsen oder einer künstlich errichteten Steinwand direkt davor, bei einem Holzreflektor entsprechend weiter entfernt. Auf der Gegenseite wird ein zweiter Reflektor angelegt, entweder aus Steinen, die mit Lehm vermauert werden können, oder aus Holz, indem man Stöcke in den Boden treibt und dazwischen Holz aufschichtet. So dient der Reflektor gleichzeitig als Trockenplatz für feuchtes Holz.

Die Feuerstelle sollte nicht unter dem Ende eines schneebeladenen Astes angelegt werden, da die abrutschenden Schneemassen das Feuer ersticken könnten. Bei starkem Regen oder Schneefall muß ein Regenschutz gebaut werden, damit das Feuer nicht ausgeht.

Im Notfall, wenn man ohne Schlafsack in der Kälte unterwegs ist, kann man sich mit Feuer ein "Wärmebett" schaffen, wenn man zwei Felsen findet, die einen Abstand von etwa einem Meter zwischen sich lassen. Man legt zwischen den Felsen ein größeres Feuer an, deckt die Glut danach mit Erde ab, und legt sich darauf schlafen.

7.3 Feuerholz

Feuerholz muß trocken sein! Das trockenste Holz findet man oben an Südhängen in größerer Entfernung von Flüssen und Seen. Trockenes Material findet man selten am Boden, sondern höher an abgestorbenen Bäumen und anderen Pflanzen. Bei feuchter Witterung gibt es trockenes Material nur an geschützten Stellen, z.B. in Stammnähe unter Büschen und Bäumen. Bei leicht feuchtem Holz kann durch Abschälen der äußeren Schicht der trockene Kern freigelegt werden.

Feuchtigkeit kann durch Brechen oder Fühlen festgestellt werden. In der Regel brechen nur trockene Zweige mit hörbarem Knacken. Falls die Hände zu klamm zum Fühlen sind, fühlt man mit dem Gesicht, am besten mit der Unterlippe.

In Wüstengebieten ist das Feuerholz in der Regel in der Nähe von Wasserstellen zu finden. Als Ersatz für Holz kann auch trockene Tierlosung verwendet werden.

Das "Herzstück" für jedes Feuer ist der Zunder, also die feineren Materialien. Als Zunder eignen sich z.B. Kaninchenlosung oder verschiedene Pflanzen: trockene Farnblätter, feines Gras, die haarigen Samen von Disteln, Schilf, ganz besonders Rohrkolben, die trockene innere Rinde (Kambiumschicht) von abgestorbenen Espen, Ulmen, Weiden und Kirschen. Wichtig für die Herstellung eines guten Zunders ist die richtige Kombination von feinem und faserigem Material, was man durch einige Übung selbst herausfinden muß. Zu weit verrottetes Material sollte man immer weglassen.

Hat man genügend Zundermaterial gesammelt, muß es durch Walken (bei Regen in der Hosentasche) und Sortieren weiter aufbereitet werden. Die Fasern von größeren Stücken müssen sich voneinander lösen, und gröbere Stücke entfernt, bzw. durch Reiben zwischen zwei Steinen zerkleinert werden. Man rollt die Fasern zwischen beiden Handflächen, was lockere schnurähnliche Gebilde ergibt, die mit den Fingern wieder auseinandergezogen und neu vermengt werden. Diese Prozedur wird so lange wiederholt, bis das Material wirklich trocken ist. Dann ist es auch geeignet für das Feuermachen ohne Streichhölzer. Falls Streichhölzer vorhanden sind, braucht auf diesen Prozeß nicht ganz soviel Sorgfalt verwendet zu werden. Zunder und Anmachholz müssen absolut trocken gehalten werden, evtl. zwischen Jacke und Hemd.

Das gesammelte Holz wird in verschiedene Stärken eingeteilt, die getrennt gelagert werden. Die erste ist das Anmachholz, das sind Zweige, bis zu 20 cm lang und bis etwa bleistiftstark. Wie bereits erwähnt, erhält man solche trokkenen Zweige auch dadurch, daß man feuchte Schichten bis auf die trockene Substanz herunter abgeschält hat. Wenn man dann die Zweige noch weiter schält und die abgeschälten Fasern mit dem Ende am Zweig stehen läßt, erhält man einen "fuzz-stick", der durch seine große Oberfläche leicht brennt.

Das eigentliche Brennholz sollte nicht mehr als Armdicke haben und bis zu 50 cm lang sein. Mit diesem Holz kann das Feuer sehr schnell vergrößert werden. Es ist leicht zu sammeln (nicht vom Boden, sondern von abgestorbenen Bäumen!) und zu brechen, aber energieaufwendig im Transport zur Feuerstelle. In einer Trainingssituation spielt das keine Rolle, weil man sich dabei ruhig verausgaben darf. Aber im Notfall muß man seine Kraft gut einteilen. Dazu sucht man bei trockenen Bodenverhältnissen einen geeigneten Ast zum Schleppen, auf dem man das übrige Material festbindet. Dadurch kann man den Arbeitsaufwand um 75% verringern.

Größere Äste können ebenfalls benutzt werden, insbesondere, wenn das Feuer längere Zeit ohne Nachlegen brennen soll. Hacken vermeidet man, statt dessen läßt man das Feuer selbst diese Arbeit tun. Falls man doch ganz lange Stangen brechen will, kann man diese zwischen zwei eng beieinander stehende Bäume klemmen und unter Ausnutzung des langen Hebelarms ein kürzeres Stück abbrechen. Über Nacht braucht man genügend Feuerholz. In der Regel unterschätzt man den Verbrauch gewaltig - deshalb lieber zuviel als zuwenig sammeln!

Nadelholz, wie Tanne, Fichte, Kiefer, verbrennt schnell und ist ideal als Anmachholz und zur Erzeugung eines hellen Feuers. Kiefer enthält schädliche Substanzen im Rauch und sollte deswegen nur in Notfällen verbrannt werden. Mittelhartes Holz, wie Weide, Pappel, Esche, brennt langsam und muß nicht so oft nachgelegt werden, deshalb ist es gut geeignet z.B. zum Kochen. Hartholz, wie Eiche und Buche, hat die längste Brenndauer, muß daher am wenigsten oft nachgelegt werden, bringt die beste Glut, aber wenig Licht.

7.4 Feuerarten

Im Notfall ist es wichtig, überhaupt ein Feuer in Gang zu bekommen. Aus diesem Grund werden hier nur ganz wenige Feuerarten beschrieben, die sich alle aus dem "Tipi-Feuer" (Abb. 7.1) entwickeln lassen, das besonders effizient und praktisch ist und vor allem am besten anbrennt. Wer öfter ein Lagerfeuer macht, wird von selbst auf mögliche Variationen kommen, bis hin zu Backöfen, die man sich aus Steinplatten bauen kann.

Abb. 7.1 Kern eines Tipi-Feuers mit Schilffahne als "Starter"

Nachdem alle Vorbereitungen abgeschlossen sind, also genügend Material gesammelt, sortiert und trocken gelagert und die Feuerstelle fertig ist, beginnt man mit dem eigentlichen Werk. Feuer machen ist ein Ritual. Man kniet vor der Feuerstelle nieder und schützt das keimende Feuer mit dem eigenen Körper vor dem Wind. Lassen Sie sich für jeden Arbeitsschritt genügend Zeit, versctzen Sie sich zurück in die Epoche, wo der Mensch das Feuer für seine Nutzung entdeckte. Aus dieser inneren Ruhe wird das Werk auf Anhieb gelingen, ohne viel zu pusten oder nutzlosen Qualm zu erzeugen.

Zunächst legt man den Boden der Feuerstelle mit einem Stück Rinde aus oder mit trockenem Gras, um den Zunder vor Feuchtigkeit zu schützen. Hat man Streichhölzer, wird als nächstes der Zunder, z.B. Schilffahnen aufgelegt. Dann wird kegelförmig das Anmachholz aufgestellt, als erstes die feineren kurzen Stücke (Kern des Tipi-Feuers), dann die längeren und Zug um Zug die dickeren. Dabei wird auf genügend Abstand geachtet, damit die Luft gut durchstreichen kann. Hat man keine Streichhölzer, spart man in dem

Abb. 7.2 Tipi-Feuer (Kern) nach dem Anzünden

Kegel des Anmachholzes eine Öffnung aus und zwar zu der Seite, von der der Wind kommt. Durch diese Öffnung wird das brennende Zunderbündel später in das Zentrum gelegt.

Zur Sicherheit können, sofern vorhanden, auch Esbit-Tabletten, in Öl getränktes Papier und ähnliche Feuerstarter zum Zunder beigesteuert werden. Gut ist auch Harz, das als dicke ballenartige Tropfen aus Wunden von Nadelbäumen herausquillt. Das Harz kann auf das Anmachholz gestrichen werden oder, wenn es schon in milchigen Streifen an abgestorbenen Bäumen hart geworden ist, in kleine Stangen gebrochen und dem Anmachholz beigefügt werden.

Wichtig ist, daß der Abstand zwischen Zunder und Anmachholz gering ist, sonst verpufft die erste schöne Flamme ungenutzt. Trockenes Gras, Tannennadeln und anderes Feinmaterial zwischen den Zweigen fördern das Anbrennen. Ein gutes Feuer entsteht dann, wenn es eine große Oberfläche auf kleinem Raum findet.

Als nächste Schicht werden etwas dickere Zweige aufgestellt. Auf diese Weise arbeitet man sich sorgfältig von innen nach außen, bis mit etwa daumendicken Ästen ein Basisdurchmesser von etwa 25 cm erreicht ist. Das Bauwerk ist etwas höher als breit, die Form entspricht der bekannten Tipi-Form.

Wird die beschriebene Bauweise und vor allem die abgestufte Feinheit des Materials eingehalten, kann das Feuer mit einem einzigen Streichholz entzündet werden.

Wenn das Feuer brennt, kann aus dickeren Ästen ein Gerüst im Feuer aufgebaut werden, auf das Kochgefäße gestellt werden können. Bewährt hat sich auch eine Längsgrube in Windrichtung, die so schmal ist, daß man Töpfe daraufstellen kann. In diese Grube wird Glut eingefüllt. Mit dünnen Ästchen läßt sich die Feuerstärke so exakt wie bei einem Gasherd dosieren.

Glut erhalten. Wichtig zum Streichholzsparen ist es, am Morgen noch Glut vorzufinden, mit der man das Feuer wieder anheizen kann. Dies erreicht man dadurch, daß man das Feuer vor dem Einschlafen noch einmal vergrößert, am besten mit Hartholz, um viel Glut zu erhalten, und die Glut dann mit dickeren feuchten Ästen und darüber mit einer Lage frischem Holz abdeckt. Feuchtes Holz hat etwa die vierfache Brenndauer von trockenem Holz, und die von frischem Holz ist nochmal doppelt so lang.

Man kann über ein weitgehend heruntergebranntes Feuer in einer Mulde auch mindestens 15 cm trockene Erde schichten, die das Feuer aber nicht völlig luftdicht abschließen sollte. Am nächsten Morgen wird die Erde abgeräumt und die Glutreste kommen zum Vorschein.

Ähnlich kann man eine Wärmegrube anlegen, um einen gewärmten Schlafplatz zu bekommen. Die Grube muß Körperlänge und -breite haben und wird ebenfalls durch ein starkes Feuer mit Glut gefüllt und mit feuchten Stämmen und darüber einer Erdschicht abgedeckt.

7.5 Hilfsmittel zum Feuermachen

Im Idealfall haben Sie Sturmstreichhölzer in einer wasserdichten Verpackung bzw. mit Wachsüberzug im Gepäck. In diesem Fall brauchen Sie nur das vorbereitete Feuer zu entzünden. Naß gewordene Streichhölzer nicht wegwerfen, oder verzweifelt versuchen, sie anzureißen. Versuchen Sie besser, sie zu trocknen, z.B. indem Sie sie lose in die Hemdtasche stecken und in der Zwischenzeit die Unterkunft aufbauen. Wenn die Streichhölzer nicht am selben Tag trocknen, so dürften sie zumindest am nächsten Tag brauchbar sein. Sie sollten jedoch nicht direkt am Körper untergebracht werden, weil sie dort wegen der Schweißabgabe feucht bleiben. Wenn Sie mit einem längeren Aufenthalt rechnen, sollten Sie alternative Anzündetechniken üben, bevor Sie Ihr letztes Streichholz verbraucht haben!

Wenn weder Streichhölzer noch Feuerzeug vorhanden sind, gibt es noch folgende Möglichkeiten:

Wenn Sie mit dem Auto unterwegs sind, haben Sie die Möglichkeit, mit zwei Drähten die Batterie kurzzuschließen. Zwei Drähte werden an die beiden Pole geklemmt und mit ihren beiden anderen Enden direkt am Zunderhäufchen zusammengebracht, wobei Funken entstehen. Falls keine losen Kabel vorhanden sind, können welche aus dem Fahrzeug ausgebaut werden, aber möglichst keine besonders wichtigen. Falls die Kabel nicht bis zur Feuerstelle reichen, kann man das Zunderhäufchen auch auf einem Rindenstück zum Auto tragen.

Wenn Sie eine Lupe dabeihaben und die Sonne scheint, können Sie die Lupe als Brennglas benutzen. Dazu besonders feinen und trockenen Zunder verwenden. Alternativ kann auch ein Kameraobjektiv benutzt werden.

Wenn Sie keines der genannten Dinge haben, sollten Sie ernsthaft überlegen, das Feuer auf den nächsten Tag zu verschieben und sich heute lieber auf den Bau einer guten

Unterkunft konzentrieren. Denn alle nachfolgend genannten Techniken brauchen Übung.

Dazu gehört z.B. die Benutzung von Scherben oder Brillen als Brennglas.

Die Natur hat zum Feuermachen Feuersteine erfunden. Sie sind allerdings nicht leicht zu finden. Feuersteine sind sehr harte Steine und haben ein milchiges, glasartiges Aussehen. Am besten funktionieren größere Steine mit einer glatten Oberfläche und einer scharfen Kante. Doch auch dann ist das Schlagen von Feuer eine echte Leistung, weil die Funken sehr schnell verlöschen. Deshalb ist feinster Zunder erforderlich, z.B. die Watte von Rohrkolben. Der Feuerstein wird direkt über den Zunder gehalten. Mit der anderen Hand wird ein Eisenstück (z.B. der Messerrücken) im Halbbogen gegen den Stein geschlagen, so daß die Funken auf den Zunder fallen. Wenn man keinen der relativ selten vorkommenden Feuersteine findet, kann man auch anderes silikathaltiges Gestein verwenden, z.B. Granit. Die Erfolgsaussichten werden damit allerdings noch geringer.

Die meiner Ansicht nach einfachste Möglichkeit ohne Hilfsmittel aus der Zivilisation Feuer zu machen, ist die Benutzung eines Feuerbogens. Das zugrundeliegende Prinzip ist die Wärmeerzeugung durch Reibung. Wenn man weicheres Holz gegeneinander reibt, entsteht Holzstaub und Wärme. Je schneller die Reibung und je höher der Druck, umso mehr Hitze wird erzeugt. Der Holzstaub wird zunächst schwarz (Holzkohle), dann glühend und entzündet so den vorbereiteten Zunder.

Die Materialien für den Feuerbogen sind: ein einfacher Bogen, der eine Spindel antreibt, ein Feuerbrett mit Mulde, in der sich die Spindel dreht, und ein Widerlager (Handbrett), um Druck auf die Spindel auszuüben. Wichtig ist, daß alle Materialien aufeinander abgestimmt sind.

Ich möchte die Herstellung und Benutzung des Feuerbogens sehr ausführlich beschreiben, einerseits, weil ich aufzeigen will, auf was Sie sich damit einlassen, andererseits, weil ich

Sie dafür begeistern möchte, diese alte Technik einmal selbst auszuprobieren.

Bei schönem Wetter kann ein Anfänger mit etwas handwerklichem Talent das Feuer innerhalb von zwei Stunden entfachen, wenn er gleich das ideale Holz findet. Normalerweise sollte man etwa einen Tag rechnen oder dieselbe Zeit über mehrere Tage verteilen. Wie bei allen Fertigkeiten schafft der Trainierte es wesentlich schneller: Bei vorhandener Schnur alles in allem in etwa 20 Minuten!

Die Arbeit beginnt mit der Schnur bzw. der Sehne für den Bogen. Schnürsenkel oder Zeltschnüre eignen sich auch für diesen Zweck. Ist all dies nicht vorhanden, muß eine Schnur hergestellt werden. Da sie sehr belastbar sein muß, dauert die Herstellung ohne Training mindestens einen Tag (Kap. 12).

Die Holzauswahl ist der wichtigste Teil der Prozedur. Das Holz für Feuerbrett und Spindel sollte von derselben Härte sein, möglichst aus demselben Holz, sonst wird das jeweils weichere Holz abgerieben, ohne daß Holzkohle produziert wird.

Ideal ist völlig durchgetrocknetes, mittelhartes Holz, z.B. von Weide, Pappel, Espe. Hartholz, wie Eiche und Buche, sowie das besonders weiche Nadelholz ist nicht geeignet, auch, weil es durch den hohen Harzanteil "schmiert". Ein Test mit dem Fingernagel kann zeigen, ob das Holz geeignet ist. Wenn der Nagel fast ohne Widerstand in das Holz eindringt, ist es schon zu sehr verrottet. Braucht man Kraft, um überhaupt eine Spur zu hinterlassen, ist es zu hart. Im idealen Holz hinterläßt der Nagel ohne große Anstrengung eine leichte Rille. Das richtig getrocknete Holz findet man an Südhängen und Waldrändern, nicht in der Nähe von Gewässern.

Das Feuerbrett wird aus einem Ast geschnitzt, ist 1,5 bis 2 cm stark und mindestens 20 cm lang. Es sollte so breit sein, daß es beim Feuerbohren einigermaßen ruhig auf der Erde liegen bleibt und nicht splittert, also mindestens 5 cm. Je länger und breiter es ist, desto ruhiger liegt es auf dem Boden. Außerdem gibt es dann mehr Platz für weitere Mulden. Zur besseren Stabilität kann man auch einen Ast mit Verzweigung nehmen. Zur Verbesserung der Stabilität ist es sinnvoll, das Feuerbrett oben und unten abzuflachen.

Abb. 7.3 Feuerbrett mit Zunder

In das Feuerbrett (siehe Abb. 7.3) wird mit einem Messer oder scharfkantigen Stein eine Mulde gebohrt. Danach setzt man die Spindel an und bohrt damit solange weiter, bis die Ränder der Mulde durch die Reibung der Spindel beginnen, braun zu werden. Jetzt sind Feuerbrett und Spindel aufeinander abgestimmt. Der Rand der Mulde befindet sich in der Nähe des Brett-Endes. Die Entfernung zum Brettrand entspricht der Hälfte des Spindeldurchmessers. Bei breiteren Brettern richtet sich die Lage, bezogen auf den Rand des Brettes danach, ob man Rechts- oder Linkshänder ist. Die Mulde läuft spitz nach unten zu und reicht bis zur Hälfte der Brettdicke. Wenn die Mulde fertig ist, wird in den Brettrand mit Richtung auf das Zentrum der Mulde eine Kerbe mit glatten Rändern geschnitten. Die Kerbenseitenflächen sind so angelegt, daß sie sich nicht im tiefsten Punkt der Mulde treffen, sondern etwa auf halbem Weg zwischen dem Rand und dem Zentrum der Mulde. Es ist also empfehlenswert, die Kerbe erst nach den ersten Probeläufen zu schnitzen, wenn die Mulde schon an die Spindel angepaßt ist.

Die Spindel ist gleichmäßig rund, etwa 2 bis 2,5 cm stark und etwa 20 cm lang. Wenn man ein gerades Aststück findet, braucht man vielleicht nur die Enden in die richtige Form zu bringen. Arbeitet man die Spindel aus einem größeren Stück heraus, kann man im unteren Teil eine Verdickung stehen lassen, die das Abrutschen der Sehne nach unten verhindert. Das bedeutet für den Anfänger eine Stelle weniger, die er koordinieren muß. Das eine Ende der Spindel wird kegelförmig angespitzt, bis es in die Mulde des Feuerbrettes paßt. Das andere Ende wird abgerundet und kommt später in das Handbrett. Dieses Ende wird durch Reiben an den Nasenflügeln oder im Haar eingefettet, damit es im Handbrett besser gleitet. Man kann natürlich auch Tierfett, Kosmetik-Creme und notfalls auch Harz nehmen, aber nie Wasser. Danach sollte man tunlichst die beiden Enden nicht mehr verwechseln, da es sonst eine heiße Hand und ein kaltes Feuerbrett gibt.

Das Handbrett wird am besten aus etwas härterem Holz oder Knochen so gearbeitet, daß es gut in die Hand paßt. Es sollte groß genug sein, daß die Finger nicht in Berührung mit der heißgewordenen Spindel kommen. Springt beim Betrieb die Spindel aus einer der Mulden im Hand- oder Feuerbrett, kann dies daran liegen, daß sie noch nicht tief genug sind. Wenn das Handbrett fälschlicherweise zu rauchen beginnt, kann durch ein härteres Handbrett oder bessere Schmierung Abhilfe geschaffen werden.

Der Bogen ist etwa 80 cm bis zu 1 m lang, etwa 2 cm dick und kann aus frischem Holz sein. Die Sehne wird ohne Spannung am Holz befestigt. Ideal ist eine dauerhafte Befestigung an einem Ende und eine provisorische zum Nachspannen am anderen Ende.

Jetzt kann das Gerät in Betrieb genommen werden. Wenn der Boden nicht ganz trocken ist, legt man ein Stück trokkene Rinde unter das Feuerbrett . Genau unter die Kerbe des Feuerbrettes kommt das Zunderkissen, das eine leichte Mulde in der Mitte hat, so daß die Holzkohle genau in die Mulde fällt. Die Bedienung des Geräts ist im Folgenden für Rechtshänder beschrieben und in Abb. 7.4 dargestellt. Für Linkshänder ist der Aufbau entsprechend seitenvertauscht. Die Kerbe des Feuerbrettes zeigt zum Körper. Der linke Fuß steht auf dem Feuerbrett dicht neben der Mulde. Das rechte Bein kniet. Die Spindel wird in die Sehne "hineingedreht", so daß die Sehne eine Schlaufe um die Spindel bildet, wobei der Bogen nach rechts und das spitze, nicht gewachste Ende der Spindel nach unten zeigen muß. Man merkt deutlich, daß die Spindel unter Spannung steht und am liebsten

Abb. 7.4 Benutzung des Feuerbogens: Man beachte die feste Haltung des Arms am Schienbein. Rauchentwicklung bereits sichtbar

Abb 7.5 Feuermachen mit Holunderzweig

davonspringen würde. Man kann die Spindel auch nicht mehr in der Schlaufe hin und her ziehen. Dann ist die Spannung richtig. Spindel und Sehne werden mit der rechten Hand gehalten, die Spindel wird in die Mulde des Feuerbrettes gedrückt und das Handbrett aufgesetzt. Auf senkrechte Position der Spindel achten! Die Brust ruht fest auf dem linken Oberschenkel. Um eine möglichst stabile Haltung zu bekommen, wird der linke Arm, der das Handbrett hält, fest gegen das linke Schienbein gedrückt. Eine falsche Haltung macht sich durch Wackeln der Spindel während der Drehung und evtl. durch Herausspringen aus der Feuerbrett-Mulde bemerkbar.

Ziehen Sie mit langen, kontinuierlichen Bewegungen den Bogen vor und zurück, ohne anfangs viel Druck auszuüben. Lassen Sie dabei den Arm ausgestreckt und ziehen Sie nicht an den Bogenenden, sonst wandert die Sehne auf der Spindel hin und her, meistens abwärts, bis die Spindel aus der Mulde springt. Falls die Sehne rutscht, muß entweder die Bogenspannung erhöht werden, indem die Sehne gekürzt wird, oder die Spindel muß etwas aufgerauht werden, weil sie durch längeren Betrieb zu glatt geworden ist. Arbeiten Sie ohne Pause weiter, bis Rauch aus der Mulde steigt. Verstärken Sie den Druck kontinuierlich, aber nicht so stark, daß er die Bewegungen verlangsamt oder zum Abrutschen der Sehne führt. Wenn die Holzkohle stark raucht, machen Sie noch weitere 15 Züge.

Nehmen Sie die Spindel schnell, aber achtsam vom Brett und drehen Sie dieses vorsichtig dicht über dem Zunder um, damit die gesamte Kohle in das Zunderkissen rutscht. Nehmen Sie das Kissen mit dem Häufchen rauchender Holzkohle auf, drücken mit den Fingern die Ränder etwas hoch und halten es vor das Gesicht. Der ganze Vorgang muß ruhig, aber zügig geschehen. Man bläst einen dünnen Luftstrahl in Richtung Holzkohle, bis diese zu glühen und stärker zu rauchen beginnt. Die Glut beginnt sich auszubreiten. Den Zunder jetzt stärker zusammenhalten, um den Funken eine Angriffsfläche zu bieten und stärker blasen, jedoch die Kohle nicht erdrücken. Da der Atem feucht ist, mit dem Mund nicht zu nahe an die Glut kommen! Lassen Sie sich leiten von der Resonanz der Glut und blasen noch stärker, bis eine Flamme erscheint. Jetzt kommt das Zunderkissen unter das vorbereitete Feuerholz.

Das Anblasen des Feuers ist eine andächtige Kunst. Man kommt sich vor, als hauche man dem Zunderkissen Leben ein. Wie bei vielen Dingen wurde durch die Erfindung von Streichhölzern das Leben zwar vereinfacht, aber auch um ein Urerlebnis ärmer. Die Seele und die geistige Kraft wieder-zuentdecken, die in diesen einfachen Tätigkeiten steckt, ist einer der Reize des "Sur-Vival".

Wenn die Kohle nicht im Häufchen zusammenbleibt, sondern auseinanderfällt, kann dies an zu feuchtem Holz (Feuerbrett oder Spindel) liegen oder an ungenügendem Druck beim Drehen der Spindel. Hellbraune, nicht genügend heiße Kohle ist meistens ein Zeichen für nicht genug Druck und zu geringe Geschwindigkeit beim Drehen. Schwarze Kohle ist meistens ein Zeichen für zu starken Druck. Wenn die Kohle gut glüht, aber trotzdem der Zunder nicht anbrennt, ist dieser meistens zu feucht oder zu fest gepackt. Die Funken finden dann keine Nahrung oder bekommen zu wenig Luft. Es kann auch sein, daß der Zunder zu locker liegt, wodurch die Funken "im Leeren" verschwinden.

7.6 Feuer unterhalten

Manchmal muß ein Feuer über Nacht unterhalten werden, um es nicht wieder neu entzünden zu müssen. Einige Methoden dazu wurden bereits erwähnt. Wenn ein Feuer dauernd brennen soll und man allein ist, kann man eine Holzrutsche bauen. Dazu werden zwei Stöcke neben dem Feuer schräg in den Boden getrieben. Vor dem Einschlafen werden auf das in einer Mulde versenkte Feuer Rundhölzer gelegt, die aber die Mulde nicht ganz überdecken dürfen, um das Feuer nicht zu ersticken. Die Reihe der Rundhölzer wird zur Seite hin bis auf die schräge Rampe hin fortgesetzt. Damit durch den Druck die aufgeschichteten Rundhölzer nicht nachrutschen und das Feuer ganz überdecken können, sollten zwei Heringe als Halterungen neben der Feuermulde in den Boden geschlagen werden. Es versteht sich aus der Konstruktion von selbst, daß die Rundhhölzer tatsächlich rund, nicht verbogen und ohne Äste sein müssen.

7.7. Feuertransport

Wenn man nur wenige Streichhölzer hat oder den Aufwand des Feuermachens scheut, kann man Feuer auch transportieren. Man benötigt dafür Baumpilze, und zwar solche, die keine Lamellen haben, also Röhrlinge. Der Pilz muß trocken sein, d.h. man erntet ihn an einem abgestorbenem Stamm.

Kurz vor dem Aufbruch wird ein Glutstückchen auf einen umgedrehten Pilz gelegt. Die luftgefüllten Kammern des Pilzes bilden kleine Isolationskissen, wodurch sich die Glut nur ganz langsam ausbreiten kann. Sie frißt sich langsam durch den Pilzkörper hindurch (Abb.7.6). Um sie zu erhalten, benötigt sie einen leichten Luftzug. Dafür wird an drei Stellen eine Schnur am Pilz befestigt, um ihn wie einen Weihrauchkessel tragen zu können. Die Glut bleibt ca. 6-7 Stunden brauchbar.

Abb. 7.6 Pilz zum Feuertransport

8 Orientierung

Wo es keine Straßenschilder mehr gibt und man nicht auf jedem Meter einen anderen Menschen trifft, den man nach dem richtigen Weg fragen kann, stellt sich die spannende Frage nach der Orientierung.

Man orientiert sich, um den eigenen Standort und die Richtung auf ein Ziel feststellen zu können. Man sieht sich selbst als Teil eines größeren Systems, das im einfachsten Fall aus dem Weg, auf dem man gerade läuft, dem Bach, dem Waldrand und dem nächsten Kirchturm besteht. Das Wort "Orientierung" enthält den Orient, die Richtung des Sonnenaufgangs. Alle Naturvölker kannten und nutzten die Gestirne. Sie verehrten sie, weil sie ihnen ein Ordnungssystem lieferten. Ihr Bezugssystem hörte also nicht an der Erdoberfläche auf, sondern reichte sehr weit in den Himmel. Als ich anfing, diese Art der Orientierung zu üben, war das ein Schritt in eine neue Dimension der Verbundenheit mit der Welt. Ich möchte Ihnen daher die Übungen, die ich in den Abschnitten 8.6 und 8.7 beschreibe, sehr empfehlen.

Wenn Sie auf einer vorbereiteten Wanderung sind, haben Sie das entsprechende Kartenmaterial und einen Kompaß dabei. Seine Erfindung hat das Leben des Wanderers vereinfacht, aber auch ärmer gemacht, weil man nicht mehr so oft in den Himmel schauen muß.

Orientierung ist wichtig, um an ein Ziel zu gelangen. Wenn Sie durch einen Unfall, z.B. eine Notlandung, plötzlich irgendwo auf diesem Globus stehen, wollen Sie wissen, wie Sie am sichersten zur nächsten Ortschaft kommen und in welche Richtung Sie dazu laufen sollen (falls es sinnvoll ist, überhaupt loszulaufen!). Lassen Sie in jedem Fall nichts unversucht, um aus dem Flugzeug oder Boot Karten und Kompaß zu bergen. Ob Sie sich nur kurzfristig von der Unfallstelle wegbewegen oder sich zur nächsten Siedlung durchschlagen, Sie müssen eine Verhaltensmaßregel beherzigen: Immer Wegmarken merken, oder, wo das schwierig ist, den Weg markieren, so daß Sie notfalls zum Basislager zurückfinden! Das gilt auch für Wanderungen im unwegsamen Gelände, damit man immer wieder an einen Punkt zurückfindet, an dem man seinen Standort noch kannte.

Häufiger wird der Fall vorkommen, daß man aus irgendwelchen Gründen von seinem Weg abgekommen ist und sich verirrt hat. In Europa ist das in der Regel noch kein Grund zur Besorgnis, weil man mit etwas Durchhaltekraft immer irgendwo auf eine nächste Siedlung stößt. In schwächer besiedelten Gegenden und bei unwirschen Temperaturen muß man sich aber zu orientieren wissen, um kräftesparend ans Ziel zu kommen.

8.1 Karte

Karten stellen verkleinerte Abbilder des Geländes dar. Der Grad der Verkleinerung ist als Maßstab auf jeder Karte angegeben. Ein "großer" Maßstab ist z.B. 1 : 10.000, ein "kleiner" Maßstab z.B. 1 : 1.000.000. D.h.: im ersten Fall entspricht 1 mm auf der Karte 10.000 mm oder 10 m im Gelände; im zweiten Fall entspricht 1 mm auf der Karte 1.000.000 mm oder 1.000 m oder 1 km. Bei allen übrigen Maßstäben erfolgt die Umrechnung entsprechend. Wie der Maßstab, sind alle anderen wichtigen Angaben auf dem Kartenrand erläutert, wie z.B. die Abweichung der Nordrichtung auf der Karte ("geografisch Nord") von der magnetischen Nordrichtung, nach der sich die Kompaßnadel orientiert. Der Rand der Karte ist also genau so wichtig wie der Inhalt!

Bei der Karte ist Norden immer oben! Bei den meisten Karten ist ein dünnes Gitternetz aufgedruckt, dessen senkrechte Linien in Nord-Süd-Richtung verlaufen. Da eine Karte eben ist, müssen Geländeunebenheiten wie Berge besonders hervorgehoben werden. In der Regel wird dies durch Höhenlinien erreicht. Diese verbinden Punkte, die dieselbe Höhe über dem Meeresspiegel haben. Die Schichtdicke, die durch nebeneinanderliegende Höhenlinien ausgedrückt wird, ist auf dem Kartenrand angegeben. Sie ist im Flachland anders als im Gebirge und variiert bei genaueren Karten zwischen 5 und 20 Metern. Normalerweise ist jede fünfte Linie eine verstärkte "Zähllinie" mit Höhenangabe (Fuß der Zahl zeigt nach unten). In Seen ist die Wassertiefe ebenfalls oft durch Höhenlinien angegeben. Je dichter die Linien, desto steiler das Gelände. Im Extremfall einer Steilwand vereinigen sich mehrere Höhenlinien. Geschlossene Kreise stellen in der Regel Gipfel dar. Bei Bächen im Bergland zeigen die Höhenlinienknicke pfeilartig in Richtung Quelle. Bei der Vereinigung zweier Bäche zeigt der spitze Winkel normalerweise talabwärts.

Gestrichelte Hilfslinien geben besondere Geländeformen zwischen den Höhenlinien an. Böschungen, Wälle, Kiesgruben und Steinbrüche sind oft mit Keilschraffur gekennzeichnet.

8.2 Kompaß

Wesentlicher Teil des Kompasses ist die Magnetnadel, deren besonders gekennzeichnete Spitze (oft rot, phosphoreszierend) sich nach den magnetischen Feldlinien orientiert. Diese weichen aber mehr oder weniger von der geografischen (tatsächlichen) Nordrichtung ab. Diese Abweichung wird als Mißweisung (siehe 8.5) bezeichnet.

Moderne Kompasse besitzen eine durchsichtige Kompaßdose (Lineal- und Spiegelkompaß), damit man die Nordlinien der Karte sehen kann, wenn man die Richtung auf der Karte bestimmen will. Bei einem Spiegelkompaß kann man darüberhinaus über den untenliegenden Spiegel die Nadel in der Kompaßdose beobachten und gleichzeitig einen Punkt anpeilen. Damit die Nadel bei der Peilung ruhig steht, ist der Kompaß flüssigkeitsgedämpft. Die auf dem Dosenboden eingravierten Nord-Süd-Linien können an die Gitternetzlinien der Karte angelegt werden und verbessern so die Genauigkeit.

Die Gradeinteilung ist nicht überall gleich. Bei uns ist die Teilung in 360 Grad üblich. Für andere Gradeinteilungen müssen Sie die entsprechenden Umrechnungen kennen.

Die Nadel hat eine Kippneigung (Inklination), die in der Regel durch Gewichte ausgeglichen ist. Deshalb kann die Nadel der meisten Kompasse bei der Anwendung auf der Südhalbkugel hängenbleiben. Die Kompaßnadel kann auch durch Bewegung verkantet werden und dann nicht richtig anzeigen. Elektrostatische Aufladung ist eine weitere Fehlerquelle, die durch Anhauchen ausgeschaltet werden kann. In Polnähe zieht die magnetische Kraft die Nadel ebenfalls

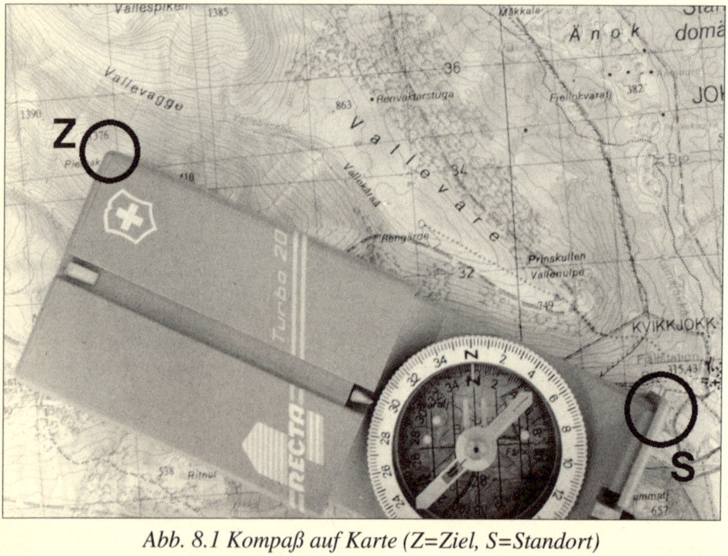

Abb. 8.1 Kompaß auf Karte (Z=Ziel, S=Standort)

nach unten und behindert ihre Beweglichkeit. Die Nadel wird durch Eisenerz im Boden, durch Eisen- und (Stahl-) Betonbauten, Eisenwerkzeuge und alle elektrischen Geräte, einschließlich Fotoapparate abgelenkt!

Für Survival-Zwecke ist eigentlich nur der Spiegelkompaß zu empfehlen, weil nur mit diesem Fernziele exakt genug angepeilt werden können. Für einfache Wanderstrecken auf Wegen genügt der Linealkompaß. Besonders, wenn man den Kompaß im Ausland benutzt, ist eine einstellbare Mißweisungskorrektur zu empfehlen (s.u.). Wenn man den Kompaß auch auf der Südhalbkugel benutzen will, ist eine Korrektur der Inklination erforderlich.

8.3 Übertragung einer Richtung von der Karte ins Gelände

Mit dem Kompaß mißt man auf der Karte den Winkel zwischen der Nordrichtung und der Zielrichtung. Dazu benutzt man den Kompaß als Lineal zwischen dem eigenen Standort und dem gewünschten Zielort. Das Lineal ist eine der Längsseiten des Kompasses. Basis der Messung ist der derzeitige Standort. Die Stirnseite vom Kompaß, an der die Schnur festgemacht ist, zeigt zum Ziel. Anders ausgedrückt, wird der Kompaß in dieselbe Richtung gelegt, wie später über die Visiereinrichtung auf das Ziel gepeilt wird (bei Linealkompassen ist die Richtung durch den Kurspfeil auf der Trägerplatte genau angegeben); also Kurspfeil bzw. Visiereinrichtung zum Ziel! Die Kompaßdose wird so gedreht, daß die Nordmarke in Richtung Kartennord zeigt. Zur Verbesserung der Genauigkeit sollte man darauf achten, daß die parallelen Nordlinien auf dem Boden der Dose parallel zum Gitternetz der Karte liegen. Falls kein Gitternetz vorhanden ist, kann man als Hilfslinie für Kartennord den umgeklappten Kartenrand benutzen. Die Gradzahl ist dabei unwichtig, weil man normalerweise den eingestellten Kartenwinkel direkt in das Gelände überträgt. Die Richtung der Nadel ist ebenfalls ohne Bedeutung. Ein "Einnorden" der

Karte ist nur erforderlich, wenn kein Kompaß mit gerader Anlegekante vorhanden ist. In diesem Fall ist die Karte mit aufgelegtem Kompaß so lange zu drehen, bis das Nordende der Nadel in Richtung Kartennord zeigt.

Um den Winkel in das Gelände zu übertragen, dreht man sich mit dem Gesicht in die Richtung des Ziels, hält den Kompaß in Hüfthöhe und dreht sich so weit, bis die Nadel mit der Nordspitze auf die Nordmarke zeigt. Jetzt schauen Sie in die richtige Richtung. Mit der Visiereinrichtung (Nordspitze der Nadel bleibt auf der Nordmarke!) wird das Ziel anvisiert. Wenn Sie Ihr eigentliches Ziel nicht sehen können, wählen Sie sich ein Hilfsziel, das in derselben Richtung liegt. Wie weit das Hilfsziel entfernt ist, hängt vom Gelände ab. Im Wald wird es ein relativ nahe stehender Baum sein, in der Savanne ein weiter entfernt liegender markanter Hügel. Wichtig ist, daß man das Hilfsziel nie länger aus dem Auge verliert.

Zur genauen Visierung heben Sie den Kompaß mit schräggestelltem Spiegel in Augenhöhe und stellen die Nadel genau auf Nord ein. Waagerecht halten! In dieser Stellung peilen Sie über Kimme und Korn das entsprechende Hilfsziel genau an. Bei obenliegendem Spiegel muß der Mittelstrich auf dem Spiegel senkrecht stehen und durch das Zentrum (Lager) der Nadel laufen. Ein Kompaß ohne Spiegel ist lange nicht so genau. Er wird zur Peilung sinnvollerweise auf eine ebene Fläche gelegt und an der Kante entlang visiert.

Um Umwege zu vermeiden und Kräfte zu sparen, ist eine Zerlegung der Gesamtstrecke in Teilstrecken mit entsprechenden charakteristischen Merkmalen und ein häufiger Vergleich von Karte und Gelände hilfreich. Sinnvoll ist auch die Benutzung von ”Auffanglinien”, wie z.B. Wege oder Bäche, die von weitem nur auf der Karte sichtbar sind, uns aber zu einem Hilfsziel, das wir aus den Augen verloren haben, zurückführen können.

Für die Planung einer Strecke ist es wichtig, die Entfernung zu kennen. Mit Hilfe des Maßstabes kann die Entfernung zwischen zwei Punkten auf der Karte in die entsprechende Entfernung im Gelände umgerechnet werden. Zur Messung nimmt man entweder die Zentimeter-Skala des Kompasses oder den Maßstab auf dem Umschlag dieses Buches.

Beim Wandern im Flachland benötigt man für 5 km etwa eine Stunde. Beim Bergwandern rechnet man bei Ungeübten für 4 Streckenkilometer eine Stunde (= 67 Meter/Minute. Die Höhenmeter müssen gesondert berücksichtigt werden (für 300 Höhenmeter je 1 Stunde bzw. 5 Meter/Minute); Strecken- und Höhenzeit werden einzeln berechnet, die jeweils kürzere Zeit nochmal halbiert und zur längeren Zeit hinzugezählt. Als Beispiel für eine Strecke im Gebirge, die 10 km lang ist und 2000 m Steigung enthält: 10.000 Meter : 67 = 149 Minuten; 2000 : 5 = 400 Minuten; 400 + (149 : 2) = 475 Minuten = knapp 8 Stunden.

Wenn man im Gelände feststellt, daß ein Hang zu steil ist, man aber die Richtung halten muß, um ein Hilfsziel zu erreichen, kann man die Steigung durch Zick-Zack-Kurs verringern. Wenn die Abweichungen im 60°-Winkel erfolgen, muß man genau die doppelte Entfernung zurücklegen.

Wenn Sie auf ein Hindernis, z.B. einen See stoßen, ist es nur dann ratsam, einen Hilfspunkt auf der anderen Seite zu wählen und um das Hindernis herum darauf zuzugehen, wenn Sie ganz sicher sind, ihn auch von der Seite her zu erkennen. Besser ist es, bis zum Ufer zu gehen und den Weg zurück auf einen markanten Hilfspunkt zu peilen (Südspitze der Nadel auf der Nordmarke). Dann müssen Sie so weit um den See herumgehen, bis Sie den Hilfspunkt genau unter derselben Kompaßstellung sehen.

Am besten ist es, Sie weichen dem Hindernis rechtwinklig aus (z.B. nach rechts: Nordspitze der Nadel auf 270°; dabei Kompaßdose nicht verstellen) und zählen die Schritte. Sobald Sie am Seitenende des Hindernisses angekommen sind, gehen Sie auf die Nordmarke zurück, d.h. Sie laufen parallel zum alten Kurs. Wenn Sie am Hindernis vorbei sind, können Sie auf den alten Kurs zurückkommen, indem Sie die Nordspitze der Nadel auf 90° stellen und somit im rechten Winkel nach links dieselbe Schrittzahl gehen. Das Umgehen ist auch im 60°-Winkel möglich, aber mit größeren Fehlermöglichkeiten behaftet. Wichtig ist, daß der Winkel vom Kurs weg und wieder zu ihm hin gleich groß ist, genauso, wie die Zahl der Schritte.

8.4 Finden des eigenen Standorts auf der Karte

Um die Richtung auf ein nicht direkt sichtbares Ziel hin einschlagen zu können, muß man wissen, wo man sich befindet. Den eigenen Standort im Gelände stellt man dadurch fest, daß man markante Punkte im Gelände mit dem Kompaß anpeilt und die Richtungen in die Karte überträgt. Dazu den Punkt anpeilen, Nordmarke der Kompaßdose auf das Nordende der Nadel stellen, Mißweisung berücksichtigen (westliche abziehen, östliche hinzuzählen). Ohne die Dose zu drehen, auf der Karte den Kompaß mit dem Vorderende der Seitenkante an den angepeilten Punkt anlegen und den Kompaß soweit drehen, bis die Nordmarke der Dose auf die Nordrichtung der Karte zeigt. Die Visierung des Kompasses ist dabei immer auf den Punkt gerichtet. Jetzt an der Anlegekante einen Strich ziehen, dazu notfalls zur Verlängerung das umgeklappte Kartenblatt benutzen.

Wenn man sich auf einer in der Karte zu erkennenden Linie, wie Straße, Kanal, etc. befindet, reicht möglicherweise eine Peilung aus. Ansonsten sind mindestens zwei Peilungen erforderlich. Der eigene Standpunkt entspricht dann dem Schnittpunkt der beiden Linien. Um den Fehler möglichst gering zu halten, sollten die Punkte nicht zu weit voneinander entfernt sein und die Linien sich möglichst rechtwinklig schneiden.

8.5 Berücksichtigung der Mißweisung

Die Mißweisung ist, vereinfacht ausgedrückt, die Abweichung zwischen dem Nord/Ziel-Winkel der Karte und dem Nord/Ziel-Winkel im Gelände. Praktisch ausgedrückt heißt das: bei 10° westlicher Mißweisung zeigt die Nadel statt genau auf Norden (360° = 0°) nur auf 350°. Man muß also den Winkel im Gelände größer wählen, als er gemäß Karte sein müßte. Entsprechend ist die östliche Mißweisung abzuziehen. Die Mißweisung setzt sich zusammen aus der Abweichung des Gitternetzes der Karte von geografisch Nord, die aus der Erdkrümmung resultiert (Meridiankonvergenz) und in der Regel vernachlässigt werden kann, und der lokalen Nadelabweichung aufgrund des erdmagnetischen Feldes. Sie liegt in Mitteleuropa unter 5° und kann deshalb in den meisten Fällen vernachlässigt werden. In Kanada und Alaska allerdings ist sie erheblich höher und erreicht teilweise über 30°.

Die Mißweisung ist meist auf den Kartenrändern mit Jahreszahl und der erwarteten jährlichen Änderung angegeben. Man muß also die genaue Mißweisung ausrechnen. Die in Karten gebrauchten Symbole sind: Stern für geografisch Nord, Pfeil für magnetisch Nord und Kreuz für die Meridiankonvergenz. Die "echte" Nordlinie sollte man in die Karte einzeichnen. Wenn diese Angaben in der Karte fehlen oder älter als 10 Jahre sind, oder wenn mit lokalen magnetischen Störungen zu rechnen ist, kann man mit einem guten Spiegelkompaß die Mißweisung auch direkt aus dem Gelände ermitteln.

Um die Mißweisung zu berücksichtigen, stellt man bei einem Kompaß mit Mißweisungskorrektur die Nordmarke auf 360/0° und sucht sich in der Ferne einen Punkt, den man auf der Karte eindeutig identifizieren kann. Man mißt den Winkel, um den die Richtung auf diesen Punkt von der geografischen Nordrichtung abweicht, auf der Karte und die Abweichung zu magnetisch Nord der Kompaßnadel in der Realität. Die Differenz zwischen beiden Winkeln entspricht der Mißweisung. Wenn der Winkel im Gelände größer ist als auf der Karte, handelt es sich um eine westliche Mißweisung, umgekehrt um eine östliche Mißweisung. Bei der Übertragung von Winkeln aus der Karte ins Gelände muß man die westliche Mißweisung dazuzählen, die östliche abziehen. Bei Kompassen mit Mißweisungskorrektur kann man die Nordmarke entsprechend korrigieren. Dies geschieht mit einer Stellschraube. Durch Drehen erreicht man, daß der Winkel im Gelände genau mit dem der Karte übereinstimmt. D.h., der Nordpfeil zeigt nach magnetisch Nord, steht aber nicht auf 360/0°; statt dessen zeigen Nordmarke und Gitterlinien des Dosenbodens nach geografisch Nord. Bei Verwendung einfacherer Kompasse empfiehlt es sich, eine "magnetisch-Nord-Linie" in die Karte einzuzeichnen. Von dieser aus mißt man den Winkel zur gewünschten Richtung und kann ihn dann ohne Korrektur ins Gelände übertragen.

Wenn man ohne Karte unterwegs ist, muß man die Mißweisungskorrektur am "echten" geografischen Norden einstellen. Geografisch Nord entspricht der Schattenlinie am Mittag oder kann anhand des Polarsterns oder anderer Gestirne ermittelt werden.

8.6 Die Sonne als Wegweiser

Die Sonne geht im Osten auf und im Westen unter. Dazwischen wandert sie über den Süden, den sie genau mittags zur wahren Ortszeit erreicht. Dies gilt für die Nordhalbkugel nördlich des Wendekreises. Zwischen nördlichem und südlichem Wendekreis "pendelt" die Sonne zur Mittagszeit je nach Jahreszeit zwischen Süd und Nord. Südlich des südlichen Wendekreises steht die Sonne mittags immer im Norden. Das bedeutet, daß die nachfolgend beschriebenen Methoden innerhalb der Wendekreise nicht bzw. nur mit Einschränkungen anwendbar sind. Dasselbe gilt für Polnähe, zumindest für die Zeit der Polarnacht.

Wenn Sie **ohne Uhr** sind und sich nach der Sonne orientieren wollen, ist die genaueste Methode die der gleichen Schattenlängen (Abb.8.2). Im Prinzip kann man sie zu jeder Tageszeit durchführen. Am einfachsten ist sie allerdings etwa 1 Stunde vor Mittag wahrer Ortszeit, d.h. zu der Zeit, wo die Sonne kurz vor ihrem Tageshöchststand steht. Man steckt auf einer ebenen Fläche einen geraden Stock senkrecht in den Boden. Um die Genauigkeit zu erhöhen, kann ein Lot benutzt werden (Stein an Schnur). Der Stab wirft einen Schatten, dessen Länge den Radius eines Kreises bildet, den man mit Hilfe einer Schnur um den Stock zieht. Die Schattenspitze zu Beginn wird auf dem Kreis markiert. Beim Weiterwandern der Sonne wird der Schatten kürzer als der gezogene Kreis. In dem Moment, in dem die Schattenspitze den Kreis wieder erreicht, wird ebenfalls eine Markierung angebracht. Da die Sonne vormittags im Osten stand, zeigte der Schatten in westliche Richtung. Der Nachmittagsschatten zeigt entsprechend nach Osten. Die Verbindungslinie zwischen beiden Markierungspunkten ergibt die West-Ost-Richtung. Auf der Nordhalbkugel nördlich des

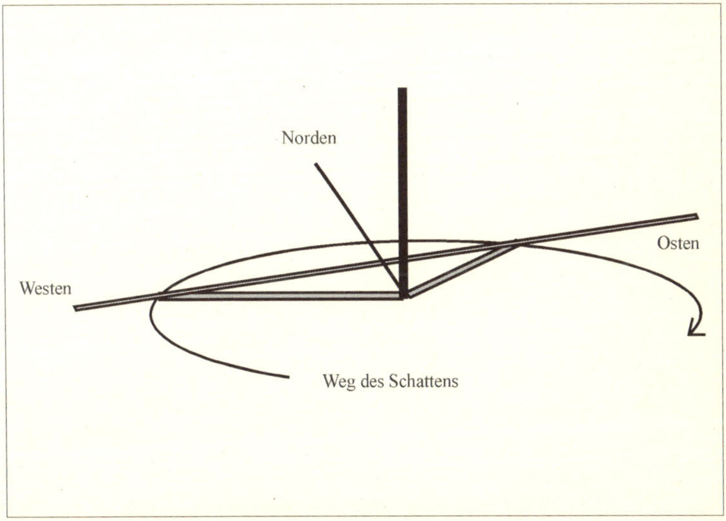

Abb. 8.2 Schattenlängen-Methode zur Orientierung

Wendekreises zeigt die Linie, die die beiden Schattenrichtungen halbiert, bzw. im rechten Winkel von der Mitte der Verbindungslinie auf den Stab zeigt, genau nach geographisch Süd, auf der Südhalbkugel entsprechend umgekehrt.

Eine vereinfachte Variante dieser Methode ist die sog. "Schattenspitzenmethode". Sie ist jedoch nur zur Zeit der Tagundnachtgleiche genau (um den 20.März und 23.September), da nur dann die Schattenlinie eine Gerade beschreibt (und die Sonne senkrecht über dem Äquator steht). Man braucht dafür nur eine sehr kleine ebene Fläche und keinen geraden Stock und kann auch "natürlichen" Schatten benutzen. Man markiert einfach die Spitze eines Schattens und dann nach 10-15 Minuten erneut. Die Verbindungslinie ist die West-Ost-Richtung, der rechte Winkel dazu entsprechend Nord-Süd.

Da die Sonne an einem bestimmten Datum zwischen Aufgang und Untergang an jedem Breitengrad einen anderen Winkel beschreibt, kann aus der Richtung der auf- und der untergehenden Sonne indirekt die Nordrichtung und damit die Marschrichtung bestimmt werden. Dieses Verfahren wird ausführlich von *Linke* beschrieben (siehe Literaturangaben).

Mit Uhr gibt es weitere Methoden, anhand des Sonnenstandes Ihre Zielrichtung herauszufinden. Dieses Verfahren eignet sich besonders in Polnähe bis 70° Breite. Die Abweichung beträgt dort etwa 10° (bei 50° Breite bereits 25° Abweichung!).

Wenn Sie sich auf der Nordhalbkugel befinden, wird der kleine Zeiger der Uhr auf die Sonne gerichtet. Süden befindet sich dann genau im halbem Winkel zwischen dem kleinen Zeiger und der Zwölf-Uhr-Markierung, und zwar sowohl vormittags als auch nachmittags. Allerdings muß ihre Uhr auf wahre Ortszeit eingestellt sein. Die wahre Ortszeit ermitteln Sie mit Hilfe der Schattenmethode, indem Sie die Zeitpunkte der beiden Schatten notieren, die Zeitspanne halbieren und von der Uhrzeit abziehen, zu der die

Schattenspitze den Kreis zum zweitenmal geschnitten hat. Diese Uhrzeit ist die wahre Mittagszeit, 12 Uhr. Haben sie ihre Uhr auf Sommerzeit eingestellt, gilt anstelle der 12-Uhr-Markierung die 1-Uhr-Markierung.

Befinden Sie sich dagegen auf der Südhalbkugel, so richten Sie die Zwölf-Uhr-Markierung zur Sonne. Norden liegt dann in der Mitte zwischen Stundenzeiger und Zwölf-Uhr-Markierung (entsprechend 1 Uhr bei Sommerzeit).

8.7 Sterne zur Richtungs- und Standortbestimmung

Die Nordrichtung kann ab 10° nördlicher Breite durch den Polarstern bestimmt werden. Der Polarstern befindet sich in Verlängerung der "Rückwand" des Sternbildes Großer Wagen (auch Großer Bär genannt)etwa in fünffacher Entfernung der beiden Sterne, die die "Rückwand" bilden (Abb. 8.3). Der gut sichtbare Polarstern ist die Spitze der nur schwach sichtbaren "Deichsel" des Kleinen Wagens. Auf der dem Großen Wagen gegenüberliegenden Himmelsseite liegt das W-förmige Sternbild der Kassiopeia. Beide Sternbilder drehen sich im Verlauf der Nacht um den Polarstern. Daraus kann man auch auf seine Position schließen, wenn er selbst nicht sichtbar ist. Wenn man die Bewegung der Sternbilder oft beobachtet, gewinnt man Sicherheit.

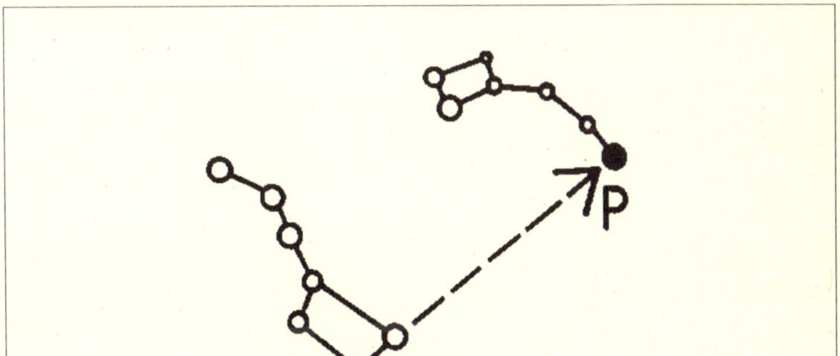

Abb. 8.3 Die Lage des Polarsterns

9 Überlebenspflanzen

Viele Menschen denken, wenn sie Survival hören, als erstes daran, ob, wie und was man in der Wildnis zu essen findet. Das ist natürlich richtig. Aber richtig ist auch, daß Nahrung nicht die höchste Priorität hat unter den Dingen, die der Mensch am dringendsten braucht. Wärme ist, wie ich schon sagte, viel wichtiger. Einen Monat ohne Nahrung zu überleben, ist in der Regel überhaupt kein Problem, es sei denn, man ist extremen Strapazen ausgesetzt, oder es ist sehr kalt. Der Australier James Scott hat 43 Tage im Winter im Himalaja ohne Nahrung unter einem Felsvorsprung überlebt. Sicherlich ein extremes Beispiel, aber es zeigt doch, was menschenmöglich ist. Ich habe einmal im Winter bei durchschnittlich -15° gefastet. Wenn man sich bei diesen Temperaturen nicht normal ernährt, treten Körpersignale, wie Frösteln, früher auf als sonst. Das bedeutet aber nicht zwangsläufig, daß der Körper schneller auskühlt. Nur wenn der Körper nicht gut isoliert ist und nicht immer wieder durch ein Feuer aufgewärmt werden kann, muß man sich körperlich anstrengen, um durch Verbrennung die Temperatur aufrechtzuerhalten. Und dadurch hat man natürlich den entsprechenden Mehrbedarf an Kalorien.

In früheren Zeiten ernährte sich der Mensch ausschließlich von dem, was er in der Wildnis an Eßbarem sammeln konnte. Das war eine sehr effiziente Art, wenn man den Kalorienaufwand fürs Sammeln vergleicht mit den "geernteten" Kalorien, die man als Nahrung wieder zu sich führt. Die heutige Gewohnheit, sich aus Supermärkten zu ernähren, kommt dabei ungleich schlechter weg, wenn man nicht nur den Gang des Einzelnen zum Supermarkt, sondern auch Herstellung und Transport der Nahrung miteinbezieht. Die Supermärkte haben den Menschen darüberhinaus von seiner Nahrung stark entfremdet. Immer weniger Menschen kennen heute Pflanzen, die im normalen Hausgarten wachsen, geschweige denn eßbare Wildpflanzen.

In meinen Kursen erlebe ich immer wieder staunende Gesichter, wenn langsam klar wird, wieviele Pflanzen in der unmittelbaren Umgebung eßbar sind. In manchen Gärten, vor allem die, in denen kein fanatischer Unkrautgegner waltet, wächst mehr Eßbares zwischen den Reihen, als in den Reihen. Man fragt sich dabei, wieso der Mensch überhaupt auf die Idee kam, Ackerbau zu betreiben. Eine Frage, die ich im Rahmen des Überlebensbuches nur aufwerfen kann. Für den Survival-Schüler ist es zunächst wichtig zu wissen, daß die Natur dazu da war und ist, die Lebewesen, die sich an bestimmten Standorten ansiedeln, zu ernähren, seien es Rehe, Eisbären oder Menschen. Das, was die Natur von selbst wachsen läßt, ist in unseren Breiten über das Jahr hinweg äußerst abwechslungsreich, gesund und nahrhaft. Mit dem modernen Leben, vor allem in der Stadt, ist es natürlich nicht in Einklang zu bringen, wieder zum Sammler zu werden. Das Wissen darüber, wie man sich im "Notfall" auch ohne Supermärkte ernähren könnte, verleiht aber auch dem modernen Menschen Selbstbewußtsein und ein Stück wirkliche Unabhängigkeit.

Wer eßbare Pflanzen kennt, sollte sich natürlich davon bedienen. Wenn man jedoch auf diesem Gebiet völliger Laie ist, kann man die Auswahl an Pflanzen studieren, die hier dargestellt sind. Sie kommen praktisch überall vor und reichen für eine gute Ernährung vollständig aus.

Wer beginnt, sich ausschließlich durch Wildpflanzen zu ernähren, muß einen wichtigen Hinweis berücksichtigen:

Wildpflanzen sind starke Pflanzen, die nicht durch Kultur und Düngung "zivilisiert" wurden und ihre Kraft natürlich auf den übertragen, der sie ißt. Häufig werden im Körper sehr gesunde Reinigungsprozeße eingeleitet, die mit Kopfschmerzen und Müdigkeit einhergehen können. Es sind, wie ich aus eigener Erfahrung weiß, völlig ungefährliche Gewöhnungserscheinungen, die nach kurzer Zeit wieder abklingen. Danach fühlt man sich häufig wie neugeboren, springlebendig und leicht. Die Verdauung stellt sich schon nach wenigen Tagen um, erfordert wenig Extra-Aufwand an körperlicher Energie, so daß Ihnen viel mehr Kräfte für andere Dinge zur Verfügung stehen. Ganz nebenbei riechen Sie auch besser.

9.1 Pflanzen durch Wahrnehmung erkennen

In manchen Survival-Büchern wird dem Laien empfohlen, eine kleinere Dosis Pflanzen zu probieren und zu warten, ob man Magenschmerzen bekommt oder nicht. Wenn nicht, so könne man auch eine größere Menge essen. Diese Versuch-und-Irrtum-Methode ist anscheinend von notorischen Glückspilzen erfunden worden - man sollte sich nicht darauf verlassen. Die Wissenschaftler unterstützen diese Empfehlung, indem sie behaupten, das Wissen der Naturvölker sei auf diese Art zustande gekommen.

Mit ein bißchen gesundem Menschenverstand ist aber diese Behauptung leicht zu widerlegen. Wie hätte denn jemals ein Mensch im akuten Krankheitszustand ein geeignetes Mittel finden können, wenn er nach Versuch und Irrtum vorgegangen wäre? Wieviele Pflanzen hätte er denn durchprobieren müssen, um an die richtige zu kommen? Und hätte er sich in der Zwischenzeit nicht nur nicht von seiner Krankheit erholt, sondern sich noch zusätzliche Magenbeschwerden zugezogen? Unsere Urahnen müssen auf eine andere Art herausgefunden haben, welche Pflanze gut ist gegen Magenschmerzen oder Augenleiden, und gegen welche Mißstimmung überhaupt "kein Kraut gewachsen ist", wie es heute im Volksmund noch heißt. Und wenn sie das mit den Heilkräutern konnten, dann ist es nur logisch anzunehmen, daß sie das gleiche Vorgehen auch für eßbare Pflanzen anwandten. "

"Wenn Du etwas über eine Pflanze wissen willst, warum fragst Du sie dann nicht einfach?", ist der Hinweis eines Indianers auf die Kommunikationsprobleme zwischen dem modernen Menschen und den Pflanzen. Der heutige Mensch zieht es vor, an das Prinzip von Versuch und Irrtum oder das der wissenschaftlichen Untersuchung durch Trennung und Zerlegung zu glauben, anstatt auf sein intuitives Wissen zu vertrauen. Dieses intuitive Wissen, um das es mir hier geht, beruht aber auf einer Kenntnis, die Teil unserer genetischen Wurzeln ist. Genauso, wie ein Reh in der Lage ist, zum richtigen Zeitpunkt die richtige Pflanze für einen bestimmten Stoffwechselvorgang zu finden, ist das auch jeder Mensch. Er muß nur zu seiner Wahrnehmung zurückfinden.

Um zur Wahrnehmung zurückzufinden, gibt es verschiedene Übungen, die ich auf meinen Seminaren durchführe: Die Teilnehmer schließen die Augen und versetzen sich in einen meditativen Zustand. Dann wird ihnen das Blatt einer Pflanze auf die Hand gelegt. Sie stellen sich die Pflanze in ihrer Gestalt vor und versuchen, etwas über ihre Wirkung auf den menschlichen Körper zu erfahren. Am Ende der Übung legen sie die Blätter hinter sich, öffnen die Augen und berichten nacheinander ihre Wahrnehmungen. Es kam vor, daß ein Viertel aller Teilnehmer mit geschlossenen Augen von den Blättern auf die Wuchsform und die Wirkungen der Pflanzen schließen konnten. Man braucht dazu kein Pflanzenkenner zu sein oder Lehrbücher studiert zu haben. Manchmal ist das sogar eher hinderlich, weil diese Art des Lernens das genaue Gegenteil ist von dem, was durch solche Übungen "gelernt" werden soll.

Eine andere Übung, die ich sehr liebe, ist die, mit geschlossenen Augen die Natur zu erkunden. Man fühlt, hört und riecht viel intensiver, seien es durch die Sonne aufgeheizte

Steine, die grobe Rinde einer alten Kiefer oder der Geruch von den Blüten des Weißdorns. Man kann sich bei dieser Übung auch durch einen Partner führen lassen. Nach einer solchen Einstimmung kann man versuchen, sich in eine Pflanze hineinzuversetzen, ihr Wesen kennenzulernen. Man kann sich auch von einer bestimmten Pflanze "rufen" lassen, zu ihr hingehen und sie befragen. Wir haben immer wieder - halb heiter, halb ernst - Interviews mit Pflanzen gemacht und dabei erstaunliche Antworten bekommen. Sicherlich ist es eine ungewohnte Vorstellung, mit Pflanzen sprechen zu können, zumal sie ja keine hörbaren Laute von sich geben. Man ist sozusagen auf sich gestellt und muß unterscheiden lernen zwischen dem, was man denkt, was die Pflanze "gesagt" haben könnte und dem, was sie tatsächlich "gesagt" hat. Genaugenommen spricht ja auch nicht die Pflanze, sondern Sie selbst haben sich über ihr intuitives Wissen mit dieser Pflanze verbunden. Dieses Wissen wird oft in Form von Bildern mitgeteilt, ähnlich wie im Traum. Lernen Sie doch diese Unterscheidung immer genauer zu treffen, indem Sie Ihnen unbekannte Pflanzen befragen und die Antworten dann anhand von Bestimmungsbüchern überprüfen!

Es gibt noch einen weiteren Weg, zu einer sicheren Wahrnehmung zu kommen, und zwar in einer Umstellung Ihrer alltäglichen Ernährungsgewohnheiten. Die sogenannte "Instinkto-Therapie" zeigt, daß fast jeder Mensch nach einiger Zeit spezieller Ernährung in der Lage ist, zu erkennen, welche Früchte und Gemüse gesund für ihn sind. Diese Erkenntnis beruht darauf, daß kein Nahrungsmittel in irgendeiner Weise zubereitet ist. Es wird also weder gekocht, gewürzt, noch gemischt. Nach einer Zeit der Eingewöhnung "weiß" man, was gut und richtig für einen ist. Man riecht an dem betreffenden Nahrungsmittel und kann unmittelbar sagen, ob es verfault, giftig oder eben gut ist. Nach einer solchen Art der Vorbereitung kann man unbedenklich in der Natur unbekannte Pflanzen und Pilze essen. Wenn sie angenehm riechen, kaut man ein wenig. Wenn es gut schmeckt, ißt man solange, wie es schmeckt. Bei einem Geschmacksumschlag muß man aufhören, zu essen und wird es "automatisch" auch tun. Dieses System ist aber nur dann anwendbar, wenn man sich über mindestens ein halbes Jahr mit Rohkost ernährt hat.

Wahrnehmung kommt aus der Ruhe. Wenn Sie sich also in einer Notsituation befinden, kümmern Sie sich zunächst um die naheliegendsten Dinge, wie Behausung, Wärme, Wasser. Der nächste Schritt ist es, sich in den geschaffenen Bedingungen wohlfühlen zu lernen, Genuß daran zu finden. Dies ist die wesentliche Voraussetzung, um in die Wahrnehmung zu kommen. Fasten Sie lieber ein paar Tage, bis sich das Hungergefühl gelegt hat. Das Fasten ist eine Hilfe, manchmal sogar eine Voraussetzung für die Wahrnehmung. Gelegentliche Schwächeanfälle sind in der Regel nicht auf den Nahrungsmangel an sich zurückzuführen, sondern auf den Glauben, man bräuchte unbedingt täglich etwas zu essen. Machen Sie es sich bequem und fangen Sie an, den Vögeln zuzuhören. Nehmen Sie die Schönheit des Eichhörnchens wahr und das Plätschern eines Baches. Wenn Sie im Zustand des Genießens angekommen sind, können Sie beginnen, auf Ihre Wahrnehmung zu vertrauen.

9.2 Die wichtigsten Pflanzen

Zu den wichtigsten eßbaren Wildpflanzen zähle ich diejenigen, die besonders üppig an vielen Standorten und praktisch auf der gesamten Nordhalbkugel vertreten sind und am ehesten bekannt sein dürften. Wichtig sind die Pflanzen auch deswegen, weil sie in ausreichender Menge Kohlehydrate, Fette, Eiweiße, Spurenelemente und Vitamine zur Verfügung stellen. Die Bedeutung von Eiweiß als Baustoff wird meistens überbetont. Insbesondere das Fehlen von tierischem Protein ist eigentlich kein Problem, und es ist sehr gut durch pflanzliches Eiweiß zu ersetzen.

Im folgenden Abschnitt ist sozusagen das Minimalwissen dargestellt, mit dem jeder Survivler vertraut sein sollte und das im Prinzip ausreicht, um sich gut zu ernähren.

In Abschnitt 9.6 finden Sie eine genauere Beschreibung der Pflanzen sowie weitere, die leicht bestimmbar sind und mit denen das Überleben auch für Feinschmecker zum Hochgenuß werden kann.

Die **Brennessel** kommt an nährstoffreichen Stellen, z.B. verlandeten Seeufern und Dungplätzen vor und ist ein idealer Eiweißlieferant. Außer den Blättern können die ebenfalls sehr eiweißreichen Früchte über einen langen Zeitraum hinweg genutzt werden, da sie sehr lange hängenbleiben. Der Stengel kann ausgekocht und zur Faserherstellung verwendet werden.

Der **Löwenzahn** ist eine der ersten und ergiebigsten Wiesenpflanzen für Frühjahrsgemüse und -salat und hat zudem eine heilkräftige und nahrhafte Wurzel. Die Blätter können gekocht fast das ganze Jahr gegessen werden.

Disteln findet man auf Äckern und Brachland. Es besteht kaum eine Gefahr der Verwechslung mit giftigen Pflanzen. Viele Distelarten sind erstaunlich leicht von den Stacheln zu befreien, und nach einer Kostprobe kann man bittere Arten von genießbaren unterscheiden.

Rohrkolben säumen oft den Uferbereich von Seen. Sie bieten mit den jungen männlichen Kolben, allerdings nur für wenige Tage, ein Mehl, das neben Stärke viel Protein enthält. Im Winter sind die Wurzelstöcke ein hervorragender Stärkelieferant. Außerdem kann man aus den Blättern weiche Matten weben.

Schilf hat wie der Rohrkolben stärkehaltige Wurzeln.

Wasserlinsen (Entengrütze) wachsen auf stillen Gewässern, wie Teichen, und sind vermutlich ein wesentlicher Bestandteil der Nahrung der Zukunft. In Israel kann man Wasserlinsen bereits in Supermärkten bekommen. Sie sind ganzjährig zu finden und von einer Eiweißqualität wie Sojabohnen.

Praktisch jedes **Gras** ist eßbar. Nicht nur die Blätter, sondern auch die zarten unteren Halmstücke, an die man durch Herausziehen der Stengel kommt. Natürlich kann man auch die Blätter und Stengel essen. Bei den Stengeln ist es jedoch besser, sie wegen des hohen Zellulosegehaltes nur gut auszukauen, um sie dann auszuspucken. Außerdem natürlich die Früchte der Gräser, die Verwandten unserer Getreidekörner. Obwohl die Körner der meisten Arten relativ klein sind, kann man im Sommer in der Regel genügend sammeln, um einen nahrhaften Eintopf zubereiten zu können. Die Samen können auch roh gegessen oder geröstet und zu Mehl zermahlen werden. Ein vorheriges Rösten erhöht die Sicherheit, da ganz wenige Samen roh giftig sind. Wichtig ist, daß keine violett oder schwärzlich angelaufenen Samen gegessen werden, da die Farbe von einem giftigen Pilz stammen könnte (Mutterkorn).

Verschiedenste **Ampferarten** sind fast überall zu finden und, ähnlich wie bei Disteln, kaum verwechselbar. Ampfer ist nie giftig. Nur einige Arten schmecken bitter, was man durch eine Kostprobe leicht herausfinden kann.

Beeren verschiedener Sträucher und Rankgewächse liefern im Herbst Vitamine und Fruchtzucker und lassen sich leicht trocknen und dadurch aufbewahren. Heidelbeere und Brombeere dürften bekannt sein, weswegen ich einige der unbekannteren Arten in die Pflanzenliste aufgenommen habe.

Nadelbäume haben wegen ihrer meistens auch im Winter grünen Nadeln eine wichtige Bedeutung für Tee.

Die **Kambiumschicht von Bäumen**, insbesondere von Birke, Fichte, Espe ist eßbar und kann für Eintöpfe verwendet werden. Es ist die sehr dünne Schicht direkt über dem Holz. Diese Schicht ist äußerst nahrhaft, wenn auch mengenmäßig nicht besonders ergiebig. Man darf sie allerdings nur im Notfall verzehren, da die Bäume durch das Entfernen der Kambiumschicht (lebende Schicht!) geschädigt werden.

Sie sehen, es herrscht kein Mangel! Nahrungssorgen sind in der Regel überflüssig.

Wildkräuterernte

9.3 Sammeln, Kochen, Ernährungswert

Das Sammeln sollte in behutsamer Weise erfolgen. Wenn an einem Standort nur wenige Pflanzen einer Art vorkommen, sollten sie möglichst nicht geerntet werden (mit Ausnahme der Früchte). Mit häufigem Sammeln wird man auch ein Feingefühl für die Mitgeschöpfe entwickeln, die den Sammler ernähren sollen. Und wie gesagt, es ist sicher nicht verkehrt, es einmal mit einem unsentimentalen Gespräch zu versuchen, um herauszufinden, ob auch eßbare Pflanzen überhaupt gepflückt werden wollen.

Beim Sammeln sollten Sie darauf achten, daß die Pflanzen nicht durch Abfälle und Chemikalien der menschlichen Zivilisation verunreinigt sind. Wasserläufe tragen Verschmutzungen oft sehr weit mit sich. Deshalb können Wasserpflanzen, auch fernab von der Zivilisation, noch belastet sein.

Pflanzen auf Waldlichtungen sind möglicherweise durch eine Spritzmittelbehandlung der Bäume, z.B. gegen Borkenkäfer, beeinträchtigt. Bei aller Umsicht ist zu sagen, daß die Rückstände in Wildpflanzen meistens wesentlich geringer sind, als die Belastung unserer Kulturpflanzen, die einer Reihe von chemischen Behandlungen unterworfen werden.

Am besten sammelt man nur die Pflanzen, die man kennt. Ein allgemeines Merkmal für giftige Pflanzen gibt es nicht. Manche Pflanzenarten mit Milchsaft, z.B. die Wolfsmilchgewächse, sind giftig. Sammeln Sie also Pflanzen, bei denen Milchsaft austritt, nur, wenn Sie absolut sicher sind. Unter den Doldenblütern gibt es den giftigen Schierling. Obwohl er selten ist, habe ich in der Pflanzenbeschreibung alle Doldenblüter ausgelassen, um eine Verwechslungsgefahr auszuschließen.

Neben den natürlichen Giftwirkungen der Pflanzen selbst und den zivilisationsbedingten Giften gibt es auch Gefahren durch Parasiten und Infektionen. Besonders bekannt (und überbewertet!) ist der Fuchsbandwurm. In Gebieten, in denen es diesen Parasiten gibt, sollte man auf Fuchslosung an den Erntestellen achten und dort die Pflanzen lieber stehen lassen. Durch gründliches Waschen sind die Bandwurmlarven aber zu entfernen. Ähnliches gilt für Leberegel. Dieses Risiko kann auch dadurch umgangen werden, daß man Schafweiden beim Sammeln, insbesondere in Umgebung der Tränken, meidet.

Den optimalen Vitamingehalt und Nährwert haben Pflanzen, wenn sie roh genossen werden. Das Kochen ist bei manchen Pflanzen erforderlich, um die Verdaulichkeit zu erhöhen. Bitterstoffe können beim Kochen ausgewaschen werden, indem die entsprechenden Pflanzen aufgekocht werden und das Kochwasser weggeschüttet wird. Dieser Vorgang wird solange wiederholt, bis die Pflanze nicht mehr bitter schmeckt.

Generell ist das Frühjahr die Zeit der schmackhaften Salate aus saftigen Blättern, der Sommer die Zeit der Fülle mit

Blüten und Samen von Gräsern, der Herbst die Zeit des süßen Genusses von Beeren und Früchten und der Winter die Zeit der nahrhaften Suppen und Eintöpfe mit Wurzelfrüchten und Wasserpflanzen.

Im allgemeinen gilt: das Gesammelte wird mit viel Wasser aufgebrüht oder gekocht = Tee; mit weniger Wasser gekocht = Suppe; mit noch weniger Wasser gekocht = Eintopf oder Gemüse. Daß das kein Scherz ist, zeigt die Brennessel: Man kann Tee, Suppe und "Spinat" aus ihr machen. Tee ist ein wärmendes Getränk und kann darüberhinaus auch Nährstoffe liefern. Im Winter ist zum Beispiel ein Tee aus Kiefernnadeln (oder den Blättern von anderen Nadelbäumen) eine wichtige, auch psychische Ergänzung zum Nahrungshaushalt. Tee aus den männlichen Kiefernpollen hat einen sehr hohen Eiweißgehalt.

Für die Ernährung im Winter ist die Kenntnis der Pflanzen besonders wichtig, da das Beste unter der Erde ist und die Pflanzenteile oberhalb meistens abgestorben sind. Dennoch gibt es ein paar Pflanzen, die auch der Laie erkennen kann. Dazu gehört die Vogelmiere, die unter dem Schnee weiter grün bleibt, und die Brennessel, deren junge Blätter bereits früh im Jahr erscheinen und die in gefrorenem Zustand besonders gut schmecken. Wahre Winterköstlichkeiten sind Hagebutten und Schlehen, die bis März, und Sanddorn, der bis Februar an der Sträuchern hängt. Sie sind auch gefroren ein Leckerbissen.

Um aus ölhaltigen Pflanzen Öl herzustellen, werden sie zerstampft und in Wasser gekocht. Da Öl leichter als Wasser ist, bildet es einen Film an der Oberfläche und kann abgeschöpft werden. Ölhaltige Pflanzen sind in der Pflanzenbeschreibung aufgeführt.

Mehl wird aus stärkehaltigen Pflanzenteilen gewonnen, indem man diese trocknet und danach zwischen zwei Steinen mahlt. Oder man zerstampft die frischen stärkehaltigen Pflanzenteile, kocht sie mit Wasser auf, gießt das Wasser ab und trocknet den Satz.

Zum Ende dieses Abschnitts möchte ich Ihnen gerne einige **Rezepte mit Wildkräutern** anvertrauen. Sie sind nicht gedacht, um sie in Notsituationen anzuwenden, sondern um Sie zu verführen, die schmackhafte Küche der Natur auszuprobieren. Da es sich um Feinschmeckerrezepte handelt, sind auch Kulturpflanzen und Gewürze erwähnt, die Sie einkaufen müssen oder vielleicht aus Ihrem Garten ernten können. Was die Mengenangaben betrifft: Nehmen Sie soviel Sie brauchen oder finden, und mischen Sie die Zutaten nach Ihrem Geschmack!

Brotaufstrich:

Weiche Butter, Olivenöl, Knoblauch, kleingehackte Brennesselspitzen, Zitrone, Salz, verziert mit Nachtkerzenblüten.

Nahrhafte Wildkräutersuppe:

Zwiebel und Knoblauch in Öl anbraten, Löwenzahn, Wegerich, Nachtkerzenblätter, Brennessel dazu, mit Wasser aufkochen lassen. Salz, Sojasauce, Milch, Schmand beifügen, am Schluß pürieren.

Süße Holundersuppe:

Schwarze Holunderbeeren mit Nelke und Zimtrinde aufkochen, stampfen und durch Sieb streichen, Saft andicken mit Polenta oder Maismehl, in Milch angerührt aufkochen und mit Zucker/Honig abschmecken (wenn zu herb: Milch dazu, wenn zu fad: Zitrone dazu), beim Servieren Cornflakes oder angeröstete Haferflocken darüberstreuen oder Teller vorher mit halbierten, entkernten Pflaumen auslegen.

Salat:

Sauce: 1/3 Olivenöl, 2/3 Sanddornsaft, etwas Joghurt, Salz, Löwenzahn, Sauerampfer, wenig Brennessel, viel Vogelmiere und Lindenblätter.

Nachtkerzenwurzelsalat:
Dressing: feingehackte Zwiebeln, Salz, Pfeffer, Öl; Nachtkerzenwurzeln halbiert, 10 Min. in Wasser gekocht. Mit Dressing übergießen.

"Griechischer" Salat:

Knopfkraut ankochen und abtropfen lassen, Olivenöl, Salz, Zitrone und etwas Knoblauch beifügen.

Hauptgericht Beinwellschnitzel:

Mittelgroße Beinwellblätter sammeln, jeweils 2 mit der haarigen Seite (Blattoberseite) zusammendrücken, das "Paket" in sehr dünnen Teig tauchen und in Öl braten. Beim Servieren Zitrone darüberträufeln. Teig (für 12-15 Personen): 7 Eier, 500 g Mehl, 7 dl Bier, etwas Salz; aus Eier und Mehl Teig kneten, mit Bier verdünnen, bis er leicht flüssig am Beinwell herabgleitet.

Gemüse:

Geschnittene Zwiebeln mit Zucchiniwürfeln anbraten, Melde dazu, geschnittene Brunnenkresse, eine große Portion Wasserlinsen, kleingeschnittene Tomaten und Knoblauchzehen untermischen, Salz, frisch geriebener Ingwer, viel Chili.

Nachtkerzengemüse:

Nachtkerzenwurzel längs vierteln, in Butter dünsten (bedeckt) bis sie weich sind, in Butter angeröstete grüne Brennesselsamen und Salz darüberstreuen.

Hagebuttensauce:

Kleingeschnittene Zwiebeln in Olivenöl anbraten, eine Handvoll kleingeschnittenes Basilikum dazu, entstielte Hagebutten kochen, durch "flotte Lotte" drehen und mit etwas Wasser verdünnt hineinrühren, Weißwein, Salz beifügen.

Kuchen:

Teig aus ½ Haferflocken, ½ Mehl, Öl, etwas Zucker, Salz, Wasser, so daß alles knetbar ist, darauf gemahlene Haselnüsse. Belag aus Löwenzahn, Wegerich und Brennessel, je nach Alter der Pflanzen 20 Min. kochen, schneiden und abtropfen lassen. Guß aus Ei, Sahne (1:1) und Honig verquirlen, darübergießen, mit etwas Zucker bestreuen. Das Ganze im Backofen bei 200° 1 Std. backen.

Sanddornsirup:

1 l Saft mit dem Entsafter gewinnen, mit einer Handvoll Zucker 15 Minuten leicht kochen lassen, andicken mit 1 EL Maisstärke.

9.4 Heilwirkung von Pflanzen

Wenn Sie die Beschreibung der Pflanzen in Abschnitt 9.6 aufmerksam studieren, werden Sie feststellen, daß fast alle eßbaren Pflanzen Heilwirkungen haben. Sie ernähren uns und halten uns gleichzeitig gesund. Die Natur macht einer riesigen Apotheke alle Ehre und hat gegen fast alles ein Kraut parat. Ein Grund mehr, ihr zu vertrauen.

Im folgenden finden Sie in Kurzform eine Tabelle, die Ihnen hilft, bei einem bestimmten Leiden in Kürze die entsprechende Pflanze zu finden. Sie soll nicht zur Selbsttherapie verleiten, sondern vor allem für Notfälle Anregung sein. Es sind bewußt auch solche Mittel aufgenommen, deren Wirkung nicht absolut gesichert ist, wie z.B. Ochsenzunge gegen Tollwut. Im Notfall sollte man es auf jeden Fall versuchen.

Die Heilkraft der Pflanze hat den Vorteil, daß sie entweder wirkt oder nicht wirkt. Wenn sie nicht wirkt, richtet sie keinen weiteren Schaden an. Häufig wird die Pflanzenmedizin belächelt und gegenüber chemischen Medikamenten abgewertet. Doch das beruht mehr auf einem Vorurteil, als auf fundiertem Wissen. Pflanzen können sehr stark wirken, vor allem, wenn sie frisch zubereitet werden. Jeder Mensch reagiert außerdem individuell auf die entsprechenden Kräuter, so daß auch hier etwas Intuition erforderlich ist. Gehen Sie also achtsam mit den Kräften der Natur um und unterschätzen Sie sie nicht! Eine genaue Beschreibung der Heilwirkung finden Sie unter den entsprechenden Pflanzen in Abschnitt 9.6, sowie Angaben zur Dosierung. Lesen Sie die Einleitung zu Abschnitt 9.6 gut durch, um sich mit den Maßeinheiten vertraut zu machen!

Die Aufbereitung der Pflanzen erfolgt bei Blüten und Blättern normalerweise als Tee, wobei man die Pflanzenteile mit kochendem Wasser übergießt und 10-20 Minuten ziehen läßt. Je gröber die Teile, desto länger das Ziehenlassen. Wurzeln und Rinde werden immer aufgekocht (Abkochung), d.h. Pflanzenteile 10 Minuten kochen und anschließend ca. 10 Minuten ziehen lassen). Verwenden Sie immer einen Topf mit Deckel, damit flüchtige Inhaltsstoffe nicht so leicht entweichen können. Manche Wirkstoffe sind temperaturempfindlich. Dann benötigt man einen Kaltauszug: die Pflanzenteile werden mit kaltem Wasser übergossen und längere Zeit zum Ziehen (bis zu 4 Stunden) stehengelassen, um die Wirkstoffe zu lösen. Ihre Heilwirkung entfalten die Pflanzen auch dann, wenn man sie direkt roh verzehrt. Man muß allerdings den manchmal bitteren oder herben Geschmack vertragen. Preßsaft stellt man aus frischen Kräutern her, um sie haltbar zu machen. In der Wildnis wird man ihn schwer herstellen können; essen Sie statt dessen die frischen Kräuter oder zerstampfen Sie die Blätter zu Mus, bevor Sie sie verzehren. Die Herstellungsart ist bei den entsprechenden Pflanzen im Sonderteil vermerkt.

Damit Sie auf einen Blick wissen, welche Pflanze Sie finden müssen, wenn unterwegs Beschwerden auftreten, ist die Übersicht "Heilwirkungen von Pflanzen" angelegt. Pflanzen, die durch Unterstreichen gekennzeichnet sind, haben ihre Hauptwirkung gegen die entsprechenden Krankheiten.

Heilwirkungen von Pflanzen

Magen-Darm-Erkrankungen
Beinwell, Breitwegerich, Brennessel, Buche, Eiche, Gänseblümchen, Hasel, Hopfen, Linde, Malve, Nachtkerze, Quecke, Rohrkolben, Schafgarbe, Seerose, Taubnessel, Weidenröschen, Wiesenknöterich

Durchfall
Beinwell, Breitwegerich, Brennessel, Eiche, Nachtkerze, Quecke, Rohrkolben, Rose, Sanddorn, Schilfrohr, Weidenröschen, Wiesenknöterich

Verstopfung, Darmträgheit
Ackersenf, Berberitze, Löwenzahn, Krauser Ampfer, Holunder

Würmer
Brunnenkresse

Erkrankungen der Niere oder Blase
Berberitze, Breitwegerich, Birke, Brennessel, Brunnenkresse, Fichte, Froschlöffel, Gänseblümchen, Linde, Mädesüß, Quecke, Rose, Sauerampfer, Sauerklee, Schilf, Seerose, Taubnessel, Vogelmiere, Wiesenknöterich

Zahn- oder Zahnfleischerkrankungen
Beinwell, Breitwegerich, Brunnenkresse, Eiche, Hasel, Linde, Malve, Sanddorn, Sauerampfer

Erkrankungen der Atemwege oder Erkältung
Breitwegerich, Brunnenkresse, Fichte, Gänseblümchen, Holunder, Kiefer, Klatschmohn, Klee, Linde, Löwenzahn, Malve, Sanddorn, Sauerampfer, Schilfrohr, Seerose, Taubnessel, Weidenröschen, Wiesenknöterich

Ohrenschmerzen
Breitwegerich

Hauterkrankungen, Prellungen
Birke, Beinwell, Brennessel, Brunnenkresse, Hopfen, Große Klette, Löwenzahn, Schafgarbe

Gelenk- oder Nervenschmerzen
Ackersenf, Beinwell, Giersch, Holunder, Mädesüß

Wunden, Entzündungen
Ampfer, Beinwell, Birke, Breitwegerich, Eiche, Fetthenne, Gänseblümchen, Giersch, Hasel, Holunder, Kiefer, Große Klette, Linde, Malve, Nachtkerze, Rohrkolben, Sauerklee, Schafgarbe, Seerose, Taubnessel, Vogelmiere, Weidenröschen, Wiesenknöterich

Fieber, Infektionen
Berberitze, Buche, Hasel, Sauerklee, Seerose

Heilwirkungen von Pflanzen

Insektenstiche
Breitwegerich, Giersch

Schmerzen
Birke, Holunder, Hopfen, Linde, Mädesüß

Frostbeulen
Beinwell, Eiche

Knochenverletzungen
Beinwell

Verbrennungen
Beinwell, Eiche, Holunder, Linde, Rohrkolben, Schilfrohr, Taubnessel, Weidenröschen

Blutdrucksenkend
Berberitze, Linde

Blutzuckersenkend
Brennessel, Große Klette

Beruhigend gegen Angst
Hopfen, Klatschmohn, Linde, Schafgarbe, Seerose

9.5 Erntezeiten eßbarer Pflanzen

Wer gelernt hat, mit einem Pflanzenbestimmungsbuch umzugehen, wird häufig auf ein Problem treffen. Man steht zu irgendeiner Zeit an irgendeinem Ort und möchte wissen, was man hier an eßbaren Pflanzen finden kann. Nun sind die Pflanzen in den Büchern meist alphabetisch geordnet, was ja auch sinnvoll ist. Die auf der Wiese halten sich aber nicht an diese Ordnung, weder darin, wann sie blühen, noch wo sie wachsen.

Deswegen habe ich im folgenden eine Liste angelegt, mit deren Hilfe man auf einen Blick weiß, wonach man zu einer bestimmten Zeit an einem bestimmten Ort suchen muß. Die entsprechende Pflanze finden Sie, jetzt wieder alphabetisch geordnet, in der Pflanzenliste (Abschnitt 9.6).

Für die Erntezeit sind die entsprechenden Monate in Zahlen (01 bis 12) eingetragen; die Pflanzenteile sind angegeben als:

B = Blätter inkl. Triebe
S = Samen
Bl = Blüte
W = Wurzel
F = Früchte

Wasser, Ufer, Sümpfe, Moore, Feuchtwiesen

Erntezeit:	Pflanze:	Pflanzenteil:
01-12	Wasserlinse	Ganze Pflanze
01-12	Brunnenkresse	B
01-12	Rohrkolben	B, Bl, W
11-06	Schilf	W
10-05	Seerose	W
03-11	Beinwell	B, W
06-03	Froschlöffel	W
02-09	Brennessel, Große	B, S
03-04	Birke	B, Saft
04-06	Ampfer, Krauser	B
04-06	Wiesenknöterich	B
04-07	Mädesüß	B, Bl, W

Wälder, Bäume, Hecken

Erntezeit	Pflanze:	Pflanzenteil:
01-12	Fichte	B, S
01-12	Kiefer	B, Bl
01-12	Sauerklee	B
10-06	Adlerfarn	B, W
10-05	Hopfen	B, W
09-05	Buche	B, F
09-03	Rosen	F
02-06	Klettenlabkraut	B
02-09	Brennessel, Große	B, S
03-04	Birke	B, Saft
04-05	Buche	B, F
04-06	Taubnessel	B, W
04-06	Giersch	B
04-08	Holunder	B, F, Bl
04-10	Linde	B, Bl, F
04-10	Glockenblume	B, W
05-08	Weidenröschen	B
05-06	Ulme	F
08-10	Vogelbeere	F
09-01	Sanddorn	F
08-12	Berberitze	F
09-10	Hasel	F
09-11	Eiche	F

Wiesen, Weiden, Trockenhänge

Erntezeit	Pflanze:	Pflanzenteil:
01-12	Löwenzahn	B, W
01-12	Schafgarbe	B
02-09	Brennessel, Große	B, S
03-10	Breitwegerich	B, S
03-11	Sauerampfer	B
02-06	Klettenlabkraut	B
04-06	Taubnessel	B, W
04-06	Krauser Ampfer	B
04-08	Fetthenne	B, W
04-08	Weidenröschen	B
04-08	Klee	B
04-10	Linde	B, Bl
04-10	Gänseblümchen	B, Bl
04-10	Glockenblume	B, W

Äcker, Ödland, Wegränder

Erntezeit	Pflanze:	Pflanzenteil:
01-12	Quecke	W
01-12	Vogelmiere	B
10-05	Nachtkerze	W
02-09	Brennessel, Große	B, S
03-10	Breitwegerich	B, S
04-06	Große Klette	B, W
04-06	Ochsenzunge	B
04-06	Ampfer, Krauser	B
04-06	Ackersenf	B, S
04-07	Knopfkraut	B, F
04-07	Malve, Gemeine	B, F
04-08	Klatschmohn	B, S
04-08	Distel	B, Bl

Löwenzahn wächst fast überall.

9.6 Beschreibung der Pflanzen

Auf den folgenden Seiten ist eine gute Auswahl eßbarer Wildpflanzen mit entsprechenden Farbfotos abgebildet und beschrieben. Die Auswahl wurde vor allem unter dem Gesichtspunkt des häufigen Vorkommens und des Ernteertrages getroffen. Eßbare Pflanzen, die leicht mit giftigen Pflanzen zu verwechseln sind, wurden ausgelassen. Weiterhin finden Sie nähere Informationen zum Standort, an dem Sie die Pflanzen am ehesten finden, wichtige Kennzeichen, anhand derer Sie die Pflanzen bestimmen können, ihre Zubereitung und Heilwirkung. Die Bilder wurden so ausgewählt, daß weniger ihre Blütenpracht, als vielmehr wichtige Erkennungsmerkmale zum Zeitpunkt des Sammelns zu sehen sind.

Die Blühzeiten sind in römischen Ziffern angegeben und auf Mitteleuropa bezogen. An besonders warmen Standorten, z.B. in Weinbaugebieten, müssen die Zeiten etwas vorverlegt werden. Die Längenangaben nach den Blühzeiten beziehen sich auf die Wuchshöhe der entsprechenden Pflanze.

Wichtige Hinweise zur Einnahme der Heilkräuter: Die Dosierungsangaben für die Anwendung der Heilkräuter sind auf eine Survivalsituation abgestimmt, d.h. sie beziehen sich auf frische (sehr kleingehäckselte) Kräuter und sind in flach gestrichenen Eßlöffeln (EL) angegeben, bzw. bei Wurzeln in cm (bezogen auf Kleinfingerdicke). Sie gelten immer für 1 Tasse. Die Tasse als Maßeinheit hat die Größe einer kleinen Kaffeetasse (ca. 100 ml). Will man die Angaben auf getrocknete Kräuter übertragen, muß man die Menge halbieren (außer bei Rinde und Samen), da die Konzentration der Wirkstoffe in der Trockensubstanz natürlich größer ist. Ist keine andere Dosierung vermerkt, trinken Sie 2-3 mal täglich eine Tasse. Wie Sie die Pflanzen aufbereiten müssen, ist in Abschnitt 9.4 beschrieben.

Die Pflanzenbeschreibung ist so knapp wie möglich gehalten. Ziehen Sie ein Pflanzenbestimmungsbuch hinzu (s. Anhang), wenn Sie sich nicht ganz sicher sind. Dort finden Sie auch ähnliche Pflanzen dargestellt, was Verwechslungsmöglichkeiten ganz sicher ausschließt. In den Bestimmungsbüchern finden Sie außerdem eine ausführliche Erklärung der Fachausdrücke, die zur Pflanzenbeschreibung notwendig sind.

Und nun wünsche ich Ihnen Sammlerfreude und einen guten Appetit!

1. Ackersenf
Sinapis arvensis
VI - IX; 40 - 70 cm

Ackersenf

Standort: Brachland, Äcker, Wegränder, Schuttplätze.
Kennzeichen: Borstig behaartes Kraut mit eiförmigen, ungeteilten Blättern, asymmetrisch buchtig, gezähnt; Blüten 10 - 15 mm Durchmesser mit gesenkt abstehenden Kelchblättern, Fruchtknoten und Frucht mehr als dreimal so lang wie breit; vier Blütenblätter schwefel- bis goldgelb in dichter Traube; 3 cm lange Schoten mit vierkantigem Schnabel und schwarzen Samen.
Zubereitung: Vor der Blüte kann man die Stengelspitzen mit Blütenknospen sammeln. Blätter und unreife Samenschoten anteilig zu Salaten nehmen oder kochen (1/2 Std.).
Heilwirkung: Blätter Vitamin C-haltig; Samen (1 TL täglich morgens auf nüchternen Magen) gegen Darmträgheit, Gelenk- und Nervenschmerzen. Eine ähnliche Wirkung hat Weißer Senf.

2. Adlerfarn
Pteridium aquilinium
(keine Blütenpflanze) 0,6 - 2 m

Standort: Lichte, feuchte Nadel- und Laubwälder.
Kennzeichen: Junge Triebe haben das Aussehen eines Bischofsstabes, daneben finden sich oft alte, große Farnblätter.

Zubereitung: Von April bis Juni sammelt man die zusammengerollten jungen Blätter, die Wurzel erntet man von Oktober bis März. Blätter und Wurzel anteilig für Salate; für Spinat kurz vorher abbrühen; Wurzeln stärkehaltig, Abkochen zur Entfernung der Bitterstoffe, Verarbeitung zu Mehl.

Adlerfarn

3. Ampfer, Krauser

Rumex crispus
VI - VIII; 30 - 100 cm

Standort: Schuttplätze, Wegränder, Wiesen, Feuchtbiotope.
Kennzeichen: Dichte, traubenartige Blütenquirle, lang und schmal mit welligem Blattrand.
Zubereitung: Blätter vor der Blüte sammeln und zu spinatartigem Gemüse oder zu Salaten verwenden.
Heilwirkung: Der Wurzelstock (August/September Sammelzeit) wirkt aufbauend nach Krankheiten, abführend. 2 x täglich 2 cm Wurzel vor den Mahlzeiten gerieben zu sich nehmen. Äußerlich bei leichten Hautentzündungen als Aufkochung (9 cm/Tasse) für Waschungen und Kompressen.

Krauser Ampfer

Beinwell

4. Beinwell
Symphytum officinale
V - IX; 30 - 100 cm

Standort: Feuchte Wiesen, Schuttplätze, Wege, Gräben, Ufer, Auwälder, Salztriften, Salinen; stickstoffliebend; häufig.
Kennzeichen: Pflanze ganz pelzig-rauhaarig; Blätter am Stengel herablaufend; Blüten weiß, gelb, blau oder rosa bis rot gefärbt, mit fünf Blütenblättern nickend in Trugdolden.
Zubereitung: Junge Sprosse im Frühjahr; Blätter April bis November; Wurzeln März, April oder September, Oktober. Blätter sind sehr proteinreich; Blätter und Sprosse anteilig in Salat, Suppe oder als Spinat verwenden.
Heilwirkung: Preßsaft als Heilmittel, Wurzeln gekocht oder getrocknet als Tee reizmildernd, entzündungshemmend; Heilung von Knochenverletzungen (Kallusbildung), Prellungen und Rheuma, auch wundheilend (Allantoin), Verstauchungen, Sehnenscheidenentzündungen; Blutstillung (geschabte Wurzel); Venenentzündung, Drüsenschwellung, Abszeß, Zahnfleischentzündung, leichte Verbrennung, Frostbeulen, Dickdarmkatarrh, Durchfall, Krampfadern.
Zur äußerlichen Anwendung: Saft für Umschläge oder Brei aus Blättern und/oder Wurzeln; geschälte frische oder getrocknete Wurzel fein zerreiben bzw. pulverisieren, 4-5 EL mit wenig Wasser zu zähem Brei anrühren; messerrückendick aufstreichen, mit Verband abdekken. 30 cm Wurzel oder 25 EL Blätter mit einer Tasse Wasser aufkochen, weiches Tuch damit tränken und für Umschläge verwenden, 3 Stunden auflegen, danach 3 Stunden Pause.
Zur innerlichen Anwendung: Tee (12 EL/Tasse) aus Kraut oder Blüten oder Abkochung der Wurzel (15 cm/Tasse).

5. Berberitze
Berberis vulgaris
IV - VI; 2 - 3 m

Berberitze

Standort: Hekken, Gebüsche, Waldränder; liebt feuchte Böden und Kalkstandorte.
Kennzeichen: Strauch mit abwärts geneigten rutenartigen Zweigenden, oft rötlich angelaufen; hellgraue Rinde, darunter gelbes Holz; Blätter in Büscheln an den Langtrieben, kurz gestielt, eiförmig; dreiteilige Dornen am Grund der Blätter; viele gelbe Blüten mit fünf Blütenblättern in herabhängenden Trauben, die in den Blattachseln entspringen, stark riechend; Früchte länglich, scharlachrot, sauer, hängen bis lange in den Winter hinein.
Zubereitung: Beeren ab November, möglichst nach dem ersten Frost, auch getrocknet, stark Vitamin-C-haltig, zum Säuern von Salaten.
Heilwirkung: Rinde gegen Nierenleiden (bedingt auch gegen Gallen- und Leberleiden), antiseptisch auf Staphylokokken und Malariaerreger; wirkt blutreinigend, senkt Blutdruck und Fieber. Abkochung aus 2 EL Rinde/Tasse, 1-2 x täglich.

6. Birke: Hängebirke
Betula pendula
IV - V; bis 30 m

Standort: Flachland, seltener Gebirge bis 1800 m, in lichten Laub- und Nadelwäldern, Brachland, Heide, Moor; verträgt sehr trockene und auch nasse, magere Böden.
Kennzeichen: Weiße Rinde des Stammes läßt sich papierartig abziehen, im Alter am Stammgrund grob schwarz-borkig; Zweige glänzend rotbraun; Blätter anfangs etwas klebrig, kahl; starke Ähnlichkeit mit genauso verwertbarer Moorbirke (*Betula pubescens*).

Birke (Stamm mit freigelegter Kambiumschicht)

Zubereitung: März-April junge Blätter für Zugabe zu Eintopf; Stamm anbohren für Saft, ganzjährig Kambiumschicht in Eintöpfe.
Heilwirkung: Heißer Aufguß der Knospen und Blätter (7 El/Tasse, 1-2 Stunden ziehen lassen, 2-3x täglich zwischen den Mahlzeiten) gegen Harnwegserkrankungen, Ödeme, Rheuma. Saft äußerlich antiseptisch, besonders bei Flechte, Krätze, Furunkel.

7. Breitwegerich
Plantago major
V - IX; 10 - 30 cm

Standort: Äcker, Schuttplätze, Wege, Feldraine, Wiesen, insbesondere bei Verdichtungen.
Kennzeichen: Flach ausgebreitete Blattrosette mit 10 - 20 cm langen wurzelständigen, ganzrandigen Blättern, fast genau so breit wie lang, Länge der Blattfläche maximal zweimal die Länge des Blattstiels; ca. 5 cm lange Blütenähre mit rosa-weiß-gräulichen, sehr kleinen Blüten (4 Blütenbl.) an blattlosem Stiel,

Breitwegerich

der etwa ebenso lang ist wie die Blütenähre; andere Wegericharten wie Spitzwegerich (*Plantago lanceolata*) genauso verwendbar.
Zubereitung: Blätter März bis Oktober als Salat (anteilig), Suppe, Spinat, Samen für Brei.
Heilwirkung: Blattmus auflegen aus zerquetschten Blättern oder Tee (12 EL/Tasse) gegen Flechten, Insektenstiche, leichte Verbrennungen, Geschwüre; angeschnittene Wurzel bei Ohren- und Zahnschmerzen ins Ohr (vorsichtig!) bzw. in den Mund stecken; Tee (8 EL/Tasse) wirkt harntreibend und entzündungshemmend, gegen Zahnfleischentzündung, Verdauungsstörungen, Durchfall, Husten, erweichend bei Abszessen.

8. Brennessel, Große

Urtica dioica
VI - X; 60 - 150 cm

Standort: Schuttplätze, Wälder, Ufer, Schluchten, Brachland; organische, stickstoffreiche Böden.
Kennzeichen: Aus einem ausdauernden, kriechenden Wurzelstock entspringt ein vierkantiger Stengel, der ebenso mit Brennhaaren besetzt ist wie die gekreuzt-gegenständigen Blätter, deren Rand gesägt ist; sehr kleine grünliche Blüten (4 Blütenbl.) hängen in Rispen in den Blattachseln; Verwechslung möglich mit der genauso verwertbaren Kleinen Nessel (*Urtica urens*).
Zubereitung: Ganze junge Pflanzen im Frühjahr, junge Blätter bis Sommer, als Salatbeigabe (feingehäckselt!) und als Spinat; Samen ab Sommer roh oder geröstet, auch in Eintopf; die Kleine Nessel hat länger im Jahr frische Blätter.
Heilwirkung: Abkochung der Wurzel (15 cm/Tasse, im Herbst gesammelt) oder Tee aus Blättern (12 EL/Tasse, alle

Große Brennessel

3 Stunden 1 TL davon trinken oder äußerlich auftragen) gegen Blasen- und Nierenerkrankungen, Darmentzündungen, Durchfall; wirkt blutzuckersenkend und durch den hohen Gehalt an Eisen, Mineralstoffen und Vitamin C aufbauend. Äußerliche Anwendung gegen Hautausschläge. Nicht anwenden bei Wasser im Gewebe.

9. Brunnenkresse

Nasturtium officinale
V - VIII; 20 - 50 cm

Standort: Ufer, Bäche, an (und in flachen) Gräben, Feuchtwiesen, vor allem fließende Gewässer, Quellen.
Kennzeichen: Runder, hohler Stengel; untere Blätter dreizählig, obere unpaarig gefiedert mit eiförmigen Teilblättchen, Endblättchen oft mit herzförmigem Grund; aus den Blattachseln der unteren Blätter oft kleine Wurzeln entspringend; kleine weiße Blüte mit vier Blütenblättern und gelben Staubblättern; sehr typischer Geschmack; Verwechslung mit dem Bitteren Schaumkraut (*Cardamine amara*), das aber früher blüht (IV - V), etwas kleiner ist und einen markigen Stengel und purpurviolette Staubblätter besitzt; es kommt auch in Auwäldern vor, schmeckt sehr ähnlich (etwas bitterer!) und kann genauso verwendet werden wie Brunnenkresse.

Brunnenkresse

Zubereitung: Ganze Pflanze ganzjährig für Salat/Suppe, reich an Vitamin C, Mineralstoffen und Eisen; sorgfältig waschen.
Heilwirkung: Rohes Kraut essen (nicht kochen!) oder Preßsaft gegen Harnwegsentzündungen, Würmer, Parodontose, Skorbut; hustenstillend und auswurffördernd; äußerlich gegen Hautleiden.

10. Buche
Fagus sylvatica
IV - V; bis 40 m

Buchenkeimling

Standort: Ebenen bis in Höhen von 1600 m in Laubmischwäldern oder reinen Buchenwäldern, nicht an trokkenen oder staunassen Standorten.
Kennzeichen: Silbergraue, auch bei alten Bäumen glatte Rinde; wechselständige, zweizeilig angeordnete 5 - 10 cm lange eiförmig/elliptische spitze Blätter, Rand leicht wellig, manchmal leicht gezähnt, nur in der Jugend seidig behaart; jeweils 2 scharfkantige, 1-2 cm lange Früchte (Bucheckern) mit drei Kanten in einem weichborstigen Fruchtbecher, der sich zur Reifezeit mit 4 Klappen öffnet; Keimlinge kenntlich an den zwei nierenförmigen dunkelgrünen Keimblättern an einem langen dünnen Stengel, an dem unten oft noch die "Ecker" hängt.
Zubereitung: Blätter und Keimlinge April bis Mai anteilig in Salat; Bucheckern September bis November roh (etwas Vorsicht mit den Mengen), in Eintopf oder für Ölgewinnung; Kambiumschicht unter der Rinde in Eintöpfe, Fasern unter der Rinde sehr gut für Seile.
Heilwirkung: Holzkohle der Buche (in Wasser aufrühren und trinken) wirkt entgiftend im Darm; Rinde der Zweige als Abkochung (3 EL/Tasse) wirkt fiebersenkend.

Acker-Kratzdistel

11. Distel: Acker-Kratzdistel
Cirsium arvense
VII - X; 60 - 150 cm

Standort: Brachland, Äcker, Wegränder, steinige Ufer, Schuttplätze.
Kennzeichen: Stark verästelter Stengel; stachlige Blätter länglich lanzettförmig, meist gebuchtet, am Rande gewellt; Röhrenblüten rosa bis blaßlila in rispenförmigen Blütenständen; Verwechslung mit anderen Disteln möglich, die genauso verwendbar sind. Gänsedistel (*Sonchus arvensis*) enthält ungefährlichen Milchsaft.
Zubereitung: Acker-Kratzdistel: Blätter und Stengel als Salat/Suppe/Spinat (Stacheln entfernen!); andere Arten können Bitterstoffe enthalten, die durch Kochen oder Einlegen in Salzwasser entfernt werden können.

12. Eiche: Stieleiche
Quercus robur
IV - V; bis 50 m

Standort: Laubmischwälder in der Ebene und im Mittelgebirge, Hartholzaue der Flußniederungen, auch gelegentlich überflutet; aber auch auf armen sauren Böden in Kombination mit Birken und Kiefern.
Kennzeichen: Unregelmäßige Krone; bei jungen Bäumen Rinde graugrün, schwach glänzend, später dicke, graubraune, längsrissige Borke; Blätter wechselständig, 5 - 15 cm lang, Rand buchtig stumpf

Eichenblätter mit Brot aus Eichelmehl

gelappt, beidseitig kahl; Fruchtstände mit bis zu 5 Eicheln, jeweils an bis zu 10 cm langen Stielen. Ähnlich aussehend und zu verwenden: Traubeneiche (*Quercus petraea*), Früchte kurz gestielt, bzw. sitzend.
Zubereitung: Früchte September bis Oktober (in wildschweinsicheren Lagen manchmal bis ins Frühjahr); Eicheln kochen, bis sie zerfallen, notfalls zerstampfen, Kochwasser abgießen, Vorgang wiederholen, bis der stärkereiche Satz nicht mehr bitter schmeckt; als Eintopf oder getrocknet als Mehl.
Heilwirkung: Kurzabkochung von Rinde oder Früchten (bzw. erstes Wasser aus dem Entbitterungsvorgang) oder Tee (1 EL/Tasse), wirkt leicht antiseptisch bei Zahnfleisch- und Magen-Darm-Entzündungen, Durchfall, teilweise auch bei Leberbeschwerden. Äußerlich zur Heilung von Brandwunden, Frostbeulen und Entzündungen (3 EL/Tasse).

13. Fetthenne, Große

Sedum maximum
VI - IX; 30 - 70 cm

Große Fetthenne

Standort: Trockenrasen, Brachland, trockene (Kiefern-) Wälder.
Kennzeichen: Wurzelstock mit bohnengroßen Knollen; ovale, fleischig-saftige Blätter mit leichtem Wachsüberzug und stumpfen Zähnchen, Blätter können gebrochen werden,wenn man sie zu-

sammenfaltet und drückt; kleine grünlich-weiße über rosarote bis dunkelrote Blüten in Rispen, meist schildartig von den obersten Blättern eingefaßt, mit 5 Blütenblättern.
Zubereitung: Blätter Frühjahr und Sommer, Wurzelknollen im Herbst und Frühjahr als Salat und Gemüse.
Heilwirkung: Zerstampfte oder aufgeschlitzte Blätter zur Kühlung und Heilung auf Wunden auflegen.

14. Fichte: Gemeine Fichte
Picea abies
IV - V; bis 50 m

Standort: Natürlicherweise zwischen 800 und 2000 m, darunter als häufigster forstwirtschaftlich genutzter Baum angepflanzt.
Kennzeichen: Gerade gewachsen; rotbraun-graue dünnschuppige Rinde; kahle bzw. wenig behaarte Triebe, bei allen Fichten Nadeln auf stielartigen Nadelkissen; hängende, bis 15 cm lange braune Zapfen mit verdeckten Deckschuppen, September/Oktober reifend, dann mit den Samen abfallend.
Zubereitung: Junge hellgrüne Triebspitzen als Salat, ältere Triebe später als Tee (5 EL/Tasse, 2 x täglich), zur Desinfektion (12 EL/Tasse); fetthaltige Samen roh und zur Ölgewinnung. Geschlossene Zapfen können durch Erwärmen in Feuernähe geöffnet werden; Kambiumschicht unter der Rinde in Eintöpfe (natürlich nur im Notfall!)
Heilwirkung: Vor allem die Triebspitzen wirken schleimlösend. Abkochung der Triebe wirkt innerlich (5 EL/Tasse) harntreibend, gegen Erkältungen, aktiviert den Kreislauf und hilft gegen Rheuma. Äußerlich (12 EL/Tasse) antiseptisch. Bei der Abkochung wird auf der Oberfläche eine harzartige Schicht gebildet, mit der man die Kompressen durch flaches Eintauchen tränkt. Diese werden 15 Minuten aufgelegt.

Triebspitzen der Fichte

15. Froschlöffel

Alisma plantago-aquatica
VI - X; 20 - 100 cm

Standort: Röhrichtsaum von Flüssen und Seen, in Riedgrasflächen und Überschwemmungswiesen.
Kennzeichen: Aufrechter Stengel mit langgestielten, rosettig angeordneten Blättern; vier weiße, zuweilen rötliche, am Grunde gelbe Blütenblätter, Blüten gestielt in quirligen Rispen.
Zubereitung: Günstigste Sammelzeit der Knollen im Spätherbst und Winter; die Knollen schmecken scharf und sind im Rohzustand giftig. Man muß sie deswegen kochen. Die Schärfe nimmt beim Trocknen, beim Kochen der Wurzeln und anschließendem Abschütten des Wassers ab.

Froschlöffel

Heilwirkung: Tee aus Blättern wirkt harntreibend, zusammenziehend und beruhigend. (2 EL/Tasse, 2-3x täglich). Volksmedizinisch gegen giftige Schlangenbisse und Tollwut.

16. Gänseblümchen

Bellis perennis
II - XI; 5 - 15 cm

Standort: Wegränder, Wiesen, Weiden, Äcker; liebt lehmige Böden.
Kennzeichen: Alle Blätter in einer Grundrosette; Stengel zerstreut behaart; Blätter spatelig oder verkehrt eiförmig, stumpf, einnervig; Blüten in Körbchen mit vereinzelten kurzen Haaren, außen viele weiße oder rötlich überlaufene Zungenblüten, innen gelbe Röhrenblüten, lanzettförmige Hüllblätter in zwei Reihen.
Zubereitung: Als Frühjahrssalat junge Blätter und die noch nicht geöffneten und behaarten Blüten; später Salat aus ganzer Pflanze oder nur aus Blüten. Blätter einzeln abschneiden, dann treibt die Pflanze wieder aus. Allein oder anteilig mit anderen Kräutern als Salat, Suppe, Spinat.

Gänseblümchen

Heilwirkung: Frischer Preßsaft der blühenden Pflanze mit Honig; Tee aus blühendem Kraut (5 EL/Tasse, nüchtern 1-2 Tassen) gegen Erkältungen und Krankheiten der Atemwege, durch Gärungsprozesse hervorgerufene Magen-Darmbeschwerden, Nieren- und Blasenleiden, Leberstörungen, Blutreinigung. Äußerlich bei Haut- und Schleimhautentzündungen, besonders Mund- und Halsentzündung (12 EL/Tasse). Für Kinder besonders geeignet!

17. Gänsefußgewächse
VI - IX; 30 cm - 2 m

Standort: Schuttplätze, Gärten, Brachland, Wegränder, Kompostplätze.

Kennzeichen: Gemeine Melde (*Atriplex patula*): Steif aufrecht, verzweigt; glanzlose, dreieckige, beidseits fast gleichartige Blätter, untere Blätter stumpf gezähnt, obere Blätter ganzrandig; kleine grüne Blüten (4 Blütenbl.). Weißer Gänsefuß (*Chenopodium album*): Aufrechter Stengel ohne Knoten; helle, blaugrüne, ei- bis rautenförmige, meist spitz zulaufende Blätter, ungleich buchtig gezähnt, manchmal auch ganzrandig, leicht mehlig

Gemeine Melde

bestäubt; unscheinbare grünliche Blüten (4 Blütenbl.) in Scheinähre aus dichten, manchmal kugeligen Knäueln, mehlig. Guter Heinrich (*Chenopodium bonus-henricus*) ist die einzige ausdauernde Art unter den Melden/Gänsefußgewächsen: Stengel ohne Knoten, markant spießförmige, dreieckige, leicht mehlig bestaubte Blätter, langgestielt und ganzrandig; kleine grünliche Blüten (4 Blütenbl.) in endständigen Ähren an Haupt- und Nebenzweigen. Es gibt keine giftigen Gänsefußgewächse; wenige schmecken sehr schlecht, was man durch Probieren beim Sammeln herausfindet.
Zubereitung: Ganze Pflanze vor der Blüte, Blätter, Sproßspitzen und Fruchtstände als Salat/Suppe/Spinat; Samen für Grütze oder in Eintopf, getrocknet als Mehl. Blätter und Sprosse des Guten Heinrichs: Frühling bis Herbst als Salat, Suppe und Spinat.

18. Giersch

Aegopodium podagraria
VI - VIII; 60 - 100 cm

Standort: Gebüsch, Auwälder, feuchte Laub- bzw. Mischwälder, Obstgärten, Zäune.
Kennzeichen: Kahler Stengel, röhrenförmig, gefurcht; Blätter dreiteilig, scharf gesägt, meist zu zweit am Stengel ansetzend, weiße Wurzel, strenger Geruch; Blüten mit 5 weißen kleinen Blütenblättern, in zusammengesetzten, flachen Dolden, ohne Hülle und Hüllchen.
Zubereitung: (Am besten die noch nicht aufgefalteten, hellgrünen) Blätter anteilig in Salat, Suppe, Spinat.
Heilwirkung: Abkochung der Wurzel (6 cm/Tasse) gegen Gicht, Rheuma, Arthritis; frisches Kraut zerdrückt gegen Ischias, Insektenstiche oder auf Wunden aufgelegt.

Giersch

Glockenblume

19. Glockenblume:
Acker-Glockenblume
Campanula rapunculoides
V - IIX, 30 - 100 cm

Standort: Trockenrasen, trockene Waldwiesen, Gebüsche, Äcker.
Kennzeichen: Runder bis leicht stumpfkantiger Stengel aus kräftigem Wurzelstock entspringend; kurzgestielte Blätter herz-eiförmig (länglich) und meistens nach unten gebogen; Traube aus hellvioletten Blüten etwa 3 cm lang, nach einer Seite gerichtet; vier Blütenblätter mit bewimperten Zipfeln; früher häufige Feldfrucht.
Zubereitung: Triebe, auch mit Blüten und unreifen Früchten, Frühjahr bis Herbst; Wurzeln als Salat oder Gemüse im Frühjahr und Herbst.

20. Hasel
Corylus avellana
II - IV; bis 6 m

Standort: Waldränder, Laubwälder, Feldhecken.
Kennzeichen: Wächst in der Regel strauchartig mit mehreren bis vielen Stämmen; glatte graubraune Rinde, im Alter leicht rissig; wechselständige rundlich bis verkehrt eiförmige, etwa 10 cm lange Blätter mit behaarten Stielen; einsamige Nüsse, von einer becherförmigen aus zwei Lappen gebildeten ausgefransten Hülle umgeben.
Zubereitung: September bis Oktober die rohen und gut aufzubewahrenden, fett- und stärkereichen Nüsse
Heilwirkung: Heißer Aufguß (5 EL/Tasse) der Kätzchen (Blüten) trinken zum Schwitzen, Aufkochung der Blätter (5 EL/Tasse)

gegen Darmentzündungen, zur Blutreinigung und bei Durch- blutungsstörungen; fiebersenkend. Äußerlich Blätter (Juli/Aug. ohne Stiel) oder Rinde (10 EL/Tasse) gegen Entzündungen des Zahnfleisches und der Haut.

Hasel

21. Holunder, Schwarzer
Sambucus nigra
VI - VII; bis 8 m

Standort: Gebüsch, Laubwälder, Obstgärten, Ufer, Hecken.
Kennzeichen: Oft mehrere Stämme, Rinde verkorkt, Äste mit weißem trocken-schwammigem Mark, gegenständige, dunkelgrüne Blätter einpaarig gefiedert, 5 - 7 Teilblättchen eiförmig gesägt; große, vielblütige Trugdolden mit 5 Hauptstrahlen, zunächst aufrecht stehend und später nickend; kleine gelblichweiße duftende fünfblättrige

Schwarzer Holunder

Blüten mit süßlichem Geschmack; Frucht violette Steinbeere mit 3-5 Samenkernen.
Zubereitung: Blätter anteilig (geringe Mengen) für Salat/Suppe; Blüten in Pfannkuchen, Beeren nur reif verwenden, zum Trocknen, Süßen, auch für schmackhafte Suppen.
Heilwirkung: Tee aus Blüten April bis Juni (6 EL/Tasse - vorsichtig dosieren!) gegen Erkältungskrankheiten, schweißtreibend, gegen Asthma, Rheuma und Nervenschmerzen. Äußerlich als Schmerzmittel bei Verbrennungen, Furunkeln und Hämorrhoiden (10 EL Blüten/Tasse). Rohe Beeren als Abführmittel (1 EL einmalig).

22. Hopfen

Humulus lupulus
VI - VIII; bis 6 m

Standort: Waldränder, Auwälder, feuchte, humusreiche Böden.
Kennzeichen: Schlingpflanze; vierkantiger, rauh behaarter, rechtsgewundener Stengel, meistens an abgestorbenen Ranken des Vorjahres sich hochwindend, gegenständige Blätter herzförmig, 3- bzw. 5-fingrig, besonders unterseits sehr rauh, am Rand gesägt; männliche Blüten hängend in Rispen, weibliche zapfenartig, auf kurzen Blütenstielen sitzend (4 Blütenbl.).
Zubereitung: Sprossenspitzen April - Mai, alles, was mit den Fingernägeln abgeknipst werden kann, ist zart genug; Salat, Spinat, gedünstet spargelartig; Wurzel im Herbst und Frühjahr.
Heilwirkung: "Hopfenmehl" aus weiblichen Blüten ("Zapfen") ausklopfen, äußerlich als Brei gegen Geschwüre, neuralgische, arthritische und rheumatische Schmerzen. Innerlich Tee aus Hopfenmehl (3 EL/Tasse, 1-2 x abends) gegen Appetitlosigkeit, Krämpfe, Blähungen und zur Beruhigung. Vorsicht vor Überdosierung!

Hopfenranke

Kiefer

23. Kiefer: Waldkiefer
Pinus sylvestris
V - VI; bis 40 m

Standort: Schwerpunktmäßig im Flachland, vielfach angebaut, im Gebirge bis 2000 m.
Kennzeichen: Abgerundete, im Gebirge auch spitze Kronen; oben feinschuppige rote papierartige Rinde (gut brennbar!), an der Stammbasis älterer Bäume dicke grau- bis rotbraune Borkenplatten. Männliche Blüten dicht gedrängt am Grund der neuen Triebe, 5 mm lang, walzenförmig/kegelig, intensiv gelb (Blütenstaub als gelber Belag auf Pfützen); Zapfen ca. 5 cm, eiförmig, Samen fallen vor dem Zapfenfall aus.
Zubereitung: Nadeln ganzjährig für vitaminreichen Tee, männliche Blüten als proteinreiche Beigabe in Suppen und Tee; Kambiumschicht unter der Rinde ganzjährig für Eintöpfe.
Heilwirkung: Tee (5 EL/Tasse) aus noch geschlossenen Knospen gegen Erkältungen, Husten; auswurffördernd und leicht harntreibend. Abkochung äußerlich gegen Hautentzündungen (15 EL/Tasse); ganze Triebe mit heißem Wasser überbrühen und Dampf inhalieren gegen Erkältung und Lungenentzündung.

Klatschmohn

24. Klatschmohn
Papaver rhoeas
V - VII; 20 - 50 cm

Standort: Äcker, Brachland, Kompostplätze.

Kennzeichen: Pflanze mit weißem Milchsaft; abstehend behaarter dünner Stengel; wechselständige, gezähnte, länglich-fiederspaltige graugrüne, sitzende Blätter; große rote vierblättrige Blüten mit schwarzen Flecken am Grunde und mit vielen Staubblättern; Früchte kahl, innen mit mehreren Kammern, zahlreichen runden Samen unterschiedlicher grauer bis brauner Farbe.

Zubereitung: Blattrosetten bzw. Blätter der noch nicht blühenden Pflanze als Spinat; Samen zur Ölgewinnung; früher wurde Mohn feldmäßig angebaut!

Heilwirkung: Blütenblätter (5 El/Tasse) beruhigend, gegen Husten, Asthma und Bronchitis (vorsichtig dosieren!)

25. Klee: Rotklee
Trifolium pratense
V - IX; 20 - 50 cm

Standort: (Eher trockene) Wiesen, Waldränder, Lichtungen, Gebüsch, auf Feldern, auch angebaut.

Rotklee

Kennzeichen: Verzweigter aufsteigender oder aufrechter Stengel, meist behaart und etwas rötlich; Blätter mit weißlichem Dreieck; wohlriechende Blüten in vielblütigen ca. 3 cm langen Köpfchen, purpurrot, seltener rosa bis weiß, mit 10-nervigem Kelch, der halb so lang ist wie die Blüten; Verwechslung mit anderen ungiftigen Kleearten möglich. Ähnlich verwendbar sind: Luzerne (*Medicago sativa*), Weißklee oder Kriechender Klee (*T.repens*), Hopfenluzerne (*M. lupulina*), Goldklee (*T. aureum*).
Zubereitung: Blütenköpfchen und Blätter von Frühjahr bis Herbst für Salat und Gemüse, auch getrocknet oder eingesäuert - besonders eiweißreich!
Heilwirkung: Tee aus blühendem Kraut (5 EL/Tasse) gegen Husten und Rheuma.

26. Klette, Große

Arctium lappa (Lappa major)
VII - VIII; 40 - 150 cm

Standort: Wegränder, Schuttplätze, Brachland, Flußufer, feuchte organische Böden.
Kennzeichen: Zweijährige Pflanze mit verzweigtem, geripptem Stengel, sehr große, breit-eiförmige, gestielte rauhe Blätter; filzige, wie mit Spinnweben überzogene, purpurne Blütenkörbchen, ca. 3 cm im Durchmesser mit Röhrenblüten, die von hakigen (Klette!) Hüllblättern umgeben sind.
Zubereitung: Junge Sprosse und Wurzeln im Frühjahr in Suppe und als Gemüse; bei den Wurzeln nur die von Pflanzen im ersten Wachstumsjahr (dann haben sie keine Blüten) nehmen, da sie später verholzen.

Große Klette

Heilwirkung: Abkochung der Wurzel (12 cm/Tasse, 1 x täglich, nüchtern) innerlich gegen Rheuma, Hautkrankheiten, harn- und schweißtreibend, reinigend. Stimuliert Leber und Galle. Äußerlich Abkochung der Blätter, besser Wurzel (20 EL/Tasse, bzw. 30 cm Wurzel, ½ h Kompresse auflegen) gegen Geschwüre, Furunkel, Ekzeme; antiseptisch.

Klettenlabkraut

27. Klettenlabkraut
Galium aparine
VI - VIII; 30 - 150 cm

Standort: Waldränder, lichte Laubwälder, Äcker, Gebüsche, Waldränder.
Kennzeichen: Vierkantiger Stengel mit vielen rauhen Haaren; fühlt sich klebrig an, liegt oder klettert an Gebüsch hoch; keilförmig-längliche Blätter, am Rand und unterseits ebenfalls behaart, 6 - 8 Blätter quirlförmig um den Stengel; Blütenstände in den Blattachseln, länger als die Blätter, Blüten grünlich-weiß (4 Blütenbl.).
Zubereitung: Kraut vor der Frucht als Spinat; später auch unter Schnee im Winter. Während der Fruchtbildung ist das Kraut zäh.

28. Knopfkraut
Galinsoga parviflora
V - IX; 20 - 50 cm

Standort: Brachland, Äcker, Gärten, Wegränder.
Kennzeichen: Aufrechte, dreifach verästelte Stengel, im oberen Teil von senkrecht abstehenden, sehr kurzen Haaren besetzt; Blätter gegenständig, ei- bis herzförmig, grobgezähnt; Blütenkörbchen nur

Knopfkraut

etwa 5 mm im Durchmesser, in dreigabeliger Dolde, gelbe Röhrenblüten, umgeben von meist 5 weißen Zungenblüten, die den Anschein von Blütenblättern erwecken.
Zubereitung: Junge Sprosse und Blätter möglichst vor der Fruchtbildung als Salat, Spinat, Suppe. Eiweißreich. Früchte ölhaltig.

29. Linde:
Sommerlinde
Tilia platyphyllos
VI - VII; bis 30 m

Standort: Ebene und Mittelgebirge bis ca. 1500 m; Laubmischwälder, Hartholzaue.
Kennzeichen: Anfangs dünne glatte Rinde, später dunkelgraue Borke mit vielen Längsrissen; wechselständige, zweireihig angeordnete, 5 - 10 cm lange Blätter, zugespitzt und am Rand leicht gesägt, oben kahl und untererseits in den Nervenwinkeln bräunlich behaart; 1-4 weißlich-gelbe Blüten in hängenden Blütenständen, deren Stiel am oberen Ende ein zungenförmiges Hochblatt enthält; einsamige, dünnschalige Nüßchen.
Zubereitung: Blätter April bis Juni als Salat/Suppe/Spinat; Früchte August bis Oktober für Öl.
Heilwirkung: Innerlich Tee (5 EL/Tasse) aus Blüten (mit Hochblatt) vor allem der Sommerlinde zum "Ausschwitzen" von Erkältungen, Magen-Darm-Krankheiten und Harnwegsentzündungen; blutdrucksenkend, krampflösend, schmerzstillend, beruhigend. Äußerlich gegen Verbrennungen, Sonnenbrand, Parodontose: 12 EL/Tasse.

Linde

Löwenzahn

30. Löwenzahn
Taraxacum officinale
IV - VII; 10 - 40 cm

Standort: Wiesen, Weiden, Wegränder, Äcker, Brachland, Schuttplätze.
Kennzeichen: Starker Wurzelstock mit Blattrosette, sägeförmigen, ausgebuchtet-fiedrigen Blättern und blattlosem röhrigem Stengel; ganze Pflanze mit Milchsaft; viele gelbe Zungenblüten in großen einzelnen Körbchen.
Zubereitung: Junge Blätter und Blütenknospen vor allem vor der Blüte als Salat, Suppe, Spinat; Wurzeln roh oder gekocht; bei älteren Pflanzen auf Bitterkeit testen; Entbittern durch Einlegen (30 min) in Salzwasser bzw. 5-10minütiges Kochen (Wurzel) und Abgießen; Blüten frittieren.
Heilwirkung: Heißer Aufguß oder Saft (bis zu 4 EL/Tag) der Blätter bzw. Abkochung der Wurzel gegen Atemwegserkrankungen, Leberleiden, Gallensteine, Gelbsucht; leicht harntreibend und abführend, hautreinigend (9 cm Wurzel/ Tasse, 3-4 x täglich).

31. Mädesüß
Filipendula ulmaria
VI - VIII; 80 - 200 cm

Standort: Feuchtwiesen, Auwälder, Gräben, Ufer.
Kennzeichen: Gerade, bisweilen verzweigte beblätterte Stengel; unterbrochen gefiederte Blätter, endständige drei- bis fünfspaltig, unterseits weißhaarig; kleine weißlich-gelbe Blüten mit 5 Blütenblättern und streng süßlichem Geruch in rispenförmigen Blütenständen.
Zubereitung: Junge Blätter und Triebe, Blütenknospen, Wurzeln für Salate, Suppen, Gemüse - sehr eiweißhaltig! Blüten für Tee.
Heilwirkung: Tee aus Blättern, besser Blüten (6 EL/Tasse, 3-4 x täglich); wirkt schmerzlindernd, blutreinigend, gegen Rheuma, Gicht; harntreibend, ausschwemmend, auch kleine Nieren- und Blasensteine. Äußerlich Tee (40 EL) dem Bad beigeben.

Mädesüß

32. Malve: Wegmalve
Malva neglecta
V - IX; 30 - 100 cm

Standort: Gebüsche, Wegränder, Brachland, Äcker, Kompostplätze.
Kennzeichen: Stengel verzweigt, meist niederliegend; fünf- bis siebenlappige, rund bis herzförmige gesägte Blätter; kleine, weißlich bis rosa Blüten mit fünf Blütenblättern, 2-4 Blüten in den Blattachseln; flache, runde Früchtchen mit abwärts gebogenen Fruchtstielen; Verwechslung mit Wilder Malve (*Malva sylvestris*), die sogar eine bessere Heilwirkung hat und ebenso verwertbarer Moschusmalve (*Malva moschata*).

Wegmalve

Zubereitung: Blätter, Stengel als Salat, Suppe, Spinat; Früchte ebenfalls eßbar.
Heilwirkung: Blühendes Kraut, Wurzeln, Früchte äußerlich gegen Geschwüre, Furunkel, Mundfäule. Tee der Blätter/Blüten oder Abkochung der Wurzeln und Früchte gegen Halsentzündungen, Zahnschmerzen, Husten, Erkältung, Magen-Darm-Entzündung, Verstopfung; innerlich und äußerlich (8 EL/Tasse bzw. 9 cm/Tasse, 2-3 x täglich).

Nachtkerze

33. Nachtkerze
Oenothera biennis
VI - IX; 30 - 100 cm

Standort: Brachland, Wegränder, Schuttplätze, Kiesgruben.
Kennzeichen: Zweijährige Pflanzen; im ersten Jahr nur Blattrosette; im zweiten Jahr erscheint daraus aufrechter behaarter Stengel mit schmalen Blättern, untere Blätter bisweilen rötlich angelaufen; gelbe Blüten ca. 4 cm im Durchmesser in Ähren, die vier Blütenblätter länger als die Staubblätter, aber kürzer als der Kelch; die unteren Blüten öffnen sich abends und schließen sich am folgenden Mittag; die Rosetten der einjährigen Pflanzen sind durch die meistens daneben stehenden eingetrockneten Stengel der zweijährigen Pflanzen auch im Winter zu finden; an diesen Stengeln markante schlanke vierkantige längs gespaltene Samenkapseln.
Zubereitung: Eßbar sind Wurzel und Samen. Rötliche Wurzel der einjährigen Pflanze Herbst bis Frühjahr (die Wurzeln der zweijährigen Pflanzen sind verholzt); Samen ölhaltig; Blätter nicht roh verzehren, da widersprüchliche Angaben über einen etwaigen Gehalt an giftigen Wirkstoffen gemacht werden. Nachtkerze war früher verbreitete Feldfrucht.
Heilwirkung: Tee aus blühenden Sproßspitzen wirkt äußerlich entzündungshemmend (12 EL/Tasse), innerlich krampflösend bei Husten, Keuchhusten, Darmentzündungen, Leberleiden (5 El/Tasse);

Abkochung der Wurzel bzw. heißer Aufguß der Blätter gegen Durchfall und zur Blutreinigung.

Ochsenzunge

34. Ochsenzunge
Anchusa officinalis
V - IX; 30 - 80 cm

Standort: Äcker, Brachland, Schuttplätze.
Kennzeichen: Pflanze anhand der Blattrosette bereits vor Erscheinen des Stengels an steifen, auf einem Höcker stehenden Haaren zu erkennen; kantiger Stengel weiß steifbehaart; Blätter wechselständig, steifhaarig, länglich-lanzettlich, ganzrandig, obere Blätter sitzend, untere in den Stengel verschmälert; alle Blüten in Achseln von Tragblättern, violett, selten blau bis weiß, die fünf Blütenblätter nach der Befruchtung tiefblau.
Zubereitung: Junge Blätter und Triebspitzen als Salat, Spinat.
Heilwirkung: Volksmedizinisch gegen Tollwut.

Quecke

35. Quecke
Agropyron repens
VI - VII; 30 - 120 cm

Standort: Äcker, Wiesen, Wegränder.
Kennzeichen: Meterlange weiße kriechende Wurzelausläufer; aufrechter Stengel mit langen, oberseits rauhen Blättern; zweireihige, zusammengesetzte Ähre.
Zubereitung: Die wohlschmeckenden

Wurzelausläufer als Salate oder für Suppen, bzw. trocknen und zu Mehl verarbeiten; geröstet als Kaffee; eiweißreich!
Heilwirkung: Kaltauszug (mehrere Stunden) der Wurzel oder Abkochung (10 EL/Tasse, mehrmals täglich), bzw. roh essen gegen Leber-, Nieren-, Magenbeschwerden und Durchfall; harntreibende, reinigende Wirkung.

Rohrkolben

36. Rohrkolben
Typha latifolia
VI - VIII; 90 - 250 cm
Standort: Röhricht stehender und langsam fließender Gewässer.
Kennzeichen: Lange schwertförmige Blätter; braune weibliche Kolben; männliche Kolben kurzzeitig während der Blüte vorhanden, gelb, 1 - 15 cm über dem weiblichen Kolben. Wurzelstöcke (Rhizom) 2-3 cm Durchmesser, äußere Schicht schwammig, Mark fädig mit glitschigen Stärkekörnern
Zubereitung: Im Winter Wurzelstöcke mit Haken herausziehen; im Frühjahr Schößlinge, mit der Hand aus dem Schlamm ziehen; im Sommer sind männliche und weibliche Blüten eßbar. Als Salat roh zu verwenden oder gedünstet im Eintopf: weiße Basis der Schößlinge, weibliche Kolben in ganz jungem Stadium im Frühjahr. Mehl aus frischen oder getrockneten Wurzelstöcken bzw. dem fädigen Mark durch Zerstampfen und Lösen der Stärke in Wasser, abgießen und trocknen (der Stärkegehalt ist

während der Winterruhe am größten); männliche Blüten vor Ablösen der Tragblätter und vor Beginn des Stäubens (Juli) abbrechen, an windstillem Ort auf ein Tuch legen; der reichlich herausfallende Blütenstaub ist sehr eiweißreich und als Zusatz für Backwaren und Honig zu nutzen.
Heilwirkung: Gestampfte Wurzel (Rhizome) (9 cm, 2-3x täglich) innerlich gegen Durchfall, Ruhr, volksmedizinisch auch Gonorrhöe. Äußerlich gegen Geschwüre, Verbrennungen und kleine Verletzungen.

37. Rosen:
Hundsrose
Rosa canina
V - VII; bis 3 m

Standort: Waldränder, Hecken, Brachland.
Kennzeichen: Strauch mit bogenförmig wachsenden Zweigen und hakigen Stacheln; wechselständige Blätter unpaarig gefiedert, eiförmig bis elliptisch, Rand gesägt; jeweils 1-3 Blüten zusammen, mit 5 ca. 2 cm langen, blaßroten bis rosa Blütenblättern und zurückgeschlagenen Kelchblättern; rote, länglich-bauchige bis kugelige Früchte, Kerne mit pelzigen Haaren mit Widerhaken.
Zubereitung: Blätter vor der Blüte als Tee; Hagebutten September bis März, auch gefroren, roh oder als Tee; Vitamin-C-haltig! Tee etwas länger kochen und ziehen lassen, damit die nach Vanille schmeckenden Kerne ihr Aroma abgeben können.

Hundsrose

Hagebutten der Hundsrose

Heilwirkung: Kurze Aufkochung oder Tee (2-4 EL/Tasse) der Blätter gegen Durchfall, Rheuma. Tee aus Hagebutten wirkt gegen Harnwegserkrankungen (4 EL/Tasse), oder Abkochung (8 EL/Tasse), allgemein entzündungshemmend und als vitaminreiches Getränk.

38. Sanddorn

Hippophae rhamnoides
III - V; bis 5 m

Sanddorn

Standort: Waldränder, Dünen, Kiesbänke an Flüssen.
Kennzeichen: Verzweigter Strauch mit dunkelgrüner bis grauer Rinde und spitzen Dornen; lineal-lanzettförmige Blätter mit kurzen Stielen, junge beidseitig silbrig, ältere nur unterseits; kleine gelbe duftende Blüten mit vier Blütenblättern; Früchte erbsengroße saftige gelb/orangerote Steinbeeren; die süßsauer schmeckenden Früchte sitzen in großen Massen dicht an den spitzen Zweigenden.
Zubereitung: Rohe Früchte September bis Januar (auch in gefrorenem Zustand). Als Früchtetee und Frischsaft; hoher Vitamingehalt, besonders Vitamin C.

Heilwirkung: Brei aus frischen Beeren gegen Durchfall, stärkend bei Erkältungen; Tee (10 EL/Tasse) als Mundspülung, wirkt entzündungshemmend im Mund-/Rachenraum und bei Zahnfleischentzündungen; kräftigend.

39. Sauerampfer

Rumex acetosa
V - VIII; 30 - 90 cm

Standort: Wiesen, Wegränder; liebt nährstoffreiche, lehmige Böden; kommt aber auch auf Sandböden vor.
Kennzeichen: Aufrechter, unten rötlicher, kantiger Stengel; wechselständige dicklich derbe, pfeilförmige Blätter mit saurem Geschmack, untere gestielt, obere sitzend; kleine, grünlich bis rötliche Blüten mit vier Blütenblättern; Frucht dreieckiger Samen.
Zubereitung: Vor allem die Blattrosetten im zeitigen Frühjahr, aber auch die gesamte Pflanze. Nach Stengelbildung sterben die Blätter der Grundrosette ab. Da die Pflanze einjährig ist, stirbt sie durch das Abschneiden ab, einige Pflanzen zur Vermehrung stehen lassen! Blätter und Blüten in geringen Anteilen zu Salat oder als Gemüse; wegen des hohen Oxalsäure-Gehalts Kochwasser abgießen. Anteilig hervorragend geeignet für schmackhafte Eintöpfe.

Sauerampfer

Heilwirkung: Frischer Preßsaft oder Salat wirkt gegen Vitaminmangel und Skorbut; heißer Aufguß des Krautes (5 EL/Tasse 2 x täglich) wirkt harntreibend. Äußerlich (12 EL/Tasse) entzündungshemmend, insbesondere bei Entzündungen des Mund-/Rachenraumes. Wegen des hohen Oxalsäuregehaltes Überdosierung vermeiden und nicht anwenden bei Leberleiden, Gallen- und Nierensteinen.

40. Sauerklee
Oxalis acetosella
IV - V; 5 - 10 cm

Standort: Feuchte, schattige Wälder, Bruchwälder, oft als Teppich.
Kennzeichen: Kleeähnliche, hellgrüne, sauer schmeckende Blätter; Blüte auf langem dünnen Stiel mit 4 weißen Blütenblättern mit purpurnen Adern und gelbem Fleck am Grund.
Zubereitung: Nur anteilig (wegen des Oxalsäuregehalts!) für Salat, Spinat, ganzjährig zu sammeln, auch unter Schnee.
Heilwirkung: Aufkochung frischer Blätter (5 EL/Tasse, 2 x täglich), wirkt blutreinigend, harntreibend, entzündungshemmend; Auflegen der Blätter zur Förderung der Wundheilung, zusammenziehende, abschwellende Wirkung. Wegen des hohen Oxalsäuregehalts Überdosierung vermeiden und nicht anwenden bei Leberleiden, Gallen- und Nierensteinen.

Sauerklee

41. Schafgarbe
Achillea millefolium
VI - X; 20 - 60 cm

Standort: Wiesen, Halbtrockenrasen, Waldränder, Äcker, Wegränder.
Kennzeichen: Oft stark behaarter Stengel auf kriechendem Wurzelstock; lanzettförmige, zweifach fiedergespaltene graugrüne zarte Blät-

ter; außen weiße bis leicht rosa Zungenblüten, innen gelblich-weiße Röhrenblüten in großen Trugdolden, manchmal bis über 10 cm Durchmesser; ganze Pflanze mit würzigem Geruch.
Zubereitung: Blätter ganzjährig, auch unter Schnee, für Salat, Suppe, Spinat.
Heilwirkung: Tee aus blühendem Kraut (10 EL/Tasse) gegen Atemwegs- und Magen-, Darm-, Gallenerkrankungen, blutreinigend, beruhigend, stoffwechselanregend. Äußerlich bei Hautausschlägen, Wunden (16 EL/Tasse).

Schafgarbe

42. Schilfrohr
Phragmites australis
VII - IX; 1 - 4 m

Standort: Röhrichtgras am Ufer von Seen, Teichen und langsam fließenden Flüssen bis in eine Wassertiefe von 1,5 m; Feuchtwiesen, Flachmoore.
Kennzeichen: Daumendicke, kriechende, weit verzweigte Grundachse; langer gerader blaugrüngrauer Stengel; wechselständige, lineare, 40 - 50 cm lange, 1 - 3 cm breite flache Blätter, an den Rändern rauh; Ähren an der Spitze des Stengels mit vielen Blüten in flaumiger silberbrauner Rispe.
Zubereitung: Im Frühjahr die jungen Triebe; Herbst bis darauffolgenden Sommer die Grundachsen. Bei der Ernte zur Schonung des Bestands Teile im Boden lassen. Höchstens alle 2 Jahre an derselben Stelle sammeln. Triebe als Salat, Suppe, Gemüse, auch spargelartig gedünstet. Dazu Triebe von harten äußeren Blättern befreien; die

Grundachsen als Salat, Gemüse und zur Mehlherstellung; sie enthalten bis zu 15% Zukker und bis zu 50 % Stärke. Aus Verletzungen der Pflanze tritt klarer zuckeriger Saft hervor, der zu harzartiger Konsistenz erstarrt; man kann ihn als Bonbon oder zum Süßen von Tee benutzen; für Mehl Grundachsen in kleine Stücke schneiden, in der Sonne und im Backofen bei schwacher Hitze trocknen und bei Bedarf mahlen; Verwendung zum Andicken von Saucen und zum Backen.

Heilwirkung: Tee aus (hohlem) Wurzelstock (zerdrückt, 5 El/Tasse, 2 x täglich mit steigender Dosis) wirkt harn- und schweißtreibend, regelt Störungen des Wasser- und Elektrolythaushalts, z.B. bei Verbrennungen und schweren Durchfällen, schlechter Funktion von Nieren, Herz, Kreislauf, Lungen.

Schilfrohr

Teichmummel

43. Seerose

Nymphaea alba
V - VIII; 20 - 250 cm; Achtung: geschützt

Standort: Stehende und langsam fließende Gewässer; selten vorkommend, aber dann oft in dichten Beständen; in kühlen, nährstoffreichen Gewässern, auch sauren Moorseen.

Kennzeichen: Dicker Wurzelstock, sehr oft über einen Meter lang; Blätter schwimmend, dunkelgrün, unten rötlich, ganzrandig, lederartig, herzförmig und zum Stiel hin eingeschnitten, an seilartigen Stielen; im Jugendstadium eingerollte Unterwasserblätter; große, weit geöffnete, weiße Blüten, schwach, aber angenehm duftend, mit gelber Narbe und 20 - 28 weißen Blütenblättern; Verwechslung möglich mit ähnlich aussehender Teichmummel (Nuphur lutea), ebenfalls geschützt, die aber gelbe Blütenblätter hat, stark duftet und genauso zu verwenden ist.
Zubereitung: Nur die stärkereichen Wurzelstöcke; sie können von Hand oder mit einem Haken herausgezogen werden; alle Pflanzenteile sind wegen des Alkaloidgehaltes roh nicht eßbar!
Wurzelstöcke raspeln und einweichen, Wasser abgießen, um Bitterstoffe zu entfernen; als Brei, in Eintöpfe; für Mehl trocknen (fingerdicke Streifen an der Luft trocknen, am Feuer nachtrocknen), mahlen, dreimal mit Wasser aufgießen, jeweils 5 Std. stehenlassen, abgießen, über Tuch filtrieren, in dünner Schicht erneut trocknen.
Heilwirkung:Tee aus der Wurzel (armdicke Wurzel abschaben, 4 EL/Tasse, 2-3 Tassen über den Tag verteilt) wirkt entzündungshemmend auf Haut, Darm, Nieren, Lunge und beruhigend. Äußerlich doppelte Konzentration benutzen. Überdosierung vermeiden.

Seerose

44. Taubnessel:
Weiße Taubnessel
Lamium album
IV - IX; 30 - 50 cm

Taubnessel

Standort: Hecken, Brachland, Schuttplätze, Bahndämme, manchmal Äcker, Wiesen.
Kennzeichen: Aufrechter, vierkantiger brennesselartig behaarter Stengel, aber ohne Brennhaare, manchmal am Grunde verästelt; hellgrüne, gesägte Blätter gestielt, gekreuzt gegenständig, herz- bis eiförmig, behaart; Lippenblüten in Scheinquirlen in den Blattachseln um den Stengel, röhrige Blütenkrone mit zwei deutlich getrennten Lippen, Kelch normalerweise fünfzähnig. Rote und Gefleckte Taubnessel (Lamium *purpureum*, *Lamium maculatum*) mit entsprechender roter bzw. gefleckter Blütenfarbe sind genauso zu verwenden.
Zubereitung: Blätter und Kraut als Salat, Suppe, Spinat; gekochte Wurzeln als Salat.
Heilwirkung: Tee aus Blüten oder blühenden Sproßspitzen (4 EL/Tasse, 2 x täglich) gegen Gebärmutterblutungen, Eierstockentzündungen, Menstruationsbeschwerden, Atemwegserkrankungen, Nieren- und Blasenleiden, Magen-Darm-Katarrh, Rheuma. Äußerlich (8 EL/ Tasse) zur Stillung von Blutungen, bei Geschwüren und Brandwunden.

45. Ulme: Bergulme
Ulmus glabra
III - IV; bis 30 m

Standort: Meist in Laubmischwäldern des Gebirges bis 1500 m Höhe, in Schluchten und an Schattenhängen auf Humusboden, seltener im Flachland.

Kennzeichen: Unregelmäßiger Stamm, in der Jugend silbergraue, glatte Rinde, im Alter längsrissig graue bis dunkelbraune Schuppen; Blätter wechselständig, zweizeilig angeordnet; abfallendes, verkehrt eiförmiges, manchmal dreizipfeliges Blatt, doppelt gesägt, am Stiel asymmetrisch, fächerförmiges Läppchen verdeckt kurzen Stiel, beidseitig rauh behaart; verkehrt eiförmige Flügelfrüchte, die wie durchscheinende Scheibchen aussehen, mit einem Nüßchen in der Mitte; Ähnlichkeiten mit Feldulme (*Ulmus minor*) und Flatterulme (*Ulmus laevis*), die genauso zu verwerten sind.

Ulme

Zubereitung: Ernte der nahrhaften Früchte Mai/Juni; geröstet oder roh und in Eintöpfe.

46. Vogelbeere

Sorbus aucuparia
V-VI, bis 15 m

Standort: Laub- und Mischwälder, Auwälder.

Kennzeichen: Weiße Blüten mit 4-5 mm langen Blütenblättern in Doldenrispen, unpaarig gefiederte Blätter mit 9-15 länglich-lanzettlich gezähnten Teilblättchen.

Zubereitung: August - Oktober reife Beeren; getrocknet für Kompott und Kraftriegel, Vitamin C-haltig!

Vogelbeere

47. Vogelmiere
Stellaria media
II - XI; 5 - 40 cm

Vogelmiere

Standort: Häufiges Wildkraut auf Äckern, Schuttplätzen, an Flußufern, Wegrändern, in lichten Kiefernwäldern; liebt feuchten, leichten, organischen, stickstoffreichen Boden.
Kennzeichen: Liegende, knotige Stengel mit einer durchlaufenden Haarleiste; gegenständige eiförmig-spitze Blätter, untere gestielt, obere sitzend; Blüten gabel- oder endständig, mit fünf eingeschnittenen kleinen weißen Blütenblättern.
Zubereitung: Vogelmiere kann das ganze Jahr über gesammelt werden, auch unter dem Schnee; Verwendung finden alle grünen Pflanzenteile.
Heilwirkung: Innerlich Tee aus ganzem Kraut (7 EL/Tasse) harn- und schweißtreibend. Äußerlich gegen Hautentzündungen (14 EL/Tasse).

48. Wasserlinsen
Lemna minor, L .gibba, L. trisulca, Wolffia arrhiza, Spirodela polyrrhiza
V - VII, bis 1 cm

Bucklige Wasserlinsen

Standort: Stehende und langsam fließende, auch überdüngte Gewässer (Abwasser!)
Kennzeichen: Am häufigsten ist die Kleine Wasserlinse (*Lemna minor*), Laubglieder 2-3 mm breit, 1 Fadenwurzel, auf dem Wasser

schwimmend, oft eine grüne Schicht bildend; andere Arten kommen seltener vor, evtl. mit mehreren Fadenwurzeln, teilweise untergetaucht. Am größten ist die Bucklige Wasserlinse (*Lemna gibba*). **Zubereitung**: Ganze Pflanzen fast ganzjährig nutzbar; die Pflanzen sinken bei einigen Arten im Winter auf den Boden ab. Nicht in Nähe von Intensivlandwirtschaft und in abwassergefährdeten Gewässern sammeln! Zum Sammeln grobmaschiges Sieb verwenden, so daß kleinere Tiere ausgespült werden können; auf Schnecken und Insekten achten. Wasserlinsen enthalten etwa so viel Eiweiß wie die Sojabohne! Ganzjährig als Salat, Spinat, Paste (pürieren); Kraftkonzentrat durch Trocknen und Mahlen (in geschlossenem Gefäß aufbewahren).

49. Weidenröschen: Wald-W.
Epilobium angustifolium
VI - X; 80 - 150 cm
Standort: trockene Wälder, Lichtungen, Kahlschläge, Waldwege, manchmal Brachland, Gräben.
Kennzeichen: Aufrechter, oft rötlicher, meist kahler Stengel mit wechelständigen, lanzettlich-spitzen, dunkelgrünen Blättern, unterseits deutlich geädert (weidenartig, jedoch nicht bitter schmeckend); purpurlila Blüten mit vier Blütenblättern in langer gipfelständiger lokkerer Traube; mögliche Verwechslung mit anderen Epilobium-Arten, die alle ebenso verwendbar sind.
Zubereitung: Blätter, Wurzeln und weiche Triebspitzen von Mai bis August als Salat, Suppe, Spinat; junge

Weidenröschen

Stengel und Wurzel spargelartig; getrocknete Wurzeln zu Mehl.
Heilwirkung: Abkochung der Wurzel (6 cm/Tasse) innerlich gegen Magen-Darm-Entzündungen, Durchfall, Husten. Äußerlich (18 cm/Tasse) für Waschungen, Mundspülung gegen Hautentzündungen, Halsschmerzen, leichte Verbrennungen.

50. Wiesenknöterich

Polygonum bistorta
V - VIII; 30 - 100 cm

Standort: Feuchte Wiesen, Gräben, Auwälder, Laub(misch-)wälder.
Kennzeichen: Schlangenförmig gewundene Hauptwurzel, durch mehrere Knoten untergliederter aufrechter Stengel; wechselständige, am Grund leicht herzförmige, länglich-eiförmige Blätter, untere mit geflügelten Blattstielen, obere sitzend; dicke walzenförmige Scheinähre mit rosafarbigen Blüten (5 Blütenbl.).
Zubereitung: Blätter und Sprosse vor der Blüte als Salat, Spinat; Wurzel Frühjahr bis Herbst geröstet oder getrocknet und als Mehl zu verwenden.
Heilwirkung: Wurzel (3 cm 2-3x tgl.) frisch kauen gegen Durchfall und Magen-, Darmbeschwerden. Kaltauszug von 9cm/Tasse innerlich bei Nierenerkrankung, kleinen Nieren- und Blasensteinen; äußerlich vernarbend, bei Geschwüren, Entzündungen im Mund-, Rachenraum; bei Blutungen 15 Minuten Kompresse auflegen.

Wiesenknöterich

10 Die Jagd auf Tiere

Bereits in vorgeschichtlicher Zeit entwickelte der Mensch die Technik, auch größere Tiere zu töten. Er wurde vom Sammler überwiegend pflanzlicher Nahrung, vor allem von Früchten, aber auch von Kleinlebewesen wie Insekten, zum Jäger, vom Vegetarier zum Fleischesser. Die Gründe dafür sind vielschichtig. Vom Standpunkt der Ernährung her ist es in den wenigsten Fällen wirklich notwendig, Tiere zu essen. Nur wenige Völker, wie zum Beispiel die Inuit, hätten ohne die Jagd auf Tiere ihren arktischen Lebensraum gar nicht erst besiedeln können. Tiere sind leicht zu identifizieren, und es gibt so gut wie kein Vergiftungsrisiko. Tiere versorgen den Menschen "auf einen Schlag" mit einer größeren Nahrungsmenge. Demgegenüber steht aber, daß sie im Unterschied zu Pflanzen beweglich sind, sich verstecken und den Menschen notfalls auch angreifen können.

Die Jagd war also insgesamt mit viel mehr Aufwand verbunden als das Sammeln und entwickelte sich dennoch zu einem festen Bestandteil in der menschlichen Kultur. Bis heute ist das Verzehren von Fleisch mit Status und Reichtum verbunden. Doch das Jagen (und auch das Halten von Tieren) ist vielfach keine faire Angelegenheit mehr, sondern gilt der Trophäensammlung, dem Verkauf von einzelnen "Tierbestandteilen" wie Elfenbein oder wertvollen Fellen. Deswegen wird in jüngster Zeit im Zusammenhang mit dem

Schlachten und Töten von Tieren immer häufiger berechtigte Kritik laut.

Ich bin Jäger. Ich esse selten Fleisch, aber ich esse es gern und möchte, zumindest bis heute, nicht darauf verzichten. Konsequent weiter gedacht heißt das, ich töte auch Tiere. Die beste Art, die ich mir dabei vorstellen kann, ist die der fairen Jagd. Das Tier hat bis dahin in Freiheit gelebt, es kennt weder unnatürliche Käfige, noch angstauslösende Transporte, noch hat es jemals einen Schlachthof von innen gesehen. Das ist mein persönlicher Standpunkt, der sicherlich nicht verallgemeinerbar ist. Ich möchte Sie lediglich dazu anregen, sich mit diesen Fragen zu beschäftigen und vor sich selbst eine richtige Antwort zu finden.

Natürlich "darf" man auch Tiere essen, aber man muß wissen, daß man ein Leben vernichtet und sollte das in einer entsprechenden Haltung tun. Dasselbe gilt natürlich auch für die Pflanzen, die man abpflückt. Bei Pflanzen kann man allerdings auch nur Teile sammeln, die durch die Pflanze leicht ersetzbar sind. Von Tieren kann man jedoch keine Teile essen, ohne das ganze Tier zu töten.

Wie wir in Kapitel 9 erfahren haben, ist das Verhungern meistens nicht die Hauptgefahr für das Leben. Für diejenigen jedoch, die sich länger in der Wildnis, vor allem im Winter, aufhalten müssen, können Tiere doch einiges zum Überleben beitragen.

Neben diesen ethischen Überlegungen gibt es auch noch eine gesetzliche Schranke: Die Jagd unterliegt in allen Ländern gesetzlichen Regelungen. Zum Jagen benötigt man eine Erlaubnis der zuständigen Jagdbehörde. Außerdem sind einige Jagdarten wie z.B. Bogenjagd und die Jagd mit bestimmten Fallenarten in manchen Ländern eingeschränkt bzw. ganz verboten. Auch aus diesem Grund sollte man die Anwendung der in den folgenden Kapiteln gezeigten Jagdmethoden auf wirklich lebensbedrohliche Situationen beschränken und die erforderlichen Übungen "trocken" durchführen. Die wesentliche Voraussetzung für eine erfolgreiche Jagd, nämlich das

Kennenlernen der Tiere, das Pirschen und die Spurensuche, kann ohnehin geübt werden, ohne gleich zum Jäger zu werden. Vielleicht erlebt man dann, wie das Damwild miteinander spricht, oder wie sich eine Fuchsmutter um die Welpen kümmert. Man erlebt möglicherweise eine stärkere Verwandtschaft, als man es für möglich hält. Wie neuere Forschungen zeigen, ist sogar das bewußte Denken keine alleinige Domäne des Menschen. Deswegen habe ich das Kapitel "Jagd" ergänzt durch das Kapitel "Freundschaft zu Tieren".

Je mehr man Tiere kennenlernt, desto mehr beginnt man, sie als gleichwertige Mitgeschöpfe zu respektieren. Durch die Haltung des Respekts schafft man eine Verbindung zu dem Lebensraum, in dem man sich gerade aufhält. Auf einer meiner Touren mit einer Gruppe in Ostpolen fingen wir eine einzige kleine Rotfeder. Der Fang löste unter uns eine spannende Diskussion aus über Sinn und Unsinn des Fleisch- bzw. Fischessens und die Ethik bei der Jagd. Im Verlauf der Tour fingen wir dann keinen einzigen Fisch mehr. Statt dessen sahen wir eine ganze Menge toter Tiere, wie Elchkälber, einen Biber und andere Tiere, die durch den harten Winter umgekommen waren. In der Natur erlebt man das Sterben als Teil eines großen Lebenszyklus. Man wird sich der eigenen Vergänglichkeit viel bewußter; eine Tatsache, die im modernen Leben viel zu stark ausgegrenzt und tabuisiert wird. Über den Tod zu reden ist unfein, ihn mit Angehörigen auf eine schöne Art mitzuerleben eine Ausnahme.

Wenn wir Hunger haben und ein Tier erbeuten, kommt die Dankbarkeit fast von allein. Unsere Aufgabe ist es, dem Tier unnötige Leiden zu ersparen. Es ist ein großes Opfer, das das Tier bringt, um unser Leben zu erhalten. Wir würdigen es dadurch, daß wir alle Teile verwenden.

In einer Überlebenssituation sind wahrscheinlich alle Teile des Tieres wichtig für uns: mit dem Fell können wir uns vor der Kälte schützen, die Sehnen ergeben ideales Bindematerial, mit Hufen und Hörnern erzeugen wir Leim, und aus den Knochen können wir Werkzeug herstellen. Eine derartige Verwertung trägt zum Respekt bei, den wir dem Tier schulden. Für die Indianer und andere Naturvölker war das eine Selbstverständlichkeit.

Noch etwas möchte ich an dieser Stelle erwähnen: Wenn wir uns als Menschen in der Wildnis bewegen, befinden wir uns mittlerweile in einem "fremden" Territorium, denn die Zeit, wo Mensch und Tier wirklich zusammenlebten, ist für die meisten von uns fernste Vergangenheit. Das intuitive Wissen unserer Urahnen müssen wir zunächst durch das Einüben von Regeln wieder erlernen. Der Mensch ist für das Tier der Hauptfeind. Was uns für die Tiere so gefährlich macht, ist vor allem unsere Unberechenbarkeit. Kein Büffel konnte Überlebensstrategien entwickeln für den Fall, daß aus einem fahrenden Zug plötzlich auf ihn geschossen wird. Kein Fisch kann adäquat unterscheiden lernen zwischen Futter und Köder, oder gar Netzen wirklich ausweichen.

Bei Löwen wurde beobachtet, daß die Verbindung zwischen dem Raubtier und seiner Beute so gut ist, daß die Gejagten wissen, welche Tierart heute "dran" ist. Die anderen können ruhig weiteräsen. Beim Menschen ist das anders: wann immer Tiere ihn vernehmen, ist für alle Alarm angesagt.

Ein Ziel dieses Buches ist es, mitzuhelfen, daß dieser Zustand sich verändert. Der Mensch soll wieder Teil des Lebens werden und sich in angepaßter und respektvoller Weise zusammen mit den Tieren in der Natur bewegen. Wenn man ein Reh entdeckt, das gerade wegspringen möchte und noch kurz verharrt, sollte man einmal versuchen, das Reh anzureden. Es ist immer wieder ein Erlebnis, wenn man als Mensch bemerkt, daß ein Tier ein Interesse an der menschlichen Stimme zeigt. Durch die Stimme können wir eine Absicht vermitteln, die die Tiere verstehen. Ich werde es nie vergessen, wie ich zusammen mit einem Freund an einem Weihnachtsmorgen durch einen Wald lief und dabei zwei Rehe aufscheuchte. Noch bevor sie davonliefen, sprach ich sie an. Sie überwanden ihren Fluchtimpuls und blieben solange stehen, bis ich mit der Ansprache fertig war. Dann zogen sie mit leichten Sprüngen davon.

10.1 Die wichtigsten Tiere

Es sind nicht die großen Tiere, die am leichtesten zu finden sind, sondern die kleinen. Generell sind fast alle Tiere eßbar, außer einigen Insekten- und Amphibienarten. Auch bei der Suche nach Tieren sollte man den Grundsatz beherzigen, nicht mehr Energie für die Suche aufzuwenden, als man hinterher durch den Braten zurückbekommt. Am einfachsten ist es, mit kleinen, relativ standorttreuen Tieren eine Mahlzeit zusammenzubekommen. Das trifft z.B. auf Grashüpfer zu, Maden und Regenwürmer. Man sammelt sie, wenn man sie unterwegs findet, vermeidet aber Umwege.

Grashüpfer kann man in der Morgenfrühe oft leicht von den Grashalmen absammeln, weil sie dann noch nicht beweglich sind. Die Tiere werden gebraten und als Ganzes gekaut. Der Panzer wird danach ausgespuckt, da er nicht verdaulich ist.

Regenwürmer kommen am häufigsten in dunklen Böden mit hohem organischen Gehalt vor. Am ergiebigsten ist der Große Regenwurm, auch unter dem Namen Tauwurm bekannt. Er frißt sich nicht wie die kleineren Arten horizontal durch den Boden, sondern lebt in einer festen vertikalen Röhre. Er zieht Blätter und andere abgestorbene Pflanzenteile in die Röhre und frißt sie, sobald sie weich genug sind. Dadurch nimmt er weniger Sand auf.

Um ihn zu fangen, sollte man die Amseln studieren: sie hüpfen auf dem Rasen herum und imitieren das Geräusch und die Vibration eines leichten Regens, was die Würmer veranlaßt, an die Oberfläche zu kommen. Dasselbe erreicht man auch durch leichtes Trommeln auf einen am Boden liegenden morschen Baumstamm oder auf einen im Boden steckenden Pfahl. Durch die Vibrationen werden die Würmer ausgetrieben. Für die Maoris, die Ureinwohner von

Neuseeland, waren Regenwürmer eine Delikatesse, einige Arten waren den Häuptlingen vorbehalten. Die Würmer werden in nicht ganz kochendem Wasser aufgelöst und das Ganze als Basis für eine Gemüsesuppe genutzt. Der Sand im und um den Wurm setzt sich dann auf dem Topfboden ab.

Maden gibt es in lockeren Humusböden und morschen Baumstümpfen. Ihre Nahrhaftigkeit ist besonders auf den hohen Fettgehalt zurückzuführen. Wildschweine schätzen sie sehr und pflügen im Winter auf der Suche nach ihnen ganze Wiesen um. Maden sind auch für Menschen aus anderen Kulturen eine Delikatesse und werden mit Vergnügen verspeist, z.B. bei den Aborigines in Australien. Geröstet schmecken sie besonders gut.

Die Eier von Insekten sind in der Regel sehr nahrhaft. Für die Küken von einigen normalerweise vegetarisch lebenden Vogelarten, wie z.B. Auerwild, sind solche Insekteneier oder Puppen, vor allem Ameiseneier, notwendige Eiweißquelle für das Wachstum. Auch Bienenstöcke sind hin und wieder eine gute Quelle. Bei den Bienen findet man eventuell sogar Honig.

Ausgewachsene **Ameisen** sind zwar leicht zu finden und auch sehr lecker, aber es ist fraglich, ob sie den Aufwand lohnen.

Am ergiebigsten sind **Vogeleier**. Vögel haben keinen besonders ausgeprägten Geruchssinn. Wenn man nicht alle nimmt, sondern ein bis zwei Eier (immer dieselben) liegen läßt, kann es sein, daß der Vogel nicht durch den menschlichen Eingriff irritiert wird und weiterlegt. So kann er uns über längere Zeit mit einem Ei täglich versorgen. Fasanenhennen bringen es auf über 50 Eier.

Eßbar sind auch **Reptilien**. Schlangen und Eidechsen sind relativ leicht z.B. mit dem Wurfholz (s.u.) zu erlegen. Bei Giftschlangen sollte man beim Zerlegen tunlichst Vorsicht walten lassen und den Kopf vergraben. Schlangengift wird bei manchen Arten, wie z.B. der Klapperschlange, relativ langsam abgebaut, kann also auch noch Tage nach dem Erlegen wirksam sein. Schlangen gezielt zu suchen, ist allerdings relativ aufwendig.

Singvögel sind sehr schnell und bieten so wenig Masse, daß sie eine Jagd gottseidank unrentabel machen. Die Nahrung, die sie bieten, ist eher für die Seele gedacht, als für den Magen. Unter den Vögeln kommen daher vor allem Wasservögel wie Gänse und Enten sowie größere Landvögel wie Rebhühner, Schnepfen, Bekassinen und Fasane für eine Jagd infrage. Natürlich ist es sinnvoll, Knochen und Federn aufzubewahren. Aus den feinen Knochen kann man Ahlen und ähnliche Werkzeuge anfertigen, die Federn sind ein sehr gutes Isolationsmaterial.

Bei **Säugetieren**, insbesondere bei Fleischfressern, ist Vorsicht vor Krankheiten geboten. Der Fuchs beherbergt besonders viele Krankheiten und Parasiten, die auch für den Menschen gefährlich sind. Grundsätzlich gilt, daß Fleisch nie roh verzehrt werden sollte. Ausnahme ist allenfalls ganz gesundes Muskelfleisch von Rehen und Hirschen, das z.B. für Pemmican getrocknet wird. Bei Fleischfressern (Raubtieren, auch Dachse) und Allesfressern (Wildschweine) sollte das Fleisch mindestens 30 Minuten gekocht werden, weil die möglicherweise in den Muskeln sitzenden Trichinen erst nach intensiver Hitze-Einwirkung abgetötet werden. Für die Survival-Jagd wird in erster Linie Rehwild in Frage kommen. Für die relativ kleinen und leichten Tiere reicht ein Survival-Bogen vom Zuggewicht her aus. Rehe sind "Nascher" und weiden selektiv die leckersten Kräuter und Triebspitzen ab. Man braucht allerdings viel Übung, um nur aufgrund der Äsungsspuren auf den "Gast" schließen zu können. Rehe sind die standorttreuesten der paarhufigen Tiere und lassen sich aus diesem Grund leicht aufspüren.

10.2 Tiere aufspüren

Um Tiere zu finden, muß man sich mit ihren Lebensgewohnheiten vertraut machen, durch häufige Waldgänge und Beobachtung. Es lohnt sich, auch Fachbücher zu studieren. (Siehe Literaturangaben zum Thema Jagd).

Tiere brauchen Nahrung und Wasser, und sie bevorzugen geschützte Aufenthaltsorte. Besonders beliebt sind Übergangszonen zwischen Wald und Feld. Hier wächst eine große Vielfalt begehrter Pflanzen. Wälder selbst sind zwar Rückzugsort vieler Tiere, aber ihr Futter finden sie eher auf Wiesen, Feldern und an Flußufern. In geschlossenen Waldgebieten ist eine Suche in Kahlschlägen oder durch Windbruch freigelegten Flächen am sinnvollsten. Es gibt verschiedene Anzeichen dafür, daß Tiere anwesend sind: Wechsel, Fährten, Lagerplätze, Bißspuren am Gras. In Wüsten sind es natürlich die Wasserstellen, auf die alle Tiere angewiesen sind.

Säugetiere sehen meistens relativ schlecht, außer den Bergbewohnern, wie Steinbock und Gams. Alle Säugetiere nehmen Bewegung jedoch ausgezeichnet wahr. Das bedeutet für die Jagd, daß man als Jäger möglichst nicht in der Bewegung sichtbar sein oder sich wie ein grasendes Tier bewegen sollte. Der Gehörsinn und Geruchssinn ist in der Regel bei Tieren wesentlich stärker ausgeprägt als beim Menschen. Deshalb muß man unbedingt darauf achten, daß man sich gegen den Wind nähert und so geräuschlos wie möglich. Die wichtigste Eigenschaft des Jägers ist Ruhe.

Wenn man sich einer aussichtsreichen Stelle nähert, ist es sinnvoll, zunächst zu verharren und zu beobachten, was sich dort tut. Jedes Tier ist ein Individuum und deshalb nur begrenzt aufgrund der Kenntnis der Tierart vorauszuberechnen. Wenn man jagen will, kommt man also an einer genauen Beobachtung nicht vorbei. Oft findet man auch andere Tiere als die, an die man zuerst gedacht hat. So führt uns vielleicht ein Vogel zu seinem Nest mit Eiern.

Einige Tiere sind in der Lage, sich unter gewissen Bedingungen gegen den Menschen zu verteidigen. Am gefährlichsten für den Menschen können Bären werden. Die Bärenunfälle sind aber in der Regel auf Unkenntnis des Menschen zurückzuführen, z.B. wenn man zu nah an eine Bärin mit Jungen herangeht. Auf der russischen Halbinsel Kamtschatka mit wohl der größten Bärendichte der Welt gibt es jährlich weniger als 10 Unfälle. Das ist wenig im Vergleich zu unseren Unfällen im Straßenverkehr. Dazu kommt, daß diese Unfälle auf ein Verhalten zurückzuführen waren, das dem eines Autofahrers entspricht, der permanent rote Ampeln mißachtet.

Der Hauptfehler, den man machen kann, ist es, so nahe an die Tiere heranzukommen, daß sie meinen, nicht mehr flüchten, sondern sich nur noch durch Angriff retten zu können. Bei allen Tieren ist diese Distanz unterschiedlich. Besonders groß ist die Fluchtdistanz bei Muttertieren. Bei ihnen setzt der Verteidigungsimpuls besonders frühzeitig ein, da ja die Jungtiere wesentlich geringere Chancen durch Flucht haben.

Für eine erfolgreiche Jagd ist es wichtig, daß man aus den Zeichen, die die Tiere hinterlassen, auf ihre Wanderrichtung und ihre sonstigen Absichten zu schließen lernt. Spurenlesen ist natürlich eine große Kunst, die jahrelang geübt werden muß, bis man zur Perfektion gelangt. Ein Meister im Spurenlesen ist der amerikanische Survival-Lehrer Tom Brown. Er kann auf einem einfachen Flecken Moos, an dem ein Laie nichts besonderes feststellen kann, mehr als 20 Fährten beschreiben; ein Wissen, das nicht nur für die Jagd, sondern auch für das Aufspüren von Vermißten genutzt werden kann.

Besonders einfach ist das Aufspüren, wenn man Fährten zu Hilfe nimmt. In Abb. 10.1. sind "Trittsiegel" verschiedener Tiere abgebildet. Auch die Losung, wie man den Kot der Tiere in der Jägersprache nennt, ist ein gutes Merkmal. Die Winterlosung von Rehen sind dunkelgrüne Beeren von etwa 1,2-1,4 cm Länge, im Sommer oft breiig.

Zu den Paarhufern gehören Rehe, Hirsche, Karibous, Elche, Gemsen, Schneeziegen und - als einzige nicht wiederkäuende Art in Europa - die Wildschweine.

Abb 10.1 Fährten und Trittsiegel einiger Tiere

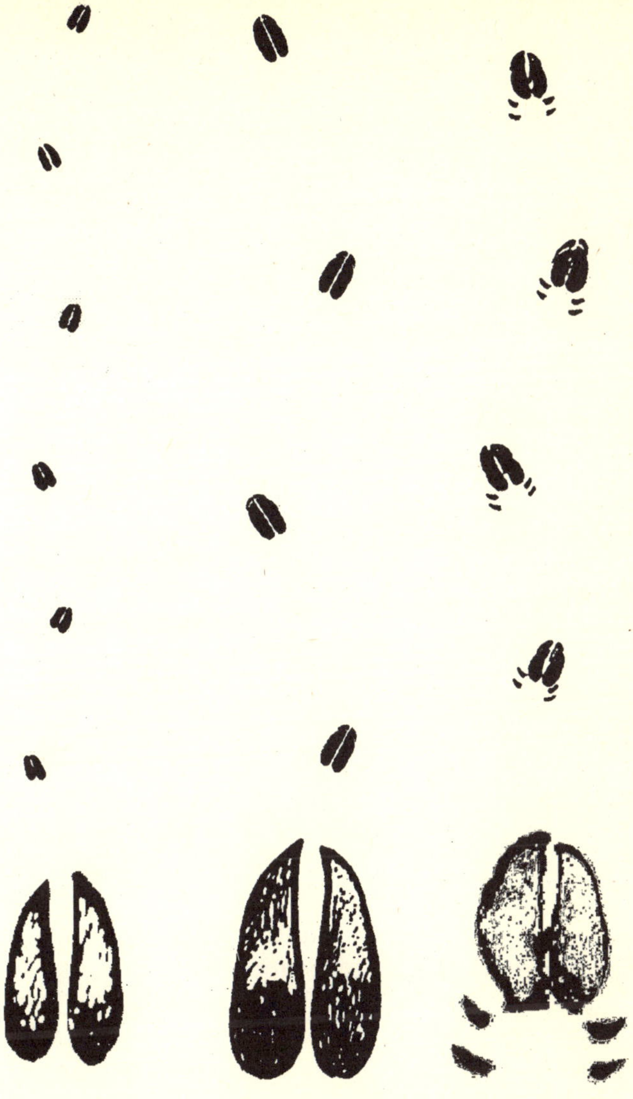

Abb 10.1 Fährten und Trittsiegel einiger Tiere (Forts.)

Abb 10.1 Fährten und Trittsiegel einiger Tiere (Forts.)

Hirsche sind im Gegensatz zu Rehen keine ursprünglichen Waldbwohner, sondern Steppentiere, die sich aufgrund des Zivilisationsdrucks in die Wälder zurückgezogen haben. In Ländern, in denen es noch Restflächen an Steppen gibt, z.B. in der amerikanischen Prärie, findet man sie in größeren Rudeln oder sogar in Herden.

In Notzeiten wurden Raubtiere wie Füchse und Katzen ("Dachhasen") auch in Europa verzehrt. Die Anwesenheit von Füchsen in einem Gebiet erkennt man am besten an der Losung, da diese in der Regel als Revierkennzeichnung auf markanten Punkten abgelegt wird, z.B. auf größeren Steinen. Die Losung enthält neben den Resten tierischer Kost (z.B. Mäuseknochen und -haare) oft auch die "Früchte der Saison", wie z.B. Kirschkerne. Die Trittsiegel der Füchse unterscheiden sich von Hunden vor allem dadurch, daß die beiden mittleren Zehen weit über die äußeren hinausragen. Bei anderen hundeartigen Tieren, z.B. bei Wölfen, ist das Trittsiegel runder als beim Fuchs. Den Fuchs erkennt man auch daran, daß die Trittsiegel auf einer Linie liegen. Der Fuchs "schnürt", wie der Jäger sagt.

Nage- und Hasentiere sind die ideale Beute für den Surviver, also Hasen und Kaninchen, auch Mäuse, Ratten, usw. Sie sind relativ leicht mit der Falle zu fangen. Hasen und Kaninchen kann man auch noch gut mit dem Wurfholz erlegen. Mäuse sind oft unter größeren Rindenstücken und anderen flach auf dem Boden liegenden Resten von Bäumen zu finden.

Wildkatzen kommen in unseren Wäldern leider kaum noch vor. In Nordamerika sind Berglöwen und andere größere Katzen zu Hause. In ihren Trittsiegeln fehlt - im Gegensatz zu den hundeartigen Tieren - immer der Abdruck der Krallen.

10.3 Die Sinne des Jägers

Im Prinzip gibt es zwei Möglichkeiten, ein Tier zu jagen: man sucht es oder man wartet, bis es vorbeikommt. Für beides braucht ein Mensch Kenntnisse über das Tier, über seine Spuren und darüber, wie alt diese Spuren sind. Beim "Ansitzen", also beim Warten, braucht der Jäger eine Einschätzung dafür, wie hoch die Wahrscheinlichkeit ist, daß an der gewählten Stelle tatsächlich ein Tier vorbeikommt. Er studiert z.B. die Tiefe und Breite der Wechsel, der ausgetretenen "Wege" der Tiere, um daran die Häufigkeit der Benutzung abzulesen.

Der Jäger hat in der Regel einen wesentlich besseren Gesichtssinn als seine erwartete Beute. Er kann Gegenstände oder ruhende Tiere relativ gut ausmachen. Die Wahrnehmung von Bewegung ist beim Menschen durch die Gewohnheit eingeschränkt, die Augen auf einen bestimmten Punkt zu fixieren. Wenn man seinen Blick auf den Horizont richtet, weitet sich das Sehfeld automatisch auf mehr als 180° aus. Der Blick ist nicht mehr auf ein bestimmtes Objekt gerichtet (fokussiert), wodurch mehr Bewegung wahrgenommen werden kann. So kann das Bewegungssehen trainiert werden. Diese Übung ist leicht, empfehlenswert und überall zu machen. Nach meiner Erfahrung geht es sehr gut beim Laufen im Wald, zunächst auf ebenem Weg. Man schaut in die Ferne und nimmt die Bäume wahr, wie sie scheinbar an einem vorüberziehen. Allmählich erweitert sich der Gesichtswinkel. Mit der Zeit bleiben sogar die Bilder der "vorbeigezogenen" Bäume haften, als ob man nach hinten sehen könnte. Mit etwas mehr Übung kann man das auch auf unebenen Waldwegen machen, ohne sich mit den Augen direkt auf den Weg konzentrieren zu müssen.

Tiere sind Meister des Lauschens. Ihre Ohrmuscheln sind normalerweise sehr beweglich und lassen sich auf Geräuschquellen richten. Um einen ähnlichen Effekt zu erreichen, müssen wir unsere Hände benutzen. Der Nutzen eines Hörrohrs ist aus der Medizingeschichte bekannt, als es noch keine elektronischen Hörhilfen gab.

Die richtige Bewegung muß auch gelernt werden. Der moderne Mensch ist das lauteste Tier im Wald. Er kann nicht leise gehen und, vor allem wenn er in Gesellschaft ist, seinen Mund nicht halten. Ein guter Jäger ist ein Mensch, der von Tieren gelernt hat, aufmerksam zu sein, und das heißt in der Regel: leise. Er bewegt sich langsam und bleibt häufig stehen. Das macht ihn für die meisten Tiere, die vor allem auf offensive Bewegungen reagieren, ungefährlich.

Leise gehen ist eine Kunst. Die Füße werden höher gehoben als normal, um an kein Hindernis anzustoßen. Sie werden mit der Außenseite des Ballens zuerst abgesetzt. So kann man spüren, ob man auf einen Zweig tritt, bevor dieser zerbricht. Den Fuß langsam absetzen und dabei von außen nach innen rollen. Die Beobachtung einer Katze zeigt uns, wie wir das am besten machen. In jeder Phase des Bewegungsablaufs muß ein Jäger bereit sein, "einzufrieren", also sofort in der Bewegung innezuhalten, wenn er ein Tier bemerkt. Wenn man sich nicht bewegt, wird man von den meisten Tieren nicht erkannt - es sei denn, man trägt auffällige Farben. Das "Einfrieren" wird uns ebenfalls von den Katzen vorgemacht und von den Vorstehhunden, die angesichts der Beute wie in Stein gemeißelt verharren, um sie dem Jäger anzuzeigen, ohne sie aufzuscheuchen.

Wenn wir sehen, daß das Tier uns nicht bemerkt hat und weiteräst, können wir uns weiter bewegen. Dazu sollten wir die Geschwindigkeit noch weiter verringern. Wichtig ist, daß wir dabei die Arme anlegen, um nicht als Mensch identifiziert werden zu können. Dabei müssen wir das Tier immer im Auge behalten, um sofort wieder "einfrieren" zu können. Den Weg brauchen wir nicht zu sehen - das tun unsere Füße, oder andere Körperteile, mit denen wir den Boden berühren.

Wir nehmen eine gebückte Haltung ein und nutzen jeden Baum als Deckung. Auch dies kann man üben. Als Erwachsener kommt man sich dabei vielleicht etwas komisch vor, aber in unseren Kursen machen es die Kinder mit Begeisterung. Besonders beliebt sind Übungen, bei denen sich ein Kind an einer festen Stelle im Wald aufhält und von anderen angeschlichen wird. Gewonnen hat der, der am nächsten herangekommen ist. Dieses Anschleichen braucht in der Regel unendlich viel Zeit. Ich habe schon über eine Stunde für fünf Meter gebraucht. Aber eine Bitte: Üben Sie zunächst ohne Tiere, und versuchen Sie auch später, die Tiere möglichst nicht zu beunruhigen, denn sie sind in unserer Welt ohnehin sehr bedrängt. Entwickeln Sie ein Gefühl dafür, wie weit Sie gehen können, bevor das Tier erschreckt, und treten Sie vorher den Rückzug an.

10.4 Waffen

Man kann wohl davon ausgehen, daß diejenigen, die eine der bekannten Waffen in einer Survivalsituation bei sich haben, auch wissen, wie sie sie benutzen müssen. In den meisten Fällen wird man in einer solchen Situation auch nicht die Zeit für aufwendige Waffenherstellung haben. Aus diesem Grund werden hier nur die einfachsten Waffen vorgestellt: Wurfholz, Speer und Bogen. Neben den Waffen sind Fallen für die Jagd gebräuchlich, auf die ich aber aus Gründen, die ich am Ende des Abschnitts erläutern will, nicht näher eingehen möchte.

Es kann vorkommen, daß man ein Tier nicht tödlich verletzt, und es flieht. In diesem Fall ist es wichtig, die Verfolgung nicht gleich aufzunehmen, sondern mindestens zwei Stunden zu warten. Man gibt dem Tier Ruhe und so die Möglichkeit, sich nach kurzer Flucht hinzulegen. Die Chancen, es dann noch aufzuspüren, sind viel größer und ersparen dem Tier weitere Leiden.

Abb.10.2 Wurfholz

Das **Wurfholz** ist eine der ältesten Waffen. Es wurde schon von den Neandertalern benutzt. Es ist ein relativ leichter

Stock, am besten aus Hartholz (Eiche oder Buche), 60 - 80 cm lang und ohne Äste. Wenn man Zeit hat, entfernt man die Rinde. Dadurch erhöht sich die Auftreffenergie. Wenn man noch mehr Zeit hat, flacht man die Enden ab, um den Luftwiderstand zu verringern, wie beim Bumerang der australischen Ureinwohner. Geworfen wird das Holz entweder mit einem vertikalen oder horizontalen "Spin". Welche Variante die höchste Trefferwahrscheinlichkeit ergibt, hängt vom Tier und seiner Bewegung ab. Der vertikale Spin ist z.B. sinnvoll bei Enten im Flug, die horizontale Variante bei sitzenden Tieren und Enten auf dem Wasser. Um größere Tiere zu erlegen, wählt man ein keulenartiges Holzstück aus, an dessen einem Ende ein Stein befestigt werden kann (vergl. Kapitel 12).

Ein **Speer** ist sehr leicht herzustellen. In der einfachsten Form handelt es sich um einen gerade gewachsenen Zweig oder jungen Stamm. Dieser wird am dickeren Ende zugespitzt und die Spitze im Feuer gehärtet. In Kapitel 12 ist beschrieben, wie man eine Stein- oder Knochenspitze einsetzt, um die Schärfe zu erhöhen.

Einen wirklich brauchbaren **Bogen** herzustellen ist schwerer, als man aufgrund seiner Kindheitserinnerungen glaubt. Ein einfacher Haselnußtrieb hat viel zu wenig Elastizität, um einen brauchbaren Bogen abzugeben. Gutes Ausgangsmaterial ist Eibe, Robinie, Esche, und besonders hartes Schilf.

Der Schilfbogen ist am einfachsten herzustellen. In Abb. 10.3 ist ein 35-Pfund-Bogen aus Chinaschilf dargestellt, dessen Herstellung zwei Stunden gedauert hat und der mittlerweile mehrere hundert Schüsse hinter sich hat. Die Pfundangabe bezieht sich auf das Zuggewicht, die Stärke oder Spannkraft des Bogens. 35 Pfund lassen sich problemlos von den meisten Erwachsenen ziehen. 40-Pfund-Bögen sind in Amerika sogar für die Jagd auf Hirsche zugelassen, was zeigt, daß die Durchschlagskraft der Pfeile, zumindest auf die übliche Jagdentfernung von bis zu 20 Metern, völlig ausreicht. Gebaut wird der Bogen folgendermaßen: Zuerst schneidet man ein Bündel von zehn bis zwanzig gerade gewachsenen Halmen, bindet sie mehrfach zusammen, am besten mit nasser Lederschnur, die sich beim Trocknen zusammenzieht. Jetzt testet man provisorisch auf Spannung. Dann nimmt man die vier längsten und stärksten Halme, kürzt sie vom oberen Ende her auf etwa 2 Meter Länge ein, legt sie gegenläufig zusammen (oberes an unteres Ende), um die Unterschiede in der Spannkraft auszugleichen. Dann bindet man sie an den Enden sehr straff zusammen, aber ohne die Halme zu quetschen.

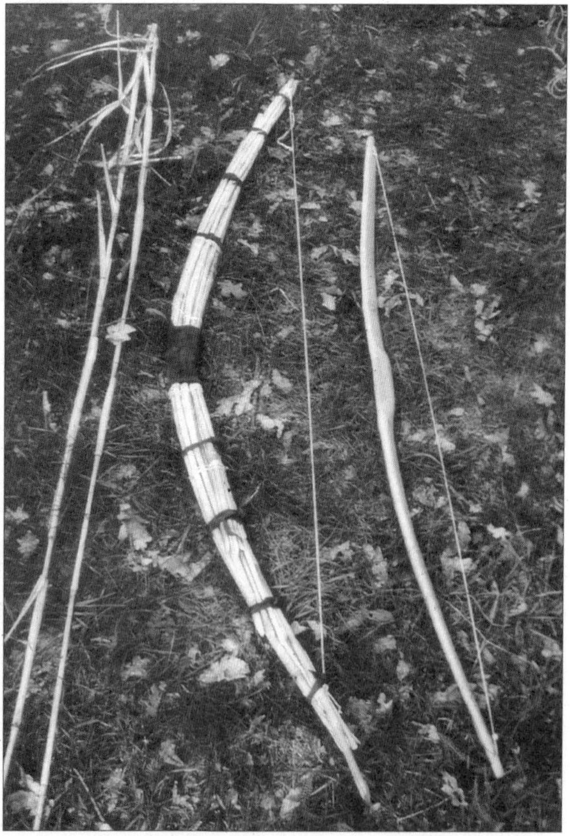

Abb.10.3 Bögen aus Chinaschilf (mi.) und Robinie (re.), dazu zwei Chinaschilf-Rohre

Abb.10.4 Zwei Pfeilspitzen aus Knochen

Die nächsten Halme sind etwas kürzer und werden in gleichem Abstand vom oberen und unteren Ende mit den ersten Halmen verbunden. In derselben Weise arbeiten wir uns bis zum Zentrum weiter vor. Dabei ist zu beachten, daß die Halme immer mit den schwachen an den starken Enden liegen. Dadurch erhält der Bogen beim Spannen eine gleichmäßige Biegung. In der Mitte muß die Dicke des Bündels etwas gemildert werden. Aus diesem Grund wird das Bündel durch "Zwingen" abgeflacht. Da unser heimisches Schilf nicht genug Spannung hat, muß man hier mit anderem Material arbeiten. Gut geeignet sind die Zweige von wolligem Schneeball, Hartriegel und Hölzern mit ähnlich geradem Wuchs und innerer Spannung.

Einen "richtigen" Bogen herzustellen ist wesentlich aufwendiger und braucht Spezialkenntnisse, da man ihn aus dem Holz "herausarbeiten" muß. Abb. 10.3 zeigt einen aus Robinie gearbeiteten Bogen. Interessierte Bogenbauer möchte ich auf das Buch "The Traditional Bowyers Bible" verweisen, da ich im Rahmen des Überlebensbuches nicht näher darauf eingehen kann. Es gibt auch Kurse, in denen das Bogenbauen gelehrt wird (s. Anhang).

Als Faustregel gilt: je länger ein Bogen ist, desto weniger Masse benötigen die Wurfarme. Je dünner die Wurfarme sind, desto breiter müssen sie sein und umso besser ist ihre dauerhafte Elastizität.

Abb.10.5 Pfeil-Befiederung

Die **Pfeile** kann man aus Schilf herstellen oder gerade gewachsenen Zweigen. (Abb. 10.4, 10.5). Bei Pfeilen aus Schilf muß zusätzlich in das Pfeilende ein Zweigstück mit einer Kerbe (Nock) eingesteckt werden. Dies dient der Stabilisierung des Endes, das ohne diesen Einsatz dem Druck der Sehne nicht standhalten würde. Als Befiederung wählt man Schwungfedern, die man längs spaltet und auf eine Länge von 6 - 8 cm kürzt und in die entsprechende Form schneidet. Dabei ist zu beachten, daß die Stichrichtung nach hinten weist. Zur Befestigung läßt man die Kielbasis an beiden Seiten etwas länger und befestigt die "Fahnen" mit Zwirn, den man mit Leim fixiert. Ebensogut ist die Verwendung von nassen Sehnenfasern, die sich beim Trocknen zusammenziehen. In derselben Weise befestigt man auch die Spitze, nachdem man sie in eine Kerbe am Vorderende des Pfeiles eingepaßt hat. Schilfpfeile sind an dieser Stelle ebenfalls mit einem passenden Zweigstück zu verstärken.

Fallenjagd wurde und wird noch heute in vielen Teilen der Erde angewendet. Fallen haben für den Jäger den Vorteil, daß er mehrere aufstellen und in der Zwischenzeit anderen Tätigkeiten nachgehen kann. Außerdem benötigt er keine Waffen, um ein Tier zu fangen. In Deutschland, USA und einigen anderen Ländern ist das Fallenstellen zu Recht verboten oder stark eingeschränkt. Der Grund ist, daß es für die Tiere sehr qualvoll ist, in einer Falle gefangen zu sein. Schlecht gebaute Fallen vergrößern das Leid noch mehr.

Ich selbst möchte das Fallenstellen nur der Vollständigkeit halber erwähnen und hinzufügen, daß ich das Fallenstellen auch deswegen ablehne, weil es ein Akt des Betruges ist, den der Mensch am Tier verübt. Ich meine das in einem tieferen Sinn als ein Betrug nach dem Bürgerlichen Gesetzbuch. Wenn ich als Mensch Vertrauen finden will in die Natur, muß ich selbst auch Vertrauen schaffen. Wie ich bereits erwähnt habe, ist es möglich auch dann den Kontakt zu einem Tier herzustellen, wenn ich es jagen will. Die Information ist dann eindeutig, und das betreffende Tier "weiß", was ich vorhabe. Beim Fallenstellen dagegen führe ich es, kraft meiner menschlichen Intelligenz - oder vielleicht sollte ich an dieser Stelle sagen, kraft meiner menschlichen Fähigkeit zur Verstellung und Lüge - absichtlich hinters Licht. Da es selten wirklich notwendig ist, Tiere zu essen, sollte man sie, wenn man sie schon jagt, so respektvoll wie möglich behandeln.

10.5 Fischfang

Auch für den Fischfang braucht man gute Kenntnisse und Beobachtungsvermögen. Man muß Bescheid wissen über die Lebens- und Ernährungsgewohnheiten, um die richtigen Fangplätze und Köder auszuwählen. Was ich im obigen Abschnitt über das Fallenstellen gesagt habe, gilt im Prinzip auch für das Angeln mit einem Köder oder mit Fischfallen. Es ist Betrug. Ich bevorzuge daher den Fischfang mit einem Speer oder aber mit der bloßen Hand, will aber das Angeln, aufgrund seiner weiten Verbreitung und Akzeptanz, nicht unerwähnt lassen.

Die eleganteste Methode ist das **Fangen von Hand.** Dies geht besonders gut bei Forellen, weil sie oft in Uferhöhlungen stehen. Wenn man vorsichtig dort hineinfaßt und Glück hat, findet man eine Forelle. Mit der Zeit bekommt man eine fast "sichere" Ahnung, wo sich eine Forelle befinden könnte und hat deswegen eine hohe Erfolgsquote. Wenn man einen Fisch erfühlt hat, schiebt man die Hand vorsichtig weiter unter den Bauch des Fisches und greift dann kraftvoll und ruhig zu. Mit Schwung kann man den Fisch dann aufs Ufer werfen.

Abb. 10.6 zeigt **Fischspeere**, die beide für Fische bis etwa Lachsgröße geeignet sind. Die Spitzen sollten feuergehärtet werden. Dazu werden die oberen 2-3 cm der Spitze eines Speers aus frischem Holz über glühende Holzkohle oder in den Sand unter dem Feuer gehalten, bis das Holz eine hellbraune Färbung annimmt (Härte mit Nageltest wie beim Feuerbohrer prüfen). Für größere Fische, wie ausgewachsene Karpfen, Hechte und Lachse sind die Abmessungen größer zu wählen.

Speere sind besonders für Flachwasser geeignet. Am besten sind gegabelte Speere. Sie müssen nach innen gerichtete Widerhaken haben, damit der Fisch sich nicht lösen kann. Die Widerhaken können in das Holz hineingeschnitten oder (besser) aus angeschärftem Knochen eingearbeitet und mit Schnur und Harz befestigt sein.

Die Benutzung des Speers will gelernt sein. Man übt an Holzstücken und anderen Gegenständen unter Wasser. Das Üben ist wichtig, weil die Brechung des Lichts im Wasser anders ist als in der Luft. Dadurch scheint der Fisch höher als in Wirklichkeit zu stehen. Wenn die Speerspitze eingetaucht ist, sieht man an der Stelle, wo sie durch die Wasseroberfläche tritt, einen optischen Knick. Für das Zielen ist jetzt die Richtung der Spitze maßgebend.

Wenn man vom Ufer aus einen Fisch entdeckt hat, taucht man den Speer ganz langsam ins Wasser ein und schiebt ihn vorsichtig nach vorn, bis ein einziger Schwung mit dem ausgeholten Arm genügt, um den Fisch zu erreichen. Die andere Hand dient als Führhand für den Speer. Mit einspitzigen Speeren muß man den Fisch an den Boden drücken und die Beute dann mit der Hand sichern, oder im Schwung ans Ufer werfen. Eine gute Methode ist auch das langsame

Abb.10.6 Fisch-Speere

Treiben auf einem Baumstamm liegend, mit der Speerspitze ständig im Wasser.

Mit dem Bogen können auch spezielle Fischpfeile verschossen werden. Diese sind mindestens um die Hälfte länger als normale Jagdpfeile und haben am Nockende eine Schnur, die mit dem Bogen verbunden ist. Es genügt, wenn die Pfeile einen dünnen, aber vorspringenden, eventuell sogar elastischen Widerhaken haben. Der Pfeil sollte beim Schuß ebenfalls mit der Spitze im Wasser sein, um die veränderte Brechung auszugleichen.

Angeln mit Haken erfordert in der Regel Köder. Dies sind aber meistens Tiere, die uns (falls wir unsere Hemmschwellen überwunden haben) genauso schmecken wie den Fischen. Die Köder müssen auf die gewünschten Fische sehr genau abgestimmt sein, damit sie angenommen werden. Außerdem sind die Zeiten für das Angeln abzustimmen auf die Zeiten, wo Fische besonders gut "beißen". Das ist in der Regel frühmorgens, spätabends, oder bei Gewitter. Haken kann man gut aus Vogel- oder Nagerknochen machen. Im einfachsten Fall nimmt man ein etwa 4 Zentimeter langes, an beiden Enden spitz zulaufendes Knochenstück, durchbohrt es in der Mitte und bindet eine Schnur daran. Der Köder muß so aufgezogen werden, daß der Haken an der Schnur anliegt. Durch den Biß des Fisches muß er sich lösen, so daß der Haken sich durch den Zug querlegt.

Fische in langsam fließendem Wasser können durch einen **Fischtrichter** gefangen werden. Dieser besteht aus einer Reihe von Pflöcken, die in trichterartiger Form in Strömungsrichtung in den Boden gerammt werden. Die enge Öffnung des Trichters weitet sich in Strömungsrichtung zu einem Kreis aus, in dem die Fische zurückgehalten werden. Bei größeren Fischen reichen die Pflöcke eventuell aus, bei kleineren Fischen muß man flexibles Material wie einen Zaun zwischenflechten.

10.6 Zubereitung und Konservierung

Größere Tiere müssen ausgenommen werden. Das **Enthäuten** kann bei niedrigen Temperaturen (5-10 °C) auch nach mehreren Tagen erfolgen. Bei den meisten Geflügelarten ist es sinnvoll, die Tiere zu rupfen und nicht zu enthäuten.

Die erlegten Tiere sollten so schnell wie möglich ausgenommen werden, um den Verwesungsprozeß hinauszuschieben. **Ausnehmen** heißt, die Innereien, insbesondere Därme, Magen, Speiseröhre und die inneren Organe zu entfernen. Man wird sehr schnell in Erfahrung bringen, wie man das am besten macht. Wichtig ist vor allem, zu wissen, daß man Haut und Muskulatur auf der Bauchdecke zwischen dem Brustbein und den Becken vorsichtig durchtrennt. Wenn man den ersten kurzen Schnitt gemacht hat, faßt man mit dem Messer unter die Bauchdecke und arbeitet von innen weiter. Am besten führt man das Messer zwischen Mittel- und Zeigefinger der anderen Hand. Dadurch schützt man die empfindlichen Därme. Man muß besonders darauf achten, daß man den Darm, die Blase und vor allem die Gallenblase (bei den meisten Wiederkäuern wie Rehen und Hirschen nicht vorhanden) nicht verletzt. Die Gallenblase befindet sich an der Leber und muß sorgfältig abgetrennt werden, weil sonst das Fleisch den bitteren Geschmack der Galle annimmt. Falls es doch passiert ist, muß man das Fleisch schnell abwaschen. Bei kleineren Tieren führt man den Schnitt neben dem Brustbein durch das knorpelige Gewebe bis zum Hals.

Mit einem Schnitt trennt man die Geschlechtsteile ab. Nach oben hin trennt man das dünne Zwerchfell in Höhe der unteren Rippen ringsum ab und löst alle Organe von der Körperinnenwand. Nach einem Querschnitt unterhalb des Kehlkopfes und Lösen der Speise- und der Luftröhre kann man die gesamten Innereien herausziehen (bei Wiederkäuern Muskelgewebe von der Speiseröhre abschaben und den Schlund verknoten!). Danach sollte man die eßbaren Organe von Darm, Blase, Magen und Speiseröhre abtrennen und möglichst bald verwerten, da sie leicht verderben.

Gut ist es, danach die Brusthöhle zu öffnen, damit das Fleisch besser lüftet. Die Verbindungsstellen zwischen Rippen und Brustbein sind knorpelig und lassen sich relativ gut durchtrennen. Alle schlecht aussehenden Teile (grüne Färbung, Geschwülste, Entzündungen) aus Fleisch und Organen herausschneiden!

Regengeschützt kann das Tier bei kühler Witterung dann einige Tage frei hängend gelagert werden (vor Raubtieren und Fliegen geschützt!). Das **Abziehen des Fells** kann aber auch gleich geschehen. Nach dem bereits ausgeführten Mittelschnitt über den Bauch bis zur Kehle wird bei allen Beinen auf der Innenseite bis hin zu dieser Mittellinie die Haut durchtrennt. Über den Hufen oder Füßen ringsum schneiden, danach kann das Fell bei kleinen Tieren oft in einem Zug abgezogen werden. Bei größeren muß man mit einer Hand oder notfalls mit dem Messer nachhelfen. Wegen der späteren Verwendung sollte man das Fell möglichst nicht beschädigen.

Außer der Galle kann man alles verwenden, deshalb nichts wegwerfen! Aus dem Kopf sind Zunge (enthäutet), Kaumuskel und das Fett hinter den Augäpfeln gut eßbar. Die Augapfel-Flüssigkeit eignet sich gut als Leim, wenn man sie mit Harz mischt. Das Gehirn kann gegessen oder zum Gerben benutzt werden.

Därme werden gereinigt und als Behälter verwendet. Man kann auch sehr stabile Schnüre und Bogensehnen daraus drehen. Mägen und Blase werden zu (Wasser-) Behältern, Kochtöpfen oder aufblasbaren Schwimmkörpern. Sehnen werden ebenfalls zur Herstellung von Schnüren und Bogensehnen verwendet. Die Verwendung von Knochen und Geweih/Gehörn ist in Kapitel 12 beschrieben. Hufe können zu Leim aufgekocht werden, wobei sich ein Öl abscheidet, das ideal für die Imprägnierung von Kleidung ist. Die Haut kann für Kleidung und Schnüre verwendet werden. Haare und Federn sind gutes Isolationsmaterial.

Im Gegensatz zur pflanzlichen Nahrung, die fast auf direktem Weg "von der Wiese in den Mund" wandert, liefern Tiere oft einen Fleischvorrat, der selbst für mehrere Menschen für eine Mahlzeit zu groß sein kann und deswegen einer **Konservierung** bedarf. Für einige Tage kann das Fleisch bei kühler Witterung luftig hängend gelagert werden. Darüber hinaus muß es speziell konserviert werden.

Am einfachsten ist das Lufttrocknen, wie es in Skandinavien mit dem Fisch gemacht wird. Dazu legt man die ausgenommenen und geteilten Fische entweder auf der Sonne zugewandte Felsen ("Klippfisch" - Wenden erforderlich!) oder hängt sie an Holzgerüsten auf ("Stockfisch"). Kleine Fische müssen nicht zerteilt werden, bei schnellem Durchtrocknen erübrigt sich oft auch das Ausnehmen.

Köpfe und die herausgetrennten Gräten bilden die Grundlage für eine Fischsuppe, evtl. nach einer Zerkleinerung der Gräten mit einem Hammerstein.

Dieselbe Methode ist anwendbar bei Kleinsäugern bis etwa zur Größe von Bisamratten. Sie werden, nachdem sie am Brustbein längs aufgeschnitten sind, zum Trocknen flach ausgebreitet. Danach sollte man das ganze Stück mit einem schweren Stein bearbeiten, um die Knochen zu zerkleinern. Bei größeren Tieren muß man das Fleisch in etwa 5 mm dicke, 2-3 cm breite Streifen schneiden. Je dünner, desto schneller die Trocknung.

Nimmt man zum Trocknen die Hitze eines Feuers zuhilfe, muß man darauf achten, daß das Fleisch nicht zu heiß wird, sonst wird die Haltbarkeit beeinträchtigt. Wenn ein Stück beim Biegen bricht, ist der richtige Trocknungsgrad erreicht und das Stück kann sehr lange aufbewahrt werden.

Fett muß ausgelassen werden, damit es nicht ranzig wird. Dazu wird das Fett erhitzt und dadurch verflüssigt. Danach wird es mehrfach durch ein Tuch oder ähnliches gefiltert. Wenn man es beim Erkalten zu gleichen Teilen mit getrockneten, zerstampften Beeren und dem ebenso behandelten Fleisch mischt, erhält man **Pemmican**. Diese Powernahrung wird wie Wurst in Darm luftdicht abgefüllt. Das verwendete Fleisch sollte nur von Wiederkäuern stammen und muß absolut einwandfrei sein, da man den Pemmican auch roh ißt.

Fleisch sollte man nach Möglichkeit **kochen** oder gut durchbraten, denn Tiere können übertragbare Krankheiten haben. Dies ist insbesondere bei Allesfressern wie Wildschweinen und Ratten und bei Raubtieren der Fall. Fleisch kann auch ohne Topf direkt auf im Feuer erhitzten Steinen gebraten werden.

11 Freundschaft mit Tieren

Auf den ersten Blick scheint das Jagen und die Freundschaft zu Tieren ein Widerspruch zu sein. Aus authentischen Berichten habe ich jedoch erfahren, wie Menschen in besonderen Situationen gerade durch das Erlegen eines Tieres zum ersten Mal einen unmittelbaren Kontakt zum Tier erlebten. Die Berichte waren sehr bewegend. Die Menschen erzählten von einem großen Gefühl der Dankbarkeit, als ihnen bewußt wurde, daß sich ein Tier sogar bis zum Tod hingibt, um ihnen das Überleben zu ermöglichen. Es waren, wie gesagt, besondere Situationen, die sich nicht auf die Jagd schlechthin oder gar auf das Töten von Tieren in Schlachthäusern übertragen lassen.

Wenn man Tiere erlegt und danach ihre Häute und Felle weiterverarbeitet, steigt die Wahrnehmung für unsere Mitlebewesen. In unserer entfremdeten Gesellschaft passiert das Gegenteil: Wer denkt denn beim Kauf eines Paares Schuhe daran, daß dafür ein Tier sein Leben ließ?

Unsere Straßen sind übersät mit totgefahrenen Tieren. Ein Freund berichtete mir, wie er einmal einige Tiere einsammelte, bevor sie ganz platt gefahren waren, ihnen das Fell abzog und sie bestattete. Er verarbeitete das Fell und nutzte es. Es war seine Art, der Tierwelt Respekt zu zollen und innezuhalten, anstatt achtlos an dem sinnlosen Tod dieser Tiere vorbeizurasen.

Je mehr ich mich mit Tieren im Rahmen der Jagd und des Überlebens beschäftige, umso mehr entsteht in mir der Wunsch, mehr über all die Wesen zu erfahren, mit denen der Mensch den Planeten Erde teilt. Die Vorstellung, daß es tatsächlich eine Kommunikation zwischen Mensch und Tier geben könnte, ist in unserer Kultur relativ neu. Urvölkern war und ist sie teilweise heute noch sehr vertraut. Aus dem indischen Volk der Todas ist bekannt, daß sie Waben aus einem wilden Bienenstock holen können, ohne dabei von einer Biene gestochen zu werden. Auf die Frage, wie sie das machen, antworten sie, daß sie mit den Bienen sprechen. Sie teilen ihnen mit, daß sie sich nur ein wenig nehmen wollen und dem Bienenstock ansonsten nichts zuleide tun. Dieses Versprechen halten sie auch.

In der Frühzeit waren Tiere nicht einfach nur Nahrungslieferanten oder Fleischproduzenten. Es waren vielmehr beseelte Wesen, die dem Menschen ebenbürtig waren. Man bildete sie mit unendlich viel Sorgfalt in Höhlen ab, man schmückte sich mit ihren Knochen und Federn, um sich ihre Kraft zu leihen. Manche Tierarten wurden verehrt, wie z.B. der Delphin, aber auch die Schlange und die Spinne. Man jagte niemals mehr, als man verzehren konnte und niemals "nur zum Spaß". In unserer eigenen Seelenwelt schlummert noch etwas von diesem ursprünglichen Wissen, und zwar nachts, wenn wir träumen. Immer wieder tauchen im Traum archetypische Tiergestalten auf, die uns helfen oder ängstigen. Es lohnt sich, mit ihnen "ins Gespräch" zu kommen. Man kann dadurch Dinge über sie erfahren, die man in keinem Lehrbuch findet.

Bevor wir Tiere mästen, töten und aufessen, sollten wir sie also erst einmal kennen, besser er-kennen. Zuviele Tiere werden dem sogenannten Fortschritt und dem Konsum geopfert, bevor bewußt geworden ist, wie alles, was lebt auf dieser Erde, miteinander zusammenhängt. Es ist höchste

Zeit, daß man sich die Frage stellt, wie eine Welt eigentlich aussehen könnte, wenn der Mensch von Tieren lernen würde, anstatt ihnen nachzustellen. Ich möchte im folgenden einige Erlebnisse wiedergeben, die ich gehört, gelesen oder selbst erfahren habe und die einen Eindruck davon vermitteln, wie reich das Leben wäre, wenn es Freundschaft und Verständigung zwischen Mensch und Tier dauerhaft gäbe.

Ein Freund berichtete mir neulich, wie er im Big Bend Nationalpark in Texas, USA, auf ein eigenartiges Verhalten von Rehen aufmerksam wurde. Sie kamen ohne Scheu aus dem Dickicht auf ihn zu und beschnupperten ihn. Seit über 100 Jahren wird in diesem Gebiet nicht mehr gejagt. Wenige Kilometer weiter verhielten sich die Rehe "normal", d.h. sie schreckten auf, wenn sich Menschen näherten, waren äußerst wachsam, und man bekam sie, wie gewöhnlich, nur von fern zu Gesicht.

In letzter Zeit beobachte ich verstärkt, daß zum Beispiel in einer Großstadt wie Berlin inmitten von Lärm, Verkehr und Geschäftigkeit Tiere ein neues Vertrauen zu Menschen fassen. Wenn im Sommer die Tische auf die Straßen gestellt werden, kommen Vögel angeflogen und picken Brot- und Kuchenkrumen sogar aus der Hand. Für den seelisch immer einsamer werdenden Großstadtmenschen ist dies sicherlich mehr als nur ein Zeitvertreib.

Ich selbst habe das Glück, mit mehreren Menschen an einem schönen Ort zu wohnen, umgeben von Wald und Feldern, und ich habe darüber hinaus die Freiheit, im Sommer sogar ein Zelt zum Wohnen aufschlagen zu können. In einem Jahr pflegte uns ein junger Fuchs frühmorgens in unseren Zelten zu besuchen. Er war äußerst neugierig und schob seine Nase überall hin. Manchmal sogar bis unter die Bettdecke. Wenn man ihn ansprach, spitzte er interessiert die Ohren, lauschte eine Weile und verschwand dann ebenso lautlos, wie er gekommen war.

Die Wildschweine aus der Umgebung kommen im Winter bis vor unsere Häuser. Wenn man nachts leise spazierengeht, kann man sie schmatzen und trampeln hören. Einem Bekannten passierte es, daß er sich während einer nächtlichen Wanderung plötzlich von Wildschweinen umgeben sah. Obwohl er sofort wie angewurzelt stehen blieb, bemerkten sie ihn, schnüffelten neugierig und kamen bis auf wenige Meter auf ihn zu. Doch sie wollten ihm, dem nicht ganz wohl zumute war, offensichtlich nicht zu nahe kommen. Ohne Hast drehten sie ab und zogen weiter.

Linda Tellington-Jones ist eine bemerkenswerte Tierfreundin, die spezielle Massagetechniken entwickelt hat, um verhaltensgestörte oder gefährdete Tiere zu therapieren. In ihrem Buch "Ein neuer Umgang mit Tieren" beschreibt sie ihre Heilungsarbeit mit verschiedensten Tieren, von Haushunden bis zu Schlangen und Giraffen. Einmal wurde sie gebeten, einem Bärenjungen zu helfen, das durch einen Waldbrand verwaist war. Bären haben in den ersten zwei Lebensjahren eine sehr enge Beziehung zu ihren Müttern, und die Frage ist natürlich, wie Menschen die sinnvoll ersetzen können. Wenn sie den Bär zu sehr zähmen und auf sich fixieren, können sie ihn nicht mehr auswildern. Kümmern sie sich zu wenig um ihn, entwickelt er die typischen Käfigneurosen, die ein späteres Leben in Freiheit genauso gefährden. Vertrauen schaffen ist die einzige Möglichkeit, durch die ein Tier eine solche Streßsituation unbeschadet übersteht und dennoch selbständig bleibt. Tellington-Jones ist eine Meisterin auf diesem Gebiet. Sie begann also mit dem Bär zu arbeiten, berührte Kopf, Ohren und Kehle, lehrte ihn, wie er seine Krallen gebrauchen, bzw. besser nicht gebrauchen sollte, und beobachtete von Tag zu Tag, wie das Vertrauen wuchs. Eines Tages notierte sie folgendes:

"Als wir unsere Sitzungen begannen, verhielt er sich wie für ihn typisch. Er lag in seiner Hütte, und nur sein Kopf und seine Vorderpfoten sahen heraus. Deshalb setzte ich mich einfach vor ihn und begann. Nach der dritten Fünfzehn-Minuten-Sitzung kam plötzlich seine warme, trockene Nase hoch und erforschte vorsichtig mein Gesicht. Ich hielt ganz still, und zu meiner absoluten Überraschung erfuhr ich eine besonders liebe und feine Demonstration seines Vertrauens, das er nun fühlte. Zuerst berührte er ganz vorsichtig meine geschlossenen Augen, um dann mit der Präzision eines Uhrmachers meine Wimpern zwischen seine Zähne zu nehmen und ganz, ganz vorsichtig daran zu zupfen, zuerst ein Auge, dann das andere. Er machte es so langsam, als wollte er mir versichern und sagen, ich brauchte keine Angst zu haben. Dieser Augenblick mit dem kleinen Bären gehört zu den ergreifendsten Begebenheiten mit Tieren in meinem Leben."

Der Kalifornier Jim Nollman widmete einen großen Teil seines Lebens der Erforschung von Kommunikationsmöglichkeiten zwischen Mensch und Tier, und zwar mit Hilfe von Musik. Sein Forschungsansatz wurde lange Zeit als unwissenschaftlich zurückgewiesen. Doch im Laufe der Zeit wurde er zu einer Art Geheimtip, wenn es darum ging, besonders prekäre Situationen zu lösen, wie z.B. bei der Walrettungs-Aktion Ende der 80er Jahre in Alaska. Sein Beitrag wurde zwar nie öffentlich gewürdigt, aber, wie ich aus erster Hand weiß, trug er mit seiner Musik und seiner Fähigkeit, Kontakt aufzunehmen, entscheidend dazu bei, daß diese spektakuläre Aktion erfolgreich endete.

Wenngleich Wale und Delphine auch Nollmans Hauptkontaktpartner für seine artübergreifenden Musikkonzerte waren, so weiß er doch auch von erstaunlichen Erfahrungen mit sehr ungewöhnlichen Tieren zu berichten, z.B. mit Büffeln:

Nollman war von einem Filmteam eingeladen, im Yellowstone-Nationalpark für werbeträchtige Aufnahmen zwischen Mensch und Tier zu sorgen. Er beginnt seinen Bericht über diese Situation: "Den Kameramann schauderte es, als ich ihm meine Absicht erklärte, mitten in die Büffelherde hineinzugehen. Er sagte: Büffel sind gefährliche Tiere. Wenn du der Herde zu nahe kommst, greift der Alpha-Bulle an, und hier draußen in der Prärie kannst du nirgendwo hinlaufen. Ich glaubte wohl, daß er recht haben könnte, aber wie so vieles, was ich vom Hörensagen über Tiere wußte, schien mir auch dieses völlig von der eigenen Beziehung zu den Tieren abzuhängen. Sicherlich flieht ein Büffel vor dem Jäger und greift einen Kameramann an. Aber ob sie nicht auf jemanden, der mit Musik und als Freund daher käme, anders reagieren würden? Ich hielt den Angriff eines Büffelbullen für die umsichtige Reaktion eines Anführers, der seine Herde vor der Ursache möglicher Angriffe schützen will. Wo keine Drohung ist, braucht es keinen Schutz."

Nollman nähert sich daraufhin im Zeitlupentempo, Gitarre spielend und tanzend den Büffeln an. Die Büffel sehen ihn, greifen aber weder an, noch laufen sie weg. In der stundenlangen Annäherung kommt er selbst in einen beinahe hypnotischen, oder vielleicht sollte man in diesem Fall besser sagen: hellsichtigen - Zustand. Er fühlt sich, als sei er "in der Büffelzeit angekommen", die Landschaft um ihn herum wird lebendig; er nimmt Farben und Töne viel schärfer und klarer wahr. "Ich hatte mich der Umwelt geöffnet. Sie, umgekehrt, umhüllte mich. Da stehe ich jetzt unmittelbar vor der Herde, zupfe mit meiner linken Hand ein Dröhnen und beschreibe mit meiner rechten Hand das Muster in die frische kalte Luft. Die Büffelbullen treten an den Rand des von der Herde besetzten Gebiets. Da stehen sie, seitlich zu mir, beobachten, riechen und hören genau. Die Kühe und Kälber bleiben gelassen hinter ihnen. Ich halte meinen Platz. Unheimliches passiert. Ich sehe einen schmutzig-gelben Schein aus der Herde herauskommen. (...) Wie ein Ring oder Zaun legt er sich um die Herde herum. Der Schein hält genau vor mir an, wie eine Schranke, ein Signal; es ist eine Grenze, ein sozialer Dunstkreis. (...) Daß ich wirklich sah, was ich zu sehen glaubte, unterlag keinem Zweifel, denn wenn ich meinen linken Fuß auf den Ring setzte, begann der größte Bulle, der weniger als dreißig Meter von mir entfernt war, mit seinem Huf zu stampfen. Ich ziehe den Fuß weg. Sofort hört der Bulle mit Stampfen auf."

Nollman tanzte weiter, bis ihn ein Gefühl von Verständigung mit den Büffelbullen erfaßte. Und auch dieses Gefühl hatte seine Berechtigung: Der Bulle stampfte nicht mehr, wenn er den Ring betrat. Plötzlich bewegte sich der Ring nach innen zur Herde, langsam wie ein Stundenzeiger, und Nollman folgte ihm, bis er inmitten der Herde aufgenommen wurde, die wiederkäuend und ruhig seine Annäherung duldete.

Der Filmbeitrag wurde nie gezeigt, weil im herkömmlichen Sinn nichts Spektakuläres passierte. Ganz abgesehen davon, daß auch der Lichtring den Augen der objektiven Kameras verborgen bleiben mußte.

Das sind sicherlich außergewöhnliche Beispiele von Kontakt zwischen wildlebenden Tieren und Menschen. Sie zeigen, daß von seiten der Tiere das Freundschaftsangebot eigentlich sehr groß ist. Es scheint, als komme es jetzt sehr auf die Entscheidung des Menschen an.

Abb. 11.1 Beute oder Freund ?

12 Überlebensmittel selbstgemacht

Wenn ein Mensch genügend Wärme, Wasser und Nahrung hat, beginnt er, seine Hände zu gebrauchen, um Dinge herzustellen, die ihm das tägliche Leben in der Wildnis erleichtern: Schnüre, Seile, Kleidung, Matten, Gefäße aus Holz und Rinde. Er gerbt Felle, stellt Werkzeuge aus Knochen und Stein her, baut Wasserfahrzeuge und - last not least - eine Wildniszahnbürste. Natürlich kann der moderne Mensch all diese Dinge auch kaufen und mitnehmen. Aber das Erlernen dieser Techniken ist ein sehr gutes Medium, um eine Verbindung zur belebten Welt zu schaffen. Bei den Naturvölkern ist es immer üblich, alle Teile einer geernteten Pflanze oder eines erlegten Tieres zu verwenden. Alles andere wäre Vergeudung von schwer zu beschaffenden Ressourcen und gleichzeitig ein Vergehen gegen den Großen Geist, der alles verbindet. Religion und Ökonomie gehen hier Hand in Hand. Wenn man Knochen, Sehnen, Steine und Holz bearbeitet, lernt man das andere Wesen in seiner Form und Struktur intim kennen. Die tägliche Verwendung der hergestellten Gegenstände schafft eine dauernde Verbindung zu den Mitwesen, die wir benutzen, um unser Überleben zu sichern.

Auch hier müssen wir wieder unterscheiden zwischen einer Notsituation und der Übung für ein Leben in der Natur.

DerFall, daß man sich aufwendigere Werkzeuge, wie z.B. Steinäxte, herstellen muß, wird vermutlich selten eintreten. Dieses Kapitel ist also vor allem als erster Einstieg in eine tiefere Verbindung mit den natürlichen "Überlebensmitteln" gedacht.

12.1 Schnüre und Seile

Eines der wichtigsten Hilfsmittel für die meisten Überlebenstechniken in der Wildnis ist Schnur und Seil. Man benötigt sie vom Bau eines Windschutzes bis zur Überquerung von Flüssen.

Schnüre sind auch von Ungeübten mit wenig Aufwand herstellbar. Belastbare Seile benötigen für ihre Herstellung allerdings einiges Training. Das benötigte Material ist in der Regel fast überall vorhanden. Natürliche Rohstoffe wie Kokosfaser, Hanf, Lein und Baumwolle werden auch im Zeitalter der Kunststoffe noch zur Schnur- und Seilherstellung verwendet, weil sie dafür gut geeignet sind. In der Wildnis können die Fasern aus Blättern, z.B. die Nervenfa-

Abb.12.1 Material zur Schnurherstellung: Bast von Pappeln (li.), Schwertlilienblättern (mi.) und Lein (re.)

sern der Kokospalmenblätter, oder Fasern der inneren Rinde (Bast) von Bäumen und den Stengeln von krautigen Pflanzen verwendet werden.

Da das Abschälen von Rinde an einem lebenden Baum immer eine Beeinträchtigung verursacht, sollte man nach abgestorbenen Bäumen suchen. Nur im Notfall darf die Rinde von lebenden Bäumen abgeschält werden, dann aber nie um den ganzen Stammumfang herum, da man dadurch den Baum tötet. Besonders gut geeignet sind Buche, Linde, Ulme, Walnuß, Zitterpappel und Kirsche. Auch die Robinie ist ein gutes Material, darf aber zum Aufweichen nicht gekaut werden, da sie giftig ist! Das Rohmaterial ist im Idealzustand, wenn es nur etwas angewelkt, aber noch nicht ganz trocken ist. Um die Innenrinde von der Borke leichter trennen zu können, kann das Material auch aufgekocht werden.

Bei den krautigen Pflanzen eignen sich besonders gut: Brennesseln (früher "Nesselstoff"), Lein, Nachtkerzen, Malven, Gräser, Binsen, Rohrkolben. Bei nicht ganz trockenen Pflanzen können die Fasern meistens leicht abgezogen werden, bei trockenen ist es oft besser, zuerst die Stengel zu zerdrücken und vorsichtig die Holzteile zwischen den Fasern herauszulösen. Als Hilfsmittel können die Stengel mit einem runden Stein auf einem Stück Holz bearbeitet werden. Als ideal haben sich die langen lanzettförmigen Blätter von Liliengewächsen, z.B. der Sumpfschwertlilie erwiesen, wenn man sie nach dem Abpflücken einige Tage anwelken läßt. Die Fasern mancher Pflanzen, wie z.B. der Nesseln, lassen sich durch Kochen aus den Stengeln herauslösen.

Die Herstellung von Schnüren aus Leder wird ausführlich in Abschnitt 12.4 beschrieben. Die Sehnen von Säugetieren sind ebenfalls ein gutes Ausgangsmaterial für Schnüre und Fäden. Die längste Sehne ist die Rückensehne, aber auch die Sehnen der Beine sind gut geeignet. Die Sehne muß aus der Sehnenscheide herausgearbeitet, gesäubert und getrocknet werden. Um die einzelnen Fasern zu trennen, muß die getrocknete Sehne mit einem runden Stein auf Holz bearbeitet werden.

Eine Schnur ist umso stabiler, je fester der Kontakt der einzelnen Fasern untereinander ist. Aus Faserbündeln können auf zwei Arten Schnüre hergestellt werden. Einfache Schnüre, die keine besondere Haltbarkeit benötigen, können "gerollt" werden. Dazu wird das Faserbündel über beide Oberschenkel gelegt, mit einer Hand auf einem Oberschenkel festgehalten und mit der anderen immer weiter in eine Richtung gerollt, bis kurz vor den Punkt, wo es sich verdrillen würde. Jetzt das Bündel mit beiden Händen gespannt hochnehmen und die Mitte mit den Zähnen festhalten. Beide Enden zusammenführen (weiter straff halten!) und dann das Ende zwischen den Zähnen loslassen. Beide Faserstränge verdrillen sich nun umeinander.

Eine stabilere Schnur erhält man, wenn man jede einzelne Verdrillung eigens mit den Fingern erzeugt. Abb. 12.2 zeigt diesen Vorgang: Durch Verdrillen in der Mitte des Faserbündels wird eine Schlaufe erzeugt, die den Ausgangspunkt für den Arbeitsablauf der Schnurherstellung bildet. Die Schlaufe wird zwischen Zeigefinger und Daumen der linken

Abb.12.2 Drillen von Schnüren

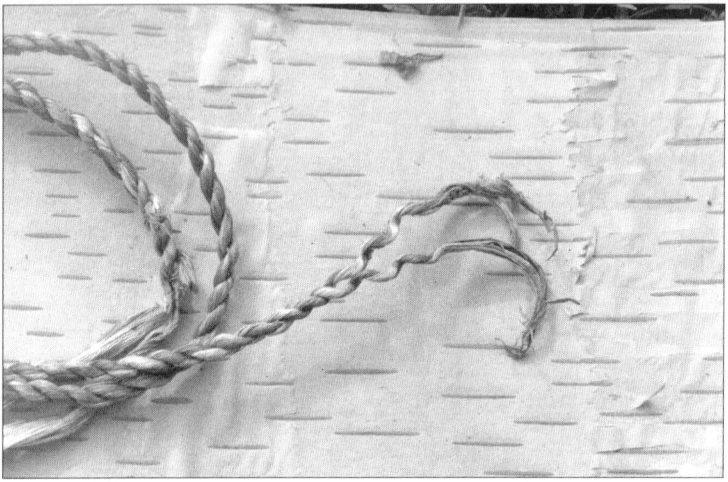

Abb.12.3 Gedrillte Schnur

Hand gehalten. Zwischen Daumen und Zeigefinger der rechten Hand wird eine Faser in sich in die Richtung verdreht, die von der Ausgangsschlinge vorgegeben ist. Um eine hohe Festigkeit zu erzielen, macht man diese Drehung bis zum Anschlag, d.h. bis zu dem Punkt, an dem ein Weiterdrehen sehr viel Kraft erfordern würde. Mit Daumen und Zeigefinger der linken Hand sofort nachfassen, damit sich die Drehung nicht auflockert, bis sie durch eine weitere Drehung stabilisiert ist. Dazu faßt man den zweiten Strang mit dem Mittelfinger und dreht beide Stränge umeinander in die Gegenrichtung (Abb. 12.2)

Die Schnüre können in beliebiger Länge hergestellt werden, wenn man die Faserbündel spleißt. Damit die Verbindungsstellen (Schwachstellen) bei beiden Faserbündeln nicht an derselben Stelle liegen, sollte man den Schnuranfang nicht exakt in die Fasermitte legen. Auf diese Weise erhält man unterschiedlich lange Schnurstränge, bei denen die Schwachpunkte verteilt sind. Etwa 5 cm, bevor man beim Verdrillen am Ende des einen Stranges ankommt, müssen die Fasern pinselartig auseinandergezogen werden und das Ende des neuen, gleich dicken Faserbündels so hineingesteckt werden, daß möglichst viele "neue" mit "alten" Fasern in Berührung kommen. Je größer die aus allen Fasern gebildete Gesamtfläche ist, an der beide Stränge aneinanderliegen, desto größer ist die Haltbarkeit.

Um Seile herzustellen, verdoppelt man die Schnüre durch Verdrillen in derselben Weise, wie zur Herstellung der Schnüre beschrieben. Das dadurch erhaltene Seil kann wiederum verdoppelt werden. Wenn man bereits bei der Schnurherstellung die erforderliche Länge und Stärke des Seiles kennt, kann man die Ausgangsschnur in der entsprechenden Länge herstellen und vermeidet so späteres Spleißen. Dabei ist zu berücksichtigen, daß sich die Schnur durch das Verdrillen verkürzt, also die Ausgangsschnur entsprechend länger sein muß. Die Vereinfachung des Prozesses durch dickere Faserbündel erkauft man mit verringerter Stabilität.

12.2 Knoten

Knoten dienen zur Verbindung von Schnüren untereinander bzw. der Verbindung von Schnüren mit festen Gegenständen. Knoten müssen den Anforderungen entsprechen, für die sie gedacht sind. Sie müssen die erforderliche Belastung aushalten, ohne sich zu lösen, und sie müssen sich, wenn es erforderlich ist, auch wieder lösen lassen. Die folgenden Abbildungen zeigen verschiedene einfache Verbindungen, die international anerkannt sind, und die man immer wieder üben sollte, bis sie "sitzen".

Knoten ziehen sich unter mechanischer Belastung zusammen. Es ist deshalb wichtig, daß die Enden eines Seils lang genug gelassen werden. Der Knoten muß beim Belastungsvorgang beobachtet werden. Zusätzlich sollte man immer Sicherungsknoten anbringen. Auch dafür braucht es genug Seil-Ende.

Je nach Bedarf können Knoten in verschiedener Bauweise gemacht werden.

Die geschlagene Knotenbauweise eignet sich für die Verbindung von Seil und Gegenstand, wenn die Schlinge über den Gegenstand gezogen oder in einen Haken eingehängt werden kann.

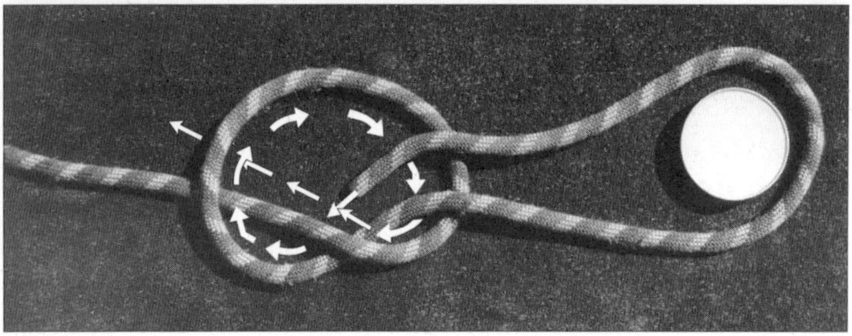

Abb.12.4 Gesteckte Knotenbauweise am Einfachen Sackstich
Oben: Auslegen, unten:Nachfahren

Die gesteckte Knotenbauweise findet ihre Anwendung, wenn das Schlinge nicht über das Objekt gezogen werden kann, z.B. über hohe Bäume. Am besten eignen sich dazu der einfache und doppelte Sackstich. Der entsprechende Knoten wird zunächst am einfachen Seil locker geknüpft. Das kurze Ende wird dann um das Objekt (Baum, Pfahl, Karabinerhaken) geschlungen und den Windungen des Knotens in umgekehrter Richtung nachgefahren.

Der **Spierenstich** ist ein Verbindungsknoten. Er dient zur Verlängerung von Seilen, die den gleichen Durchmesser haben. Bei steifen Seilen sollte man ihn allerdings nicht anwenden, weil er sich dann von selbst öffnet. Bei hoher

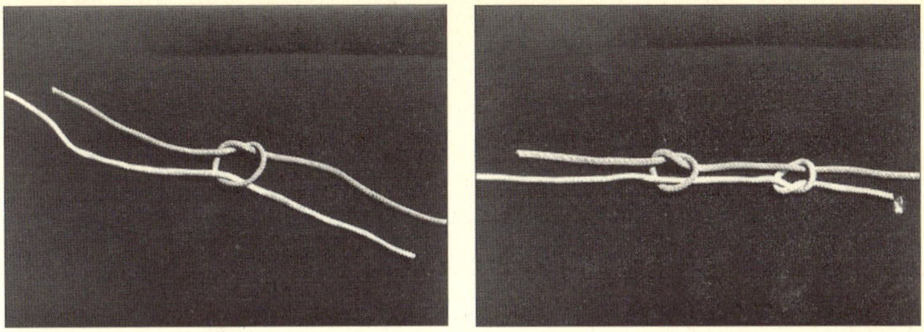

a *b*

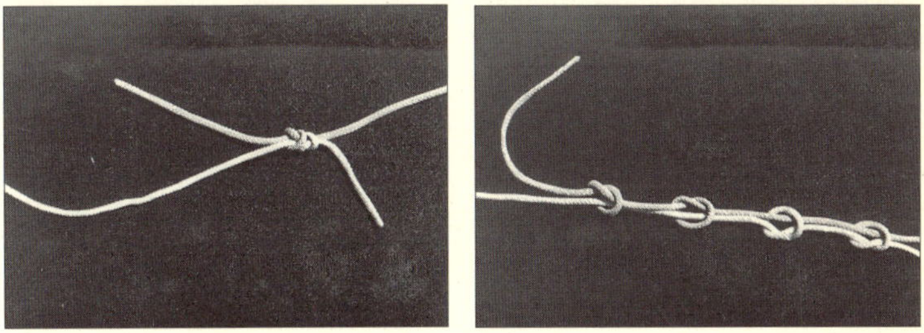

c *d*

Abb. 12.5 Einfacher (a,b,c=festgezogen) u. Doppelter Spierenstich (d)

Belastung verwendet man den doppelten Spierenstich. Zu beachten ist, daß der Knoten nach hoher Belastung schwer zu öffnen ist. Der Knoten paßt sich gut der Seilstruktur an, mit etwas Geschick kann man ihn auch über leichte Hindernisse ziehen, ohne daß das Seil sich verheddert.

Der Sackstich ist ein Fixierungsknoten. Er dient zur Befestigung eines Seiles an einem festen Gegenstand. Zum Beispiel an einen Karabinerhaken, der seinerseits in einen Haken ein-

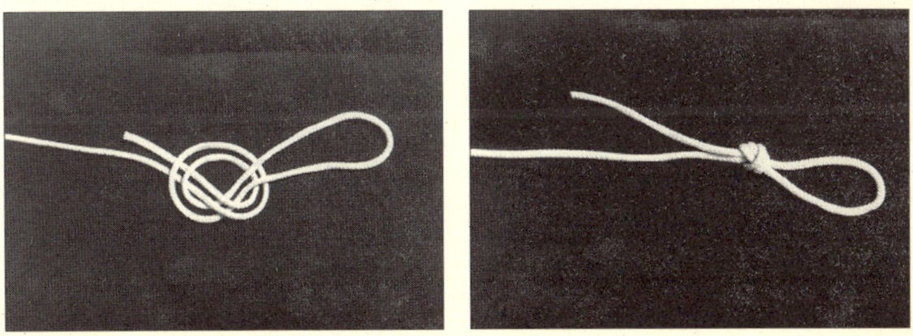

Abb. 12.6 Einfacher Sackstich (rechts: festgezogen)

gehängt ist. Hat man keinen Karabinerhaken zur Hand, verwendet man den "gesteckten Sackstich" (Abb. 12.4). Nach hohen Belastungen sind beide allerdings schwer zu öffnen.

Der **doppelte Sackstich** wird auch Heu- oder Achterknoten genannt. Er dient den gleichen Zwecken wie der Sackstich, doch läßt er sich bei hohen Belastungen leichter lösen.

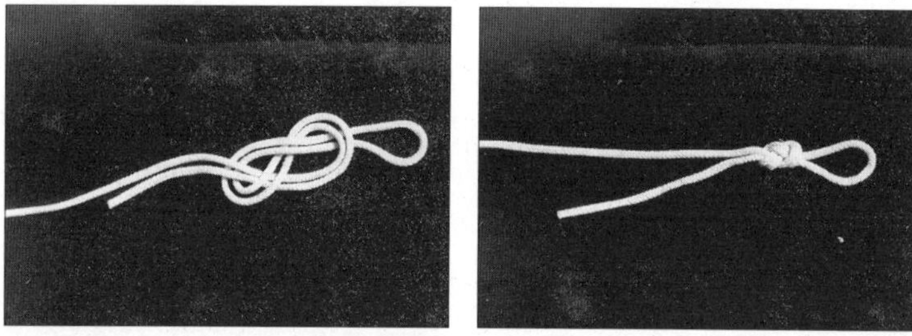

Abb. 12.7 Doppelter Sackstich (rechts: festgezogen)

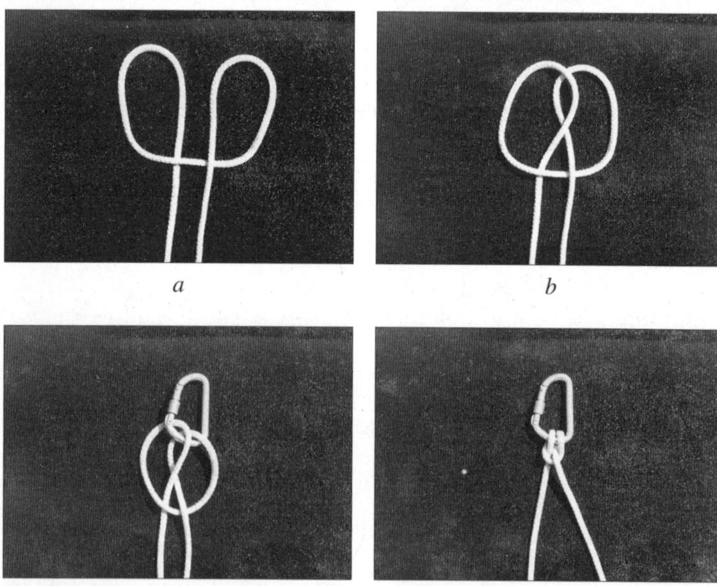

a *b*

c *d*

Abb. 12.8 Mastwurf (c,d: in Karabinerhaken)

Der **Mastwurf** ist ein eleganter und schnell zu machender Klemmknoten. Er ist sehr geeignet bei Fixierungen, die noch nachgespannt werden müssen oder eine Längenveränderung der Trums (Seil-Enden) brauchen, ohne daß der Knoten gelöst werden muß. Er ist auch nach hohen Belastungen leicht zu lösen und eignet sich für die gesteckte und geschlagene Knotenbauweise. Für die gesteckte Bauweise müssen Sie sich die Arbeitsschritte des geschlagenen Knotens gut einprägen, weil Sie ja den fertigen Knoten verwenden müssen!

Der **Prusikknoten** ist ein Klemmknoten und funktioniert nur sicher, wenn das Seil, mit dem der Knoten gemacht wird, im Durchmesser um ca. die Hälfte dünner ist als das Seil, an dem er angebracht wird. Er ist leicht lösbar, kann auf dem Seil verschoben werden und klemmt wieder unter Belastung.

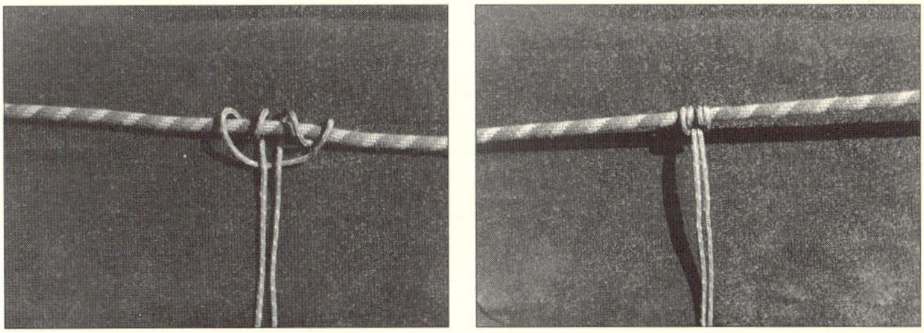

Abb. 12.9 Prusikknoten (rechts: festgezogen)

In einer Survival-Situation kann es vorkommen, daß man Gefährten mit einem Seil sichern muß, ohne daß man eine entsprechende Ausrüstung mit sich führt. Diese **Sicherungstechniken** sind eine gute Unterstützung, etwa bei Flußüberquerungen, in sumpfigen Gegenden oder auch im leichten Fels. Wenn sie richtig angewendet werden, können sie Leben schützen. Man muß sie aber gut üben, damit sie auch einer unverhofften Anwendung standhalten, und man muß wissen, daß es Notbehelfe sind, weil sie auf die Dauer eine hohe körperliche Belastung für beide Partner bedeuten.

Wenn sich zwei Menschen gegenseitig sichern wollen, bildet man eine Seilschaft. Beide Partner binden sich in das Seil mittels Bulinknoten und Hosenträgerschlinge ein. Will die Seilschaft schwierige Hindernisse überwinden, muß einer der beiden einen festen Standplatz haben und mit einer Schultersicherung den anderen bei seinem Versuch, das Hindernis zu passieren, sichern.

Bei der Schultersicherung ist ein guter Stand des Sichernden wichtig. Notfalls bindet er sich dazu an einem Objekt fest. Das Seil wird so um den Körper geschlungen, daß möglichst viel Reibung zwischen Kleidung und Seil entsteht. Der Sichernde muß dazu widerstandsfähige Kleidung tragen, Arme und Schulter bedeckt halten und Handschuhe tragen. Bei voller Belastung (also im Notfall) entsteht durch die Reibung eine Wärmeentwicklung, die bis zu Verbrennungen 2. Grades führen kann.

Das Seil-Ende, welches vom Sichernden zum Gesicherten läuft, wird unter der Achsel aufgenommen, über den Rücken geführt, dann über die gegenüberliegende Schulter gelegt und mit der Bremshand festgehalten.

Die Hosenträgerschlinge mit Bulinknoten wird folgendermaßen angelegt: Man knüpft eine einfache Schlinge im langen Ende (anhand des Bildes a1). Man nimmt das Seil, führt es so weit um den Rücken, daß das kurze Ende den Boden

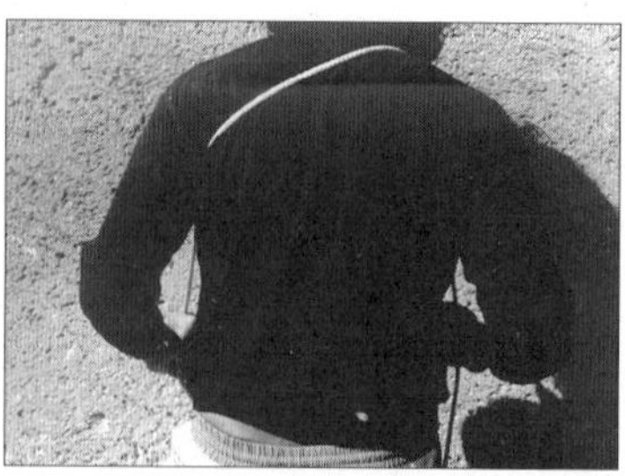

Abb. 12.10 Schultersicherung

berührt und gibt noch 1 m zu. Das kurze Ende wird durch die entstandene Schlaufe auf der Höhe der Brust gesteckt (a2). Mit dem langen Ende des Seiles wird der Knoten festgezogen. Ganz wichtig ist, daß man darauf achtet, daß die Schlaufe durch den Schlag hindurchgezogen wird, also "umklappt" (b). Jetzt ist der Bulinknoten fertig. Das kurze Ende wird dann über eine Schulter gelegt, am Rücken unter der Brustschlaufe durchgezogen (d), über die andere Schulter zurückgeführt und dann überkreuz auf der Brust mit einem Sackstich festgeknotet (c).

Das Seil darf auf keinen Fall um den Bauch gebunden werden, weil sonst die Gefahr von Wirbelsäulenverletzungen besteht!

a1

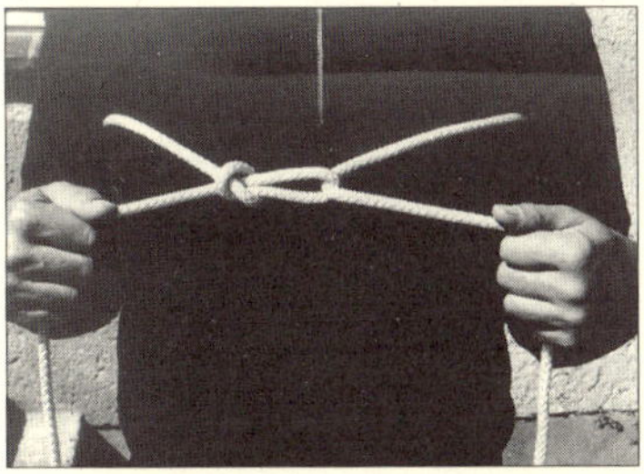

a2, re:kurzes Ende des Seils

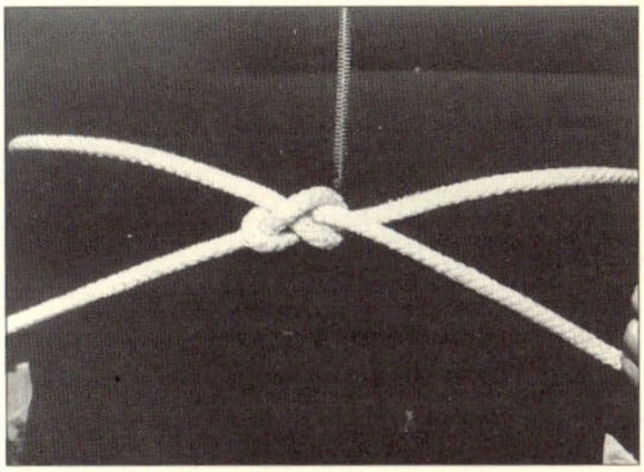

b, re: kurzes Ende des Seils

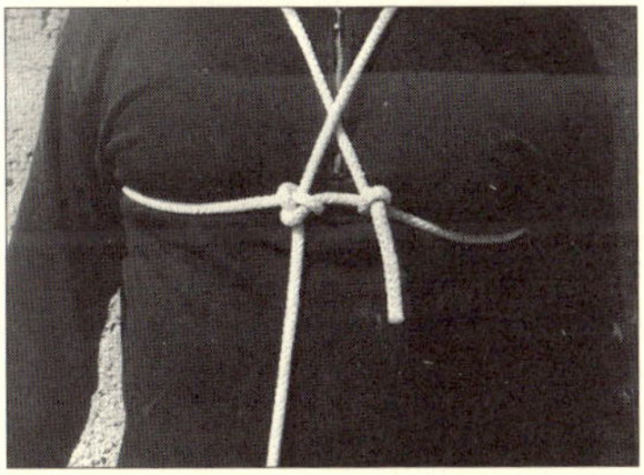

c

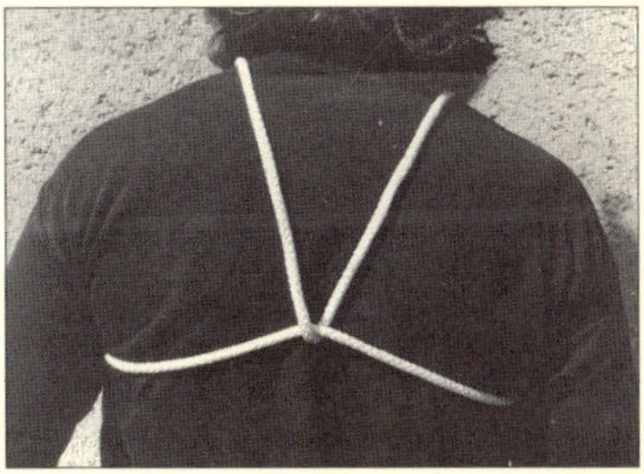

d

Abb. 12.11 Hosenträgerschlinge mit Bulinknoten

12.3 Verarbeitung von Pflanzenfasern

Die Herstellung von leichten Geweben für Kleidung kann lebenswichtig sein. Als Unterlage oder für Behälter zum Sammeln und Aufbewahren können Gewebe das Leben sehr vereinfachen. Die einfachsten Webtechniken sind nachfolgend beschrieben:

Einfachgewebe. Man beginnt mit einigen parallelen Fasern und verbindet sie mit anderen Fasern, indem man diese im Wechsel einmal über und danach unter die entsprechende Parallelfaser windet (Abb.12.12). Ist die erste Faser eingewunden, beginnt man mit der zweiten, die gegenläufig zur ersten verläuft. Auf diese Weise entsteht nach einigen Lagen ein stabiler Anfang eines Gewebes. Man kann jetzt die Fasern aus beiden Richtungen stärker zum Zentrum hindrücken, um das Gewebe zu festigen. Das gewählte Material und die Festigkeit hängt vom zukünftigen Verwendungszweck ab. Matten kann man z.B. aus Rohrkolbenblättern weben. Für diese reicht eine verhältnismäßig lockere Webart aus.

Achtergewebe. Kleidung sollte im Achtergewebe aus möglichst feinen Fasern sein und fest gewebt. Ideal sind weiche

Abb.12.12 Einfachgewebe: Matte aus Rohrkolbenblättern

Materialien wie einzelne Fasern und Schnüre. Wie bei der vorher beschriebenen Webart beginnt man mit Parallelfasern, die aber mit einer Doppelfaser in Form einer "Acht" verbunden werden. Das eine Faserbündel geht über die Parallelfaser, die andere darunter hindurch, bei der nächsten Parallelfaser wird die untere oben herum geführt, die obere unten herum. Dabei werden die Fasern immer in derselben Richtung umeinander gedreht (Abb. 12.13).

Das Flechten von Körben geschieht in ähnlicher Weise, mit dem Unterschied, daß hier nicht nur Parallelfasern bzw. -ruten als Ausgangsmaterial dienen, sondern mehrere kreuzweise oder radial übereinandergelegte Ruten (Abb. 12.14). Weidenruten können unter Zuhilfenahme von selbstgemachten Schnüren in jeder der beiden genannten

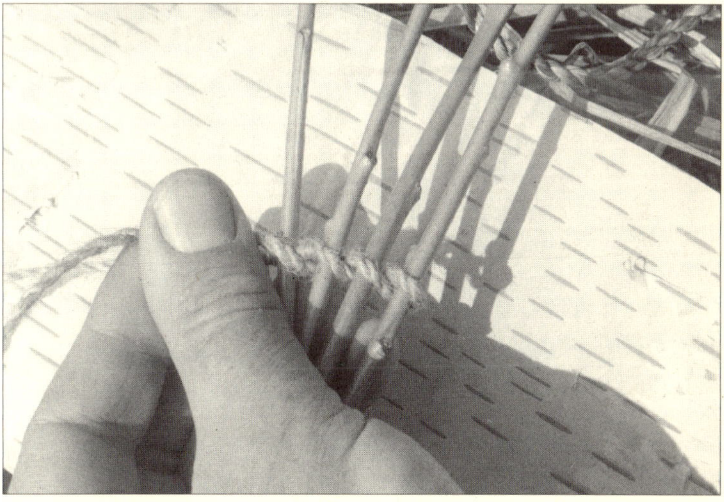

Abb.12.13 Achtergewebe

Webarten miteinander verflochten werden. Wenn man den Boden des entstehenden Korbes in eine Bodenvertiefung drückt, biegen sich die Ruten nach oben und es entsteht die Korbform. Wenn die Abstände zwischen den Ruten zu groß werden, kann man in den Zwischenräumen neue Ruten beginnen lassen.

Abb.12.14 Korbflechten mit Weidenruten

12.4 Verarbeitung von Häuten und Fellen

Für besonders warme Kleidung oder Decken sind Felle am besten. Die Bearbeitung der Felle beginnt mit dem Einweichen. Bei Kleinsäugern wie Hasen fällt dieser Arbeitsgang aus, weil sonst die Haare ausfallen. Wenn die Haare nicht entfernt werden sollen, reichen normalerweise einige Stunden aus, bis das Fell weich ist. Will man für Schuhe oder Jacken die Haare entfernen, muß man das Fell ein bis zwei Tage einweichen, bis sich die Haare leicht herausziehen lassen.

Der nächste Arbeitsgang ist das Spannen. Dies geschieht am besten in einem Rahmen, der etwas größer ist als das Fell (Abb. 12.15). Zuerst werden in vier Ecken des Felles größere Löcher geschnitten, die man später mit den Ecken des Rahmens verspannt. Dann werden an den Seiten in regelmäßigen Abständen weitere kleinere Löcher angebracht. Die Schnüre müssen immer wieder nachgespannt werden, bis das Fell tatsächlich straff ist. Dies geht am leichtesten mit nasser Lederschnur, die sich beim Trocknen zusammenzieht. In vereinfachter Form kann das Fell auch mit Heringen am Boden festgespannt werden.

Solange das Fell noch naß ist, muß es von Fett und Fleischresten gereinigt werden. Dies geschieht am besten mit einem Kratzer mit senkrecht abstehendem Griff. Das Blatt besteht aus einem halbkreisförmigen flachen Knochen oder Stein. Die Arbeit ist langwierig, und es muß darauf geachtet werden, daß die Haut nicht verletzt wird. Die Klinge muß immer senkrecht auf dem Fell aufliegen, um Verletzungen zu vermeiden. Wenn die Haare entfernt werden sollen, sollte man zunächst versuchen, diese mit den Händen abzuziehen.

Abb.12.15 Aufgespannte Rotwild-Decke

Falls das zu schwierig ist, kann man den Kratzer benutzen, indem man "gegen den Strich" zieht.

Lange Schnüre kann man aus der Rohhaut erhalten, indem man spiralförmig von außen nach innen schneidet. Dazu kann man eine flache Holzoberfläche benutzen, in die man ein scharfes Messer mit der Spitze hineingerammt hat. Mit einem festen Gegenstand, z.B. einer Stufe im Holz, der im Abstand der gewünschten Schnurstärke neben dem Messer angebracht ist, kann man sich die Schneidarbeit vereinfachen. Man arbeitet vom äußeren Rand zum Zentrum. Vorher sollten herausstehende Ecken abgeschnitten werden. Alle Reste können für die Leim- und Ölherstellung verwendet werden. Im nassen Zustand kann die Schnur durch Dehnen und Drillen noch weiter verlängert werden. Da sie beim Trocknen schrumpft, kann man damit sehr feste Verbindungen schaffen.

Wenn man einen Behälter herstellen will, kann man ein Stück nasse Rohhaut in die gewünschte Form bringen, mit nassem Sand füllen und trocknen lassen. Nachhelfen kann man bei der Form durch Vernähen mit Sehnenfäden.

Um weiche Kleidungsstücke zu erhalten, ist es sinnvoll, die Felle bzw. Häute zu gerben. Dies geschieht am einfachsten mit dem Hirn des Tieres, von dem die Haut stammt. Das Hirn wird mit etwas Wasser über schwachem Feuer im Topf zu einer Paste zerstampft und in die eingeweichte, noch nasse Haut gleichmäßig eingerieben. Wenn man die Haare auf einer Seite belassen hat, braucht man das Fell nur auf der Innenseite zu behandeln.

Für die Lederherstellung wird der Rest der Hirnmasse mit Wasser verdünnt und die Haut darin zwischen 2 (bei hohen Lufttemperaturen) und 8 Stunden (bei niedrigeren Temperaturen) eingeweicht. Danach wird die Haut ausgewrungen und wieder aufgespannt.

Um die Haut weich zu bekommen, muß man sie während des Trocknungsvorgangs permanent bearbeiten. Die Haut wird mit dem Kratzer abgeschabt, um die untersten Hautschichten zu entfernen (bei Leder auch die obersten). Danach wird sie mit dem abgerundeten Ende eines Astes gedehnt. Dabei müssen alle Stellen bearbeitet werden, bis die ganze Haut weich ist. Dabei immer wieder nachspannen. Die Arbeit sollte mit großem Druck erfolgen, aber ohne die Haut zu durchstoßen. Dieser Prozeß wird erst dann beendet, wenn die Haut tatsächlich völlig trocken ist.

Nach dem Trocknen muß die Haut gründlich geräuchert werden. Dazu ein Feuer anfachen, das viel Glut erzeugt und dann auf die Glut frische Zweige legen. Am besten ist es, das Fell so über dem Feuer aufzuhängen, daß es gleichmäßig vom Rauch bestrichen wird. Das ist am einfachsten, wenn die Haut mit Hilfe der vorhandenen Spannlöcher zu einem Rohr zusammengebunden wird. Auf diese Weise wird der Rauch durch das Rohr geleitet. Die Haut muß ab und zu gewendet werden.

Letzter Arbeitsgang ist das Abziehen und Walken. Am einfachsten wird dazu die Haut wie zu einem Seil zusammengerafft und hin und her um einen glatten Pfosten gezogen. Danach wird die trockene Haut mit den Händen gewalkt. Dies sollte sehr intensiv erfolgen.

12.5 Schneidwerkzeuge und andere Werkzeuge aus Knochen

Knochen und Geweih von Rehen und Hirschen sind sehr hart. Aus ihnen können verschiedene Werkzeuge wie Ahlen, Messer, Pfeilspitzen und Angelhaken hergestellt werden. Abb. 10.4 zeigt Pfeilspitzen, die aus Knochen hergestellt wurden. Dickere Röhrenknochen können zerteilt werden, indem zuerst die Enden mit einem Stein abgeschlagen werden. Dann wird das Knochenrohr längs auf zwei Linien mit scharfem Steinwerkzeug gekerbt und geklopft, bis der Knochen längs geteilt ist.

Scharfe Schneiden werden durch Reiben an einem groben und danach einem feinen Sandstein hergestellt. Die Befestigung von Knochenwerkzeugen in Holzgriffen erfolgt analog der Befestigung von Pfeilspitzen in Holzschäften, wie in Abschnitt 10.4 beschrieben.

12.6 Schneidwerkzeuge aus Stein

Der Steinzeitmensch stellte sich Werkzeuge aus vielen Arten von Steinen her. Für Messer und Pfeilspitzen kommen vor allem harte, glasartige Steine wie Obsidian, Feuerstein und natürlich Glas in Frage.

Im einfachsten Fall sind Schneidwerkzeuge Steine mit scharfen Kanten. Diese können z.B. benutzt werden, um Tiere zu enthäuten. Die Herstellung erfordert einige Übung. Ideal sind ovale Steine. Da die Steine oft eine grobstrukturierte Außenfläche haben, bekommt man eine genaue Auskunft über die Qualität des Steines erst durch die Abtrennung eines Splitters mit einem Prüfschlag. Hat man eine glatte, glänzende Fläche freigelegt, ist der Stein wahrscheinlich geeignet. Auch der Klang kann Auskunft über die Brauchbarkeit geben. Je heller der Klang, desto besser ist der Stein.

Die Qualität der Steine kann durch Hitzebehandlung verbessert werden. Dabei ist die Einhaltung der richtigen Temperatur und langsames Erhitzen und langsames Abkühlen entscheidend. Für die meisten Steine ist der Prozeß folgender: In einem Loch von etwa 1 x 1 Meter wird ein starkes Feuer mit Hartholz entfacht, am besten ein Tipi-Feuer mit langen Stangen, die aus dem Loch herausragen, damit das Feuer genügend Luft bekommt. Die Glut wird mit etwa 5 - 8 cm Sand bedeckt. Darüber gibt man das zu bearbeitende Rohmaterial (bereits gespaltene Steine oder Splitter, keine ganzen Steine) und darüber wieder eine 5-8 cm starke Sandschicht. Über dieser Schicht muß erneut ein starkes Feuer entfacht werden. Nach dem Herunterbrennen wird das Loch über der Glut mit Sand gefüllt. Nach 24 Stunden kann man die Steine vorsichtig ausgraben. Wenn die obere Sandschicht noch wärmer als das umgebende Erdreich ist, muß man noch warten!

Man kann für diesen Vorgang auch einen Elektro-Ofen benutzen. Die Steine werden über mehrere Stunden langsam in einer Sandschicht angewärmt. Danach stellt man den Ofen 10-12 Stunden auf höchste Stufe (Vorsicht wegen Brandgefahr!). Danach werden die Steine wieder langsam abgekühlt und, wenn der Sand kalt geworden ist, herausgeholt.

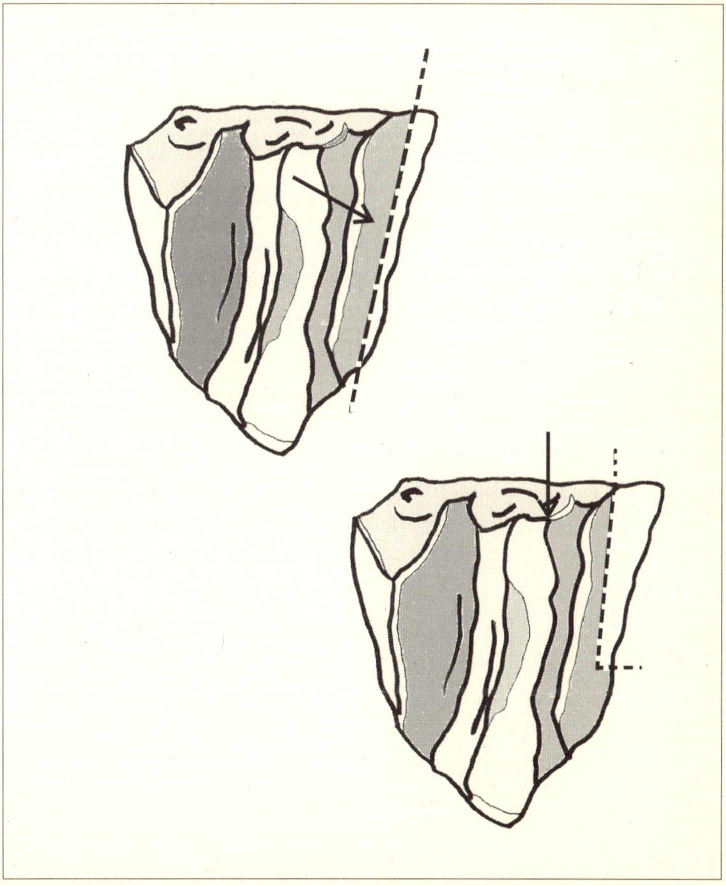

Abb.12.16 Steinfrakturen sind abhängig vom Auftreffwinkel.

Die Steine werden am besten im Sitzen bearbeitet. Ganz wichtig ist der Schutz vor Verletzungen: Feste Hose und eine Beinauflage aus Leder o.ä., Lederhandschuhe (oder Lederstück mit Daumenöffnung), festes Schuhwerk und eine Schutzbrille. Rechtshänder setzen den Stein fest auf dem linken Oberschenkel auf. Die zu bearbeitende Seite zeigt nach rechts. Mit der rechten Hand wird der "Hammerstein" mit kräftigen Schlägen im Halbkreis geschwungen und nach dem Auftreffen weiter im Halbkreis "durchgezogen".

Der Hammerstein sollte oval sein und aus sehr hartem Material bestehen, aber nicht spröde sein, wie die zu bearbeitenden Steine. Die gröberen Anfangsarbeiten erfordern einen größeren Hammerstein, für nachfolgende Feinarbeiten entsprechend kleinere. Anstelle von Steinen kann man auch Geweihenden nehmen, notfalls auch Knochen, Holz und Stahl. Mit Geweihenden wird in derselben Weise gearbeitet, wie mit den Hammersteinen. Sie sollten 20-25 cm lang sein und als Griffende am besten die knöcherne Basis enthalten. Man erhält damit größere und dünnere Splitter, als mit Hammersteinen.

Die Schlagrichtung ergibt sich aus dem Splitterverhalten des Steines. Vorhandene feine Sprünge zeigen die Richtung an. Vor dem Schlag führt man sich die gewünschte Größe des Splitters im Stein vor das innere Auge, man "sieht" ihn, und stellt sich gleichzeitig den entsprechenden Konus dazu vor. Je nach Auftreffwinkel werden verschiedene Splitter erzeugt (Abb. 12.16). Nach diesen Arbeiten hat man vermutlich einige brauchbare Schneidwerkzeuge, die man ohne weitere Bearbeitung etwa für das Enthäuten verwenden kann. Die Splitter können als Rohlinge für die Herstellung von Pfeilspitzen etc. benutzt werden.

Die weitere Feinarbeit, z.B. für die Herstellung von Pfeilspitzen, erfolgt durch das sogenannte Drucksplittern. Als Werkzeug werden hier wieder Geweih, aber auch Knochen, Nagetier-Schneidezähne, starker Kupferdraht usw. verwendet. Geweih hat die ideale Härte, verbunden mit einer guten Haftfähigkeit. Durch das Werkzeug kann man die Richtung und die Kraft sehr gut dosieren, um überflüssiges Material vom Rohling zu entfernen. Das Werkstück wird in einer Hand gehalten. Zum Schutz der Hand benutzt man ein 10 x 15 cm großes Lederstück, das ein Daumenloch besitzen sollte. Das Geweihstück muß an der Spitze immer hart sein. Dazu dient ein Schleifstein aus feinkörnigem Material (am besten feiner Sandstein).

Die Dicke des Rohlings richtet sich nach der beabsichtigten Verwendung. Für Pfeilspitzen ist die Dicke 2-4 mm. Scharfe Kanten werden mit einem kleinen Schleifstein abgearbeitet. Der Staub wird auf der Fläche belassen, um die Haftung des Geweihstücks zu verbessern.

Bei der Bearbeitung wird an einer Stelle, an der man Material entfernen möchte, mit dem Werkzeug Druck auf den Rohling ausgeübt. Das Ziel ist, möglichst lange Splitter abzuspalten. Um eine Pfeilschneide schmaler zu bekommen, muß man die Spitze des Rohlings abbrechen und das Werkzeug mit einem Winkel von knapp 5 Grad über der geplanten Bruchrichtung ansetzen. Gedrückt wird immer nach unten, in Richtung zur Hand mit dem Lederschutz. Man verdreht gleichzeitig die Werkzeugspitze nach unten, damit sich der Splitter gut ablöst. Den Rohling nicht zu fest mit der Hand einklammern, um die Bruchgefahr zu reduzieren.

12.7 Hämmer

Als Hämmer sind vor allem harte (aber nicht spröde) Steine geeignet.

Für die Herstellung von Hämmern muß man die meisten Steine ebenfalls bearbeiten. Zur Befestigung des Stiels wird eine ringförmige Vertiefung in den Stein eingearbeitet (12.17). Mit dem Hammerstein werden die Gesteinskörner mit "durchziehenden" Bewegungen weggeklopft, bis die nötige Tiefe erreicht ist.

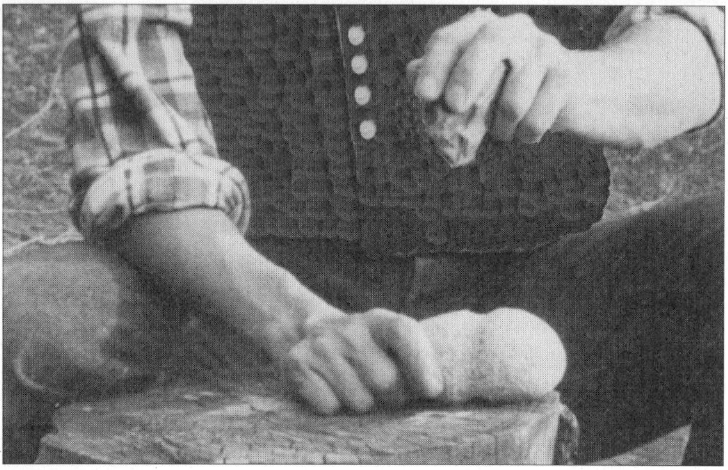

Abb.12.17 Bearbeitung eines Steins für einen Hammer

Ein einfacher Stiel kann durch einen frischen Zweig hergestellt werden, der um den Stein herumgebogen und auf der anderen Seite mit einer Sehne zusammengebunden wird. Der Zweig sollte stark und biegsam sein. Die Biegsamkeit kann durch Erhitzen über dem Feuer verbessert werden. Der Zweig kann auch längsgespalten werden, was ebenfalls die

Abb.12.18 Fertiger Steinhammer

Biegsamkeit erhöht. Zweimal um den Stein geschlungen und vom Griffende her bis zum Stein mit Schnur umwunden, ergibt dies das stabilste Werkzeug.

Man kann den Stein auch zwischen die Hälften eines ganz oder teilweise gespaltenen Zweiges klemmen, die mit einer eingeweichten Lederschnur zusammengebunden werden. Beim Trocknen zieht sich das Leder zusammen und sorgt für einen festen Halt des Steins.

12.8 Gefäße aus Holz und Rinde

Neben den bereits beschriebenen Ledergefäßen und Körben gibt es weitere einfache Möglichkeiten, Gefäße herzustellen.

Da das Aushöhlen von Holz selbst mit Messern aus Eisen nicht so leicht ist, brennt man die gewünschte Vertiefung mit Glut hinein. Dazu nimmt man entweder ein längliches gespaltenes Holzstück oder einen trockenen Stamm- bzw. Astabschnitt von einem ungiftigen Baum, also nicht von der Robinie, sondern von Buche, Eiche oder Linde. Die Glut wird entsprechend auf dem Holz plaziert und durch Blasen am Glühen gehalten (Abb.12.19). Zu starkes Blasen kann zu Rissen führen. Bei der Feinarbeit sollte der Atem mit Hilfe eines Strohhalms gerichtet werden. Vorsichtiges Blasen ist angebracht, besonders, wenn man sich dem Boden des Behälters nähert. Zum Abschluß reibt man den Behälter mit Sandstein aus. Um Sprünge zu beseitigen und die Wasserdichtigkeit zu verbessern, kann man das Gefäß auf der Innenseite mit Fett, eventuell auch mit Harz, ausreiben.

Behälter kann man auch aus Birkenrinde anfertigen. Dazu muß man die Rinde abschälen, oder man nimmt die übriggebliebene Rinde von einem abgestorbenen, bereits verrotteten Baum, sofern sie noch stabil genug ist. Aus der Rinde wird der Behälter wie aus Stoff geformt, und die Kanten werden mit einer Schnur vernäht. Zur Abdichtung verwendet man Harz.

Abb.12.19 Herstellung eines Holzgefäßes mit Glut

Abb.12.20 Kochen mit heißem Stein in einem nicht feuerfesten Gefäß.

12.9 Leim und Öl

Aus dem Harz von Nadelholz kann Leim hergestellt werden. Dazu sammelt man die klebrigen Ausscheidungen an Nadelbäumen und kocht sie auf, bis sie flüssig werden. Nachdem man Rindenstücke etc. herausgefiltert hat, kann man Holzasche als Härter hinzugeben. Die Verarbeitung sollte dann zügig gehen, weil der Leim schnell aushärtet.

Auch Haut, Hufe und Sehnenreste können zu Leim verarbeitet werden. Dazu werden sie mit wenig Wasser stark aufgekocht. Solange kochen lassen, bis das Material aufgelöst ist. Bei der Verwendung von Hufen muß man das Öl, das sich auf der Flüssigkeitsoberfläche ansammelt, vor der Verwendung der Flüssigkeit als Leim abschöpfen. Das Öl ist ideal, um Kleidungsstücke regendicht zu machen.

12.10 Boote und Flöße

Wenn man einen Fluß nicht schwimmend überqueren kann, müssen Wasserfahrzeuge gebaut werden.

Wenn man eine wasserdichte, stabile Plane besitzt, kann man das Prinzip des "umgedrehten Wigwams" anwenden. Ein Hasel-Weiden-Gerüst mit oval-schüsselartiger Form wird mit der Plane umhüllt. Wichtig ist, daß die Kanten der Plane mit Schnüren mit dem Holzrahmen fest verbunden werden. Das fertige Boot muß zwischen Rahmen und Plane mit Zweigen ausgelegt werden, damit die Plane durch den Wasserdruck nicht hereingedrückt wird.

Ein Floß wird folgendermaßen hergestellt: Am besten geeignet ist Nadelholz, das trocken, aber noch nicht angefault ist (Windbruch). Die Stämme werden entastet, auf 2-3 Meter Länge gekürzt und zum Wasser transportiert. Bevor weitergearbeitet wird, werden die Stämme einer kurzen Schwimmprobe ausgesetzt. Wenn der Stamm schwimmt, wird das Floß wegen des Gewichts entweder auf zwei zum Ufer geneigten, glatten Stämmen als Rutsche oder gleich im Wasser gebaut. Alle Stämme bekommen an beiden Enden auf der Unterseite, die im Wasser liegen wird, und auf der Oberseite eine Kerbe, in die später Querbalken eingelegt werden können. Ein Floß mit einer Größe von 2 x 2 Metern genügt für eine Person. Die Querbalken stehen etwa 20 Zentimeter über und werden mit Seilen so fest verbunden, daß die Stämme fest zwischen ihnen eingeklemmt sind. Die Kerben verhindern ein Auswandern einzelner Stämme. Die Herstellung eines Floßes ist relativ langwierig. Sie lohnt sich daher nur, wenn man das Floß während einer längeren Flußabfahrt benutzen kann.

12.11 Wildniszahnbürste

Eine Zahnbürste ist sehr einfach herzustellen. Man schneidet einen frischen Trieb von Hasel, Linde oder ähnlichen Laubhölzern in der Dicke einer normalen Zahnbürste ab. Der Zweig muß außerdem einen kräftigen Seitentrieb haben. Man kappt den ursprünglichen Zweig direkt hinter dem Seitentrieb, und auch dieser wird auf einen Zentimeter zurückgekürzt. Der verbliebene Seitentriebstummel wird durch Reiben auf einem Stein zerfasert. Abb. 12.21 zeigt die fertige Zahnbürste.

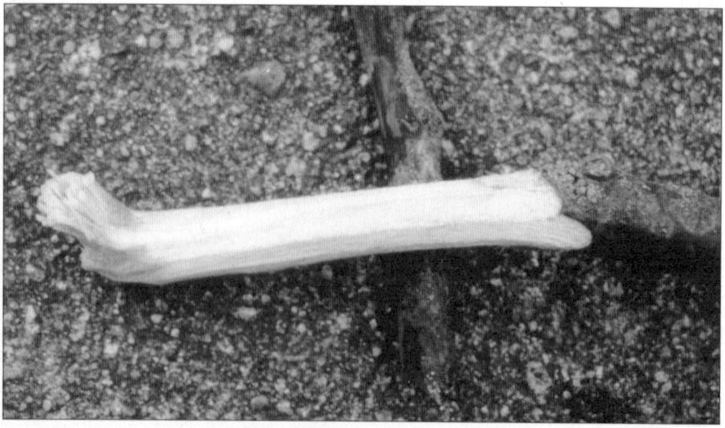

Abb.12.21 Wildniszahnbürste aus Linde

13 Kommunikation und Notsignale

Die notwendige Kommunikation beginnt bereits vor der Abreise. Wenn man sich auf eine experimentelle Reise begibt, sollte man seine genaue Reiseroute bei mindestens zwei voneinander unabhängigen Freunden oder Bekannten hinterlassen. Nur so können Suchmaßnahmen eingeleitet werden, wenn man sich zum verabredeten Zeitpunkt nicht zurückgemeldet hat. Wenn Sie in unwegsame Gebiete aufbrechen, ist es wichtig, daß Sie eine genaue Wegbeschreibung hinterlassen. Selbst wenn Sie Ihre geplante Route aus irgendwelchen Gründen verlassen müssen, ist die Chance, gefunden zu werden, dadurch größer.

Kommunikationsfähigkeit ist eine der wichtigsten Überlebensfähigkeiten. Präzise Kommunikation kann bereits im Alltag geübt werden. Überprüfen Sie, wie oft Sie eine Situation erleben, wo man "aneinander vorbei redet". Und überlegen Sie dann am konkreten Fall, was Sie dazu beitragen können, das zu verändern. In Kap. 3 wurde bereits ausgeführt, wie sehr das Überleben von Gruppen von einer gemeinschaftlichen Kommunikation abhängig ist. Das gleiche gilt für die Kommunikation mit Rettungsmannschaften.

Wenn man in der Wildnis aus Flugzeugen gesichtet wird, sollte man den *internationalen Signalcode* beherrschen. Das gilt nicht nur für eine Notlage, sondern allgemein, denn die

Flugzeugbesatzung geht in einer solchen Situation zunächst davon aus, daß Hilfe benötigt wird. Also ist auch das Signal "Alles in Ordnung" wichtig.

Es gibt zwei Möglichkeiten zur Kommunikation mit der Besatzung von Flugzeugen: die eine ist das Legen oder Trampeln von Zeichen. Die Zeichen sind in Abb. 13.1 aufgezählt. Sie sollten mit Ästen oder Steinen, möglichst im Kontrast zum Boden, groß ausgelegt werden. Versetzen Sie sich in die Retter hinein. Wie hoch wird das Flugzeug fliegen? Kann man die Zeichen von dort oben sehen? Kann die Maschine in der Nähe landen?

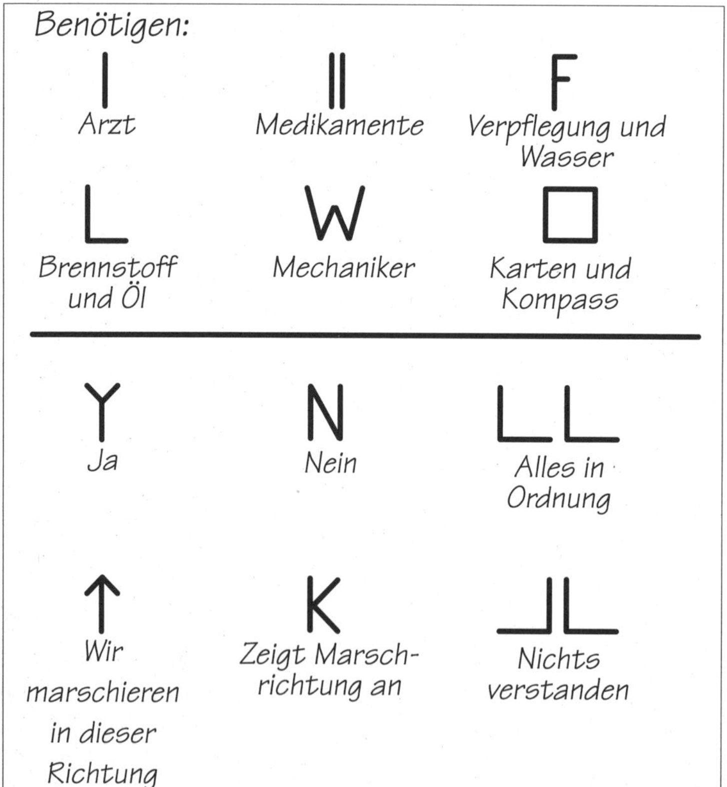

Abb. 13.1: Internationaler Signalcode

In einer Survival-Situation ist es sinnvoll, die entsprechenden Zeichen vor der Ankunft des Flugzeugs anzulegen. Zusätzlich können Sie ein großes (am Tag stark rauchendes) Feuer entfachen, ein gut sichtbares Stoffstück zum Winken bereitlegen und sich die entsprechenden *Körpersignale* genau einprägen (Abb.13.2). Gut ist es, einen Signalspiegel im Survival-Pack zu haben und regelmäßig zum Abblinken des Horizonts zu benutzen. Mit dem Spiegel wird die Sonne zunächst auf eine nahegelegene Fläche gelenkt. Dann hält man den Spiegel vor das Auge und visiert durch das Loch langsam in die gewünschte Richtung.

Abb. 13.2: Körpersignale: A."Bitte um Aufnahme", B."Nicht landen", C."Alles klar, nicht warten", D. "Hier landen", E. "Benötige Hilfe" und F. "Benötige medizinische Hilfe (dringend)"

Es kann vorkommen, daß man sich auch mit einem Partner mit Hilfe von Zeichen verständigen muß. Diese können aus Zweigen oder Steinen angelegt werden. In Deutschland sind noch heute sogenannte *Bruchzeichen* üblich, die bei den meisten Jägern bekannt sind. In Abb. 13.3-13.6 sind verschiedene Bruchzeichen dargestellt und ihre Bedeutung angegeben.

Abb. 13.3 Zweige, kreuzweise übereinander gelegt: "Hier warten"

Abb. 13.4 Zweige des Wartebruchs teilweise entlaubt: "Habe das Warten aufgegeben".

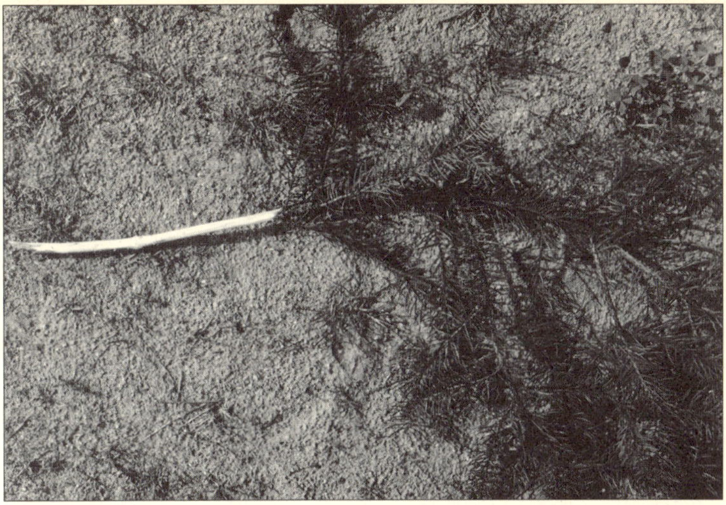

Abb. 13.5 Der "Leitbruch" zeigt mit der Zweigspitze die Wegrichtung an.

Abb. 13.6 Ein umgebogener Zweig an einen Baum gehängt ist ein Warnbruch : "Achtung, hier droht Gefahr!"

Trotz des Zeitalters der elektronischen Datenübertragung, von Funk und GPS (Global Positioning System) könnte auch mal das alte ***Morsealphabet*** interessant sein (Abb. 13.7).

A ·–	K –·–	U ··–	1 ·––––
B –···	L ·–··	V ···–	2 ··–––
C –·–·	M ––	W ·––	3 ···––
D –··	N –·	X –··–	4 ····–
E ·	O –––	Y –·––	5 ·····
F ··–·	P ·––·	Z ––··	6 –····
G ––·	Q ––·–	Ä ·–·–	7 ––···
H ····	R ·–·	Ö –––·	8 –––··
I ··	S ···	Ü ··––	9 ––––·
J ·–––	T –	ch ––––	0 –––––

Abb. 13.7: Morsealphabet

14 Wetter und Klima

Dann, wenn man mit Hilfe von Satelliten und ausgefeiltesten Meßmethoden Wettervorhersagen bekommen kann, ist es meistens nicht überlebenswichtig, zu wissen, wie das Wetter wird. Überlebenswichtig ist das Vorhersehen des Wettergeschehens, wenn es am unberechenbarsten ist, im Aufziehen von lokalen Stürmen und Gewittern.

Das Wetter ist nur bedingt voraussagbar. Durch die anhaltende Umweltverschmutzung wird das Klima noch zusätzlich beeinträchtigt, so daß man sich in der Zukunft immer weniger darauf verlassen kann, was in der Vergangenheit in der Regel stimmte. In Zypern kann man Schnee erleben, in Grönland wird man von wärmstem Sonnenwetter überrascht. Man nähert sich der alten Bauernweisheit an, die besagt: Kräht der Hahn auf dem Mist, ändert sich das Wetter, oder es bleibt, wie es ist.

In der Tradition der Urvölker ist die Kunst des "Wettermachens" bekannt. Durch Trommeln oder Singen wird zum Beispiel "Regen gemacht". Der Erfolgsquote liegt meines Wissens nicht höher als bei den Wettervorhersagen. Ich denke, daß im Wettermachen eine große Weisheit steckt, und es wäre sicherlich sehr interessant, wenn dieses Gebiet ernsthaft erforscht würde. Noch verweisen wir als aufgeklärte Menschen des 20. Jahrhunderts eine solche Möglichkeit zu sehr ins Reich der Phantasie. Aber das nächste Jahrtausend steht ja vor der Tür.

Gute Bergführer und erfahrene Seeleute haben das Wetter im Blut. Wenn man sie fragt, woran sie einen plötzlich aufkommenden Sturm erkannt und rechtzeitig einen sicheren Hafen erreicht oder notwendige Vorkehrungen getroffen haben, brummeln sie etwas von: "Hab' ich irgendwie geahnt." Neueste Forschungsergebnisse haben gezeigt, daß bestimmte elektromagnetische Schwingungen einem Sturm vorausgehen. Vielleicht eine mögliche physikalische Ursache für dieses "intuitive" Wissen.

Intuition ist im Prinzip ein Wissen, das sich auf lange Erfahrung und sensible Beobachtung gründet. Menschen, die sich gut in der Wildnis bewegen können, sind Wetterkenner. Sie handeln nicht leichtsinnig, sondern wissen, wie sie sich der Rhythmik des Wettergeschehens anpassen. Im Umgang mit den Naturgewalten ist Vorsicht geboten, ohne übertriebene Ängstlichkeit. Vorsicht ist ein Zeichen von Wissen, nicht von Feigheit.

Zur Vorsicht kommt die allgemeine Wetterbeobachtung hinzu. Sie ist das A und O. Kein Zeichen ist für sich genommen eindeutig, sondern man vergleicht eine Vielzahl von Werten miteinander, beobachtet vor allem die Veränderungen: Wie verändert sich das Wolkenbild? Hellt es sich auf oder ziehen zunehmend Wolken auf? Verdunkeln sich aufkommende Cirrus-Wolken, dann ist mit baldigem Regen oder gar Sturm zu rechnen. Lernen Sie es, die Wolkenhöhe zu schätzen. Je höher die Wolken sind, umso eher kann besseres Wetter erwartet werden. Beobachten Sie die Windgeschwindigkeit. Lokale Windstärken erkennen Sie an der Bewegung von Zweigen und Ästen. Überregionale Windverhältnisse können Sie an den Wolken ablesen. Rasen sie dahin, kann sich das Wetter plötzlich ändern. Ziehen sie eher langsam, dann wissen Sie, daß das bestehende Wetter noch hält. Wenn Sie diese Beobachtungen schulen, bekommen Sie allmählich ein gutes Gefühl für das Wetter und können selbst genaue Vorhersagen machen. Sie können ihr Bild durch das Ablesen eines Taschenbarometers (s.u.) ergänzen. Ein Barometer allein nützt in der Regel wenig.

Es gibt weitere sichtbare Vorzeichen, die gutes oder schlechtes Wetter erwarten lassen:

Taubildung am Morgen, Morgennebel, der sich bald auflöst, senkrecht aufsteigender Rauch, große Temperaturunterschiede zwischen Tag und Nacht zeigen in der Regel gutes Wetter an.

Morgen- und Abendrot, Windzunahme, Windstille bei Regen, auffallend gute Hörbarkeit entfernter Geräusche, flach ziehender Rauch und Halo-Erscheinungen um Mond oder Sterne sind Anzeichen für schlechtes Wetter.

Verschiedene Wolkentypen lassen ebenfalls Rückschlüsse auf das Wetter zu:

Wenn **Cumulus-Wolken** (2 500 m - 10 000 m) bei gutem Wetter nach Sonnenaufgang entstehen und sich nach Sonnenuntergang wieder auflösen, ist die Wetterlage stabil. Wenn nicht, weist es auf eine baldige Wetterverschlechterung hin. Durch Höhersteigen können sich Cumulus-Wolken in Cumulonimbus-Wolken verwandeln und Gewitter ankündigen.

Abb.14.1 Cumulus-Wolken

Abb.14.2 Cirrus-Wolken

Bei einer Schönwetterlage und unregelmäßig verteilten **Cirrus-Wolken** (6 000 - 12 000 m) am Himmel ist das Wetter meistens beständig. Cirrus-Wolken bestehen aus winzigen Eiskristallen und weisen manchmal einen seidigen Schleier auf. Sie selbst führen nicht zu Regen, können aber einen fernen Sturm anzeigen.

Cirrocumulus (6000 -12 000 m) kündigen eine Schlechtwetterfront an.

Abb.14.3 Cirrocumulus-Wolken

Abb.14.4 Cirrostratus-Wolken

Bei fallendem Luftdruck weisen **Cirrostratus-Wolken** (6 000 - 12 000 m) auf baldigen Regen hin. Es sind weißliche, dünne Wolkenschleier, die einen Hof um die Sonne zeichnen.

Altocumulus (2 500m - 6 000 m) sind abgerundete Massenwolken und gelegentlich Vorboten für das Herannahen einer Schlechtwetterfront. Steigen einzelne Wolkenmassen höher auf als ihre Nachbarn, kann sich ein Gewitter ankündigen.

Abb.14.5 Altocumulus-Wolken

Abb.14.6 Nimbostratus-Wolken (von oben gesehen)

Nimbostratus (unter 2 500 m) sind dicke Schichtwolken, die die Sonne fast verdecken. Sie bringen anhaltenden Regen bzw. Schneefall.

Cumulonimbus (3 000 - 18 000 m) sind typische Gewitterwolken. Man muß mit Böen und Schauern rechnen. Es sind massige, dichte Wolken, die hoch in kalte Luftschichten hineinragen können. Sind sie gelb verfärbt, kann das Hagel bedeuten.

Abb.14.7 Cumulonimbus-Wolken

Mit einem Taschenbarometer kann man anhand des Luftdruckwandels einige weitere Anhaltspunkte über das Wetter erhalten. Man muß bei der Anwendung berücksichtigen, daß mit zunehmender Höhe über dem Meer der Luftdruck abnimmt, d.h. man muß die Auf- oder Abstiegsmeter exakt verzeichnen, um das Gerät präzise ablesen zu können.

Voraussagen können vor allem dadurch gemacht werden, daß man die Veränderung des Barometerstandes beobachet. Man muß ihn also mindestens einmal täglich kontrollieren. Fällt das Barometer rasch, kann ein Gewitter aufkommen. Steigt es rasch, kann meist nur mit einem Zwischenhoch gerechnet werden, was bald von einem erneuten Tief abgelöst wird. Je langsamer das Barometer sich verändert, umso mehr signalisiert es ein beständiges Hoch- bzw. Tiefdruckgebiet.

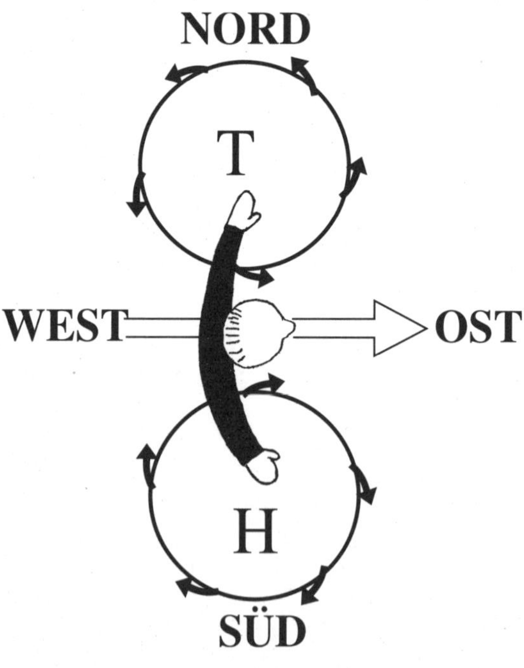

Abb. 14.8 Windbewegungen im Hoch und Tief

Ein Tiefdruckgebiet ist das, was man umgangssprachlich mit "schlechtem Wetter" bezeichnet. Wolkenverhangener Himmel und Regen an der Wetterfront. Hochdruckzonen sind meist Schönwetterzonen mit wolkenarmem Himmel und entsprechend trocken. Die Windbewegungen kreisen spiralförmig in das Zentrum des Tiefs, bzw. aus dem Zentrum des Hochs. Und zwar jeweils entlang der Linien mit gleichem Luftdruck (Isobare). Auf der nördlichen Halbkugel drehen die Winde im Tief links herum, also entgegengesetzt dem Uhrzeigersinn und rechts herum im Hoch. Wenn man sich mit dem Rücken in den Wind stellt, - also der Wind gegen den Rücken weht -, liegt das Tief links, das Hoch rechts.

Wind, der aus der Himmelsrichtung der nächsten Meeresküste weht, bringt meistens Niederschläge, da er viel Wasser aufgenommen hat. In Europa sind das vorwiegend die Westwinde. Auf der Nordhalbkugel sorgt Nordwind für Kälte, Südwind für Wärme, im Sommer wie im Winter. Winde, die lange über Land wehen, sorgen für eindeutiges Wetter. Ostwinde bringen in Mitteleuropa im Sommer heiße, trokkene Temperaturen und im Winter frostige Kälte.

Wind verändert die real auf den Körper einwirkende Temperatur. Man bezeichnet diesen Kühleffekt als Chilleffekt. Bei einer Lufttemperatur von -9°C und einer Windgeschwindigkeit von ca. 45 km/h (Windstärke 6; starker Wind, bei dem sich große Zweige bewegen) empfindet der Mensch Kälte von etwa -30°C. Bei -15°C und bei gleicher Windstärke bewirkt der Chilleffekt bereits eine Temperatur von -38°C, d.h., die Wirkung des Windes verläuft nicht linear, sondern steigt exponentiell an. Lebensgefährliche Temperaturen werden also sehr schnell erreicht.

14.1 Verhalten bei Gewitter

Gewitter ist eines der gefährlichsten Wetterphänomene. Es birgt die Gefahr, vom Blitz getroffen zu werden, kann hohe Regenmengen in kurzer Zeit entlassen, Wege und Bäche unpassierbar machen und Erdrutsche und Überschwemmungen auslösen.

Blitze sind dann gefährlich, wenn das Gewitter den eigenen Standort erreicht hat. Man kann durch eine einfache Rechnung die Entfernung des Gewitters ausmachen. Man zählt die Sekunden zwischen dem Wahrnehmen eines Blitzes und des Donners und teilt sie durch drei (der Schall legt in der Sekunde 333 m zurück!). Ob das noch entfernte Gewitter tatsächlich den eigenen Standort erreicht oder in eine andere Richtung weiterzieht, ist damit noch nicht bestimmt. Manchmal hilft es weiter, anwesende Tiere genau zu beobachten. Kühe und Schafe, die auf Almwiesen weiden, können gute Ratgeber sein. Grasen sie ruhig weiter, können Sie relativ sicher sein, daß das Gewitter an Ihnen vorüberzieht. Verstecken sich die Tiere jedoch und verhalten sich auffallend still, dann ist es auch für Sie angesagt, Schutz zu suchen. Am besten am gleichen Platz wie die Tiere, die in der Regel einen sehr präzisen "siebten Sinn" für das Wettergeschehen haben. Doch auch hier braucht es eine gute Kenntnis und lange Beobachtung der Tiere. Es kommt immer wieder vor, daß auch Gemsen und Steinböcke vom Blitz erschlagen werden.

Bäume und Felsüberhänge sind bei Gewitter gut zu überprüfen, ob Sie Blitzschutz bieten. Blitze entladen sich zwischen Himmel und Erde und suchen dazu den kürzesten Weg. Tiefwurzelnde Bäume, deren Wurzeln das Grundwasser erreichen, ziehen bevorzugt Blitze an. Auf dieses Wissen geht die Volksweisheit zurück, die besagt: Buchen mußt du suchen, Eichen sollst du weichen. Einzelne, aufragende Bäume oder Baumgruppen sollte man ebenfalls meiden, denn sie ziehen die Blitze an. Sie selbst tun dies ebenfalls, wenn Sie auf weiter, baumloser Flur als einziges Wesen aufrecht stehen. Hocken Sie sich in einer solchen Situation auf die Erde, am besten in ein Loch oder eine Kuhle, und lassen Sie sich, mit soviel Genuß wie möglich, naßregnen, anstatt den Versuch zu machen, einen entfernten Unterschlupf zu erreichen. Im Wald sind dichte, niedrige Schonungen relativ sicher vor Blitzeinschlag. Meiden Sie hohe Bäume und kriechen Sie statt dessen ins Unterholz. Grundsätzlich sind Sie umso geschützter, je näher Sie dem Erdboden sind. Fuchsbauten sind eine gute Nachbarschaft, weil sie unter flachwurzelnden Bäumen angelegt werden und von plötzlich ansteigendem Wasser geschützt sind.

Blitze suchen den Kontakt mit Wasser. Sobald sie ihn haben, sind sie ungefährlich. Meiden Sie also Gewässer, feuchtes Gelände und nasse Felsen. Ein Felsüberhang ist zwar äußerst anziehend, was den Schutz vor Regen betrifft, aber bei Gewitter gefährlich: Der Blitz gleitet den Fels herab, überbrückt den kurzen Luftweg zwischen Fels und Ihrem Körper und fährt dann vollends durch Sie hindurch, um in die Erde einzuschlagen. Vor Blitzen sicher sind Sie dagegen, wenn Sie unmittelbar vor dem Felsüberhang, im Abstand von 2-3 m, möglichst auf einer Holzunterlage kauernd, das Ganze über sich ergehen lassen. Natürlich ist das ein schlechter Kompromiß und nur angesagt, wenn es z.B. im Hochgebirge keine andere Möglichkeit gibt.

14.2 Verhalten im Gebirge

Im Gebirge ist das Wetter aufgrund der starken Luftbewegungen besonders tückisch. Berge sind nah an den Wolken. Durch ihre geologische Formation verhindern sie die Sicht, so daß die Großwetterlage nicht gut eingeschätzt werden kann. Durch die auf- und absteigende Luftbewegung ist das lokale Wettergeschehen schnellen Veränderungen unterworfen. In kurzer Zeit kann das Wetter stark umschlagen. Manchmal ist auf einer Seite des Berges schönstes Sonnenwetter und auf der anderen geht ein heftiges Gewitter nieder.

Regen und Schnee erhöhen die alpine Gefahr. Sie verschlechtern die Sicht, so daß die Orientierung leicht verloren gehen kann. Wenn Sie die Orientierung verloren haben, versuchen Sie niemals "ins Blaue" zu gehen, sondern schlagen Sie ein Biwak auf und warten Sie, bis die Sicht sich verbessert.

Flüsse, Bäche und Rinnsale schwellen bei Regen unverhältnismäßig schnell an. Es entstehen auch Bäche an Stellen, wo es vorher trocken war. Wenn man das Gebiet gut kennt, ist das in der Regel kein Problem. Wenn Sie es gerade entdecken, müssen Sie einiges bedenken, z.B. daß ihr Rückweg blockiert sein könnte.

Bei Dauerregen kann es zu Muren (Erdrutschen) kommen. Diese Gefahr erhöht sich in Tallagen.

Durch Temperaturstürze können Bergwanderer von Eisregen und vereistem Gestein überrascht werden, was zu erhöhter Rutschgefahr führt.

Durch stark schwankende Temperaturen ist das Gestein einem schnellen Verwitterungsprozeß ausgesetzt. Es kann, besonders in den Morgenstunden an den Ostflanken, zu Steinschlägen kommen. Auch durch Regengüsse, Blitzschlag, Sturm und Tiere wird loses Gestein in die Tiefe befördert.

Im Gebirge müssen Sie häufiger mit Gewittern rechnen als im Flachland. Meiden Sie unbedingt Gipfel und Grate und steigen rechtzeitig ab! Oft ist die Luft auch bei schönem Wetter elektrostatisch aufgeladen, und Sie nehmen die Entladung als sogenanntes Elmsfeuer am Gipfelkreuz oder als Surren in Metallgegenständen wahr. Manchmal sträuben sich dabei sogar die Haare. Der Donner ist in den Bergen durch das Echo lauter als anderswo. Lassen Sie sich davon begeistern, ohne die Ruhe zu verlieren und unternehmen Sie die notwendigen Schritte. Bei schönem Wetter können zur Mittagszeit Wärmegewitter auftreten. Der erfahrene Bergwanderer richtet seine Route darauf ein und erreicht zu dieser Zeit zum Beispiel eine Schutzhütte. Wärmegewitter sind Anzeichen für eine relativ stabile Schönwetterlage und daher sehr erfreulich, wenn man sich mit ihnen arrangiert. Sie sind nach 1-3 Stunden meistens wieder vorbei.

Genaue Wettervorhersagen sind im Gebirge schwieriger zu treffen als anderswo. Es gibt einige, fast sichere Anzeichen für eine baldige Wetterveränderung. Wenn nach einer längeren Schönwetterperiode einzelne Cirren entstehen, die im Verlauf des Tages mehr werden, kündigt das eine sichere Wetterveränderung an. Je nachdem, wie schnell sie anwachsen, wird das Wetter in 1-3 Tagen schlecht. Wenn Sie nachmittags auf den Berg steigen und den Wind im Rücken spüren, ist das ein Zeichen für anhaltendes gutes Wetter, denn die warme Talluft steigt nach oben. Umgekehrt ist es ein Zeichen für Wetterverschlechterung.

Wenn Sie abends aufsteigen, ist es gut, wenn ihnen kalter Wind (Gletscherwind) entgegenbläst. Kalte Luft ist schwerer und sinkt bei klaren Wetterverhältnissen ab.

Wer im Gebirge unterwegs sein möchte, tut gut daran, sich vorher um die Wetterlage zu kümmern. Auskünfte geben die alpinen Wetterdienste, entsprechende Vereine, Flughäfen oder Wetterwarten. Wenn man von Hütte zu Hütte wandert, sollte man sich in die Hüttenbücher eintragen und das geplante Ziel angeben. Das erleichtert im Notfall Suchtrupps die Arbeit.

14.3 Verhalten bei Lawinengefahr

Eine besondere Gefahr stellen Lawinen im Gebirge dar, vor allem, wenn man sich zu leichtfertig in den Bergen bewegt.

Der Wind ist der Baumeister der Lawine. Besonders auf der Luv-Seite von Objekten (Grate, Felsen), also auf der windabgewandten Seite, wird Schnee abgelagert. Je lockerer der Schnee gefallen ist, umso höher ist die Lawinengefahr. Durch unterschiedliche Erdtemperatur und andere Einflüsse verändert sich das Neuschneekristall in Altschnee. Es können kugelige, granulatartige Schneeschichten entstehen, die eine hervorragende Rutschbahn für darüberliegende Schichten bilden. Bei Neuschnee ist immer mit Lawinengefahr zu rechnen, und zwar schon bei Hanglagen ab 15°, also bereits an flacheren Hängen. Lawinen entstehen im Sommer und in den Übergangszeiten vor allem in schroffem Gelände (vielfältig bewachsene Geröllandschaft) und auf Almwiesen, weil der Schnee auf dem langen Gras gut ins Rutschen kommt.

Die Nachmittagszeit ist eine Zeit erhöhter Lawinengefahr, weil die Sonne gut einwirken konnte. Nachts sind Lawinen relativ selten, es sei denn, es hat sehr heftig geschneit.

Grundsätzlich gilt: Seien Sie vorsichtig genug und schlagen Sie rechtzeitig ein Biwak auf. Sie wissen ja jetzt, wie man Zeiten im Freien genießt und müssen nicht auf Biegen und Brechen "nach Hause" gelangen. Wenn Sie ein gefährdetes Gebiet durchqueren müssen, warten Sie am sichersten drei schneefreie Tage ab. Dann sind mögliche Lawinen bereits abgegangen. Über Lawinen zu laufen, ist eine unbequeme Angelegenheit, aber der bequemeren Gangart vorzuziehen, bei der die Lawinen noch erwartet werden.

Wer sich längere Zeit im Winter in lawinengefährdeten Gebieten aufhält, sollte sich mit dem richtigen Gebrauch von Verschüttetensuchgeräten vertraut machen. Die alpinen Verbände bieten entsprechende Kurse an.

Erinnern Sie sich, nach allem, was Sie jetzt gelesen haben, an die Kraft der Intuition. In früheren Zeiten bauten die Leute keine Häuser an lawinengefährdeten Stellen, und die Wahrscheinlichkeit, von einem Blitz erschlagen zu werden ist viel geringer, als in einen Autounfall verwickelt zu sein. Die Naturgewalten sind, wenn man sie richtig zu nehmen weiß, ein Erlebnis. Trotzen Sie ihnen nicht, sondern öffnen Sie sich. Das ist der beste Schutz vor Unfällen.

15 Ausrüstung

Was ist unter den heutigen Bedingungen die optimale Ausrüstung für einen Aufenthalt in der Natur?

Aus dem Leben der Urvölker wissen wir, daß jeder eingeborene Jäger das bei sich trug und zum Teil heute noch trägt, was er zum Überleben braucht. Während die eingeborenen Jäger in den Tropen mit Lendenschurz, Messer und Blasrohr oder Bogen auskamen, gehörte für den Inuit-Jäger der doppelte Fellanzug, das Schlittenhundegespann und die Harpune dazu. Die Gegenstände wurden oft in vielen Arbeitsstunden gefertigt und waren für den Jäger der verlängerte Teil des Leibes.

Es lohnt sich, auch in die gekaufte Ausrüstung viel Sorgfalt zu stecken. Das fängt beim Kauf selbst an. Nicht alle in Outdoorläden angebotenen Dinge sind für den Einsatz in der Natur wirklich brauchbar. Viel Zeit in die Auswahl und dann insbesondere in die Pflege zu stecken, verbindet den Träger mit dem Ausrüstungsgegenstand. Damit baut man eine innere Verbindung zu dem betreffenden Gegenstand auf, so daß man ihn auch in kritischen Situationen nicht einfach am Lagerplatz "vergißt". Er ist wichtig geworden, sozusagen ein "Kraftgegenstand". Aus diesem Grund ist es gut, soviel wie möglich selbst zu machen (s. Kapitel 12), z.B. auch das Messer. So kann man einen Rohling kaufen und den Griff dazu schnitzen.

Bei der Auswahl der Ausrüstung ist es sinnvoll, die Gegenstände schon einige Wochen vorher zusammenzustellen und übersichtlich auszubreiten. So bleibt Zeit für Ergänzungen und, was vielleicht noch wichtiger ist, Zeit für das Aussortieren von Dingen, die nur scheinbar notwendig waren. Mit jedem nicht benötigten Ausrüstungsstück wird man beweglicher und leichter. Wir sind ja mittlerweile fast am Ende dieses Buches angekommen und wissen, wie man sich direkt aus der Natur mit vielen notwendigen Dingen versorgen kann. Wer sich ganz auf die Natur einläßt, kann vieles an Gepäckstücken einsparen, z.B. den Schlafsack oder das Zelt.

Ein **Messer** ist das Ausrüstungsstück, das am schwersten in der Wildnis herzustellen ist. Deswegen sollte man dem richtigen Messer eine besondere Aufmerksamkeit schenken. Es ist in vielen Fällen das einzige Werkzeug, das wir dabeihaben. Aus diesem Grund muß es besonders stabil sein. Im Gegensatz zu seinen Genossen aus dem Tafelbesteck muß es den verschiedensten Zwecken dienen können. Man sollte es z.B. wie einen Stechbeitel benutzen können, indem man es an einen Stamm ansetzt und mit einem Aststück (Klöpfel) auf den Klingenrücken schlägt, um eine Nut herauszuarbeiten. Das ist z.B. für die Herstellung eines Floßes wichtig. Mit Hilfe des Klöpfels können auch dünnere Stämme gespalten werden. Diese Beanspruchung hält ein Messer nur aus, wenn sich die Klinge auf die ganze Griffbreite und -länge fortsetzt (Integralmesser), wobei die Griffschalen aufgesetzt sind. Die Schneide sollte einen breiten Rücken bis etwa zur Hälfte der Klingenlänge haben, damit man den Klöpfel benutzen kann. Bei manchen Messern ist auch das Heft und das Ende des Griffstücks aus demselben Werkstück wie die Klinge. Diese besonders stabilen Messer werden auch "Vollintegralmesser" genannt. Der Messerstahl sollte ein 440 (1.4129) oder ein 154 CM oder ATS 34 sein. Da diese Stähle sehr hart sind, müssen sie nicht so oft nachgeschliffen werden. Das "Abziehen" selbst ist jedoch aufwendiger und setzt einen guten Abziehstein voraus. Bevor es die moderne Technologie möglich machte, elastische und gleichzeitig stabile Messer zu fertigen, hämmerte man Messerstahl in Lagen, sogenannter "Damaszener-Stahl".

Für feinere Arbeiten ist zusätzlich ein feststellbares Taschenmesser erforderlich. Wenn dieses wirklich nur für die Feinarbeiten benutzt wird, genügt ein relativ leichtes Messer, im einfachsten Fall ein Opinel-Messer, das bereits ab 15.- DM zu haben ist. Bei moderner Ausführung ist es mit einem Plastikgriff versehen, z.B. das Gerber Microlight Extra, das für knapp 50.- DM angeboten wird.

Für den Survival-Pack sollte man das feststehende Messer durch ein besonders stabiles, aber trotzdem leichtes feststellbares Klappmesser ersetzen. Von den besonders stabilen Messern (mit 5 mm Stärke) ist das SOG-Tomcat mit knapp 250 g das leichteste. Dennoch ist das für ein reines Survival-Set schon relativ schwer. Deshalb begnüge ich mich mit dem 130 g leichten Katz-Klappmesser, das sogar mit einer Hand zu öffnen ist und um die 100 DM kostet.

In verschiedenen Kapiteln wurde schon einiges zur richtigen Kleidung gesagt. Als Unterbekleidung wird heute bei den Ausrüstern allgemein nur Kunstfasergewebe (Polyester oder Polypropylen) angeboten, weil es den Vorteil hat, den Schweiß nicht aufzusaugen, sondern an die nächste Schicht abzugeben. Nur so sind die Vorteile von "atmungsaktiver" Außenhaut richtig nutzbar. Für Traditionalisten wie mich erfüllt Angorawolle dieselben Funktionen, auch wenn sie etwas mehr Feuchtigkeit aufnimmt. Das macht bei Wolle aber nicht so viel aus, da Wolle auch bei Durchnässung im Gegensatz zu anderen Materialien immer noch gute Isolationsfähigkeit hat. Baumwolle sollte man nicht verwenden, weil die Fasern bei starkem Schwitzen quellen und die Luft aus den Zwischenräumen drücken. Dadurch verliert sich ihre isolierende Wirkung. Bei Unterhemden mit hoch geschlossenem Kragen ist darauf zu achten, daß sie einen Reißverschluß haben, um Hitzestaus zu vermeiden.

Für Überkleidung werden die notwendigen Erfordernisse durch die Bezeichnungen "winddicht", "wasserdicht" oder "atmungsaktiv" ausgedrückt. Atmungsaktiv ist ein Gewebe dann, wenn es den Wasserdampf des Körperschweißes aus der Hülle hinausläßt. Gleichzeitig soll es den Regen nicht hineinlassen. Für diese Eigenschaft sind Gore-Tex und einige andere Kunstfaser-Gewebe bekannt. Sie haben Poren, die die Wasserdampf-Moleküle durchlassen, nicht jedoch die Tropfen des Regenwassers. Die Kapazität reicht jedoch nicht aus, um die bei Anstrengung produzierten Schweißmengen loszuwerden. Wichtig ist deshalb ein lockerer Sitz, besonders auch an Ellbogen und Schultergelenken, und eventuell ein Lüftungsreißverschluß in der Achsel. Bei Gore-Tex ist das sogenannte 2-Lagen-Laminat weicher und raschelt weniger. Dies ist natürlich sehr wichtig, wenn man sich unauffällig bewegen will. Nicht atmungsaktive Regenkleidung ist, bis auf den Poncho, nicht zu empfehlen, weil sich der Schweiß darunter staut und man im Extremfall genau so naß wird wie ohne Regenkleidung.

Da Wolle, solange sie sich noch am Körper der Schafe befindet, dieselbe Funktion wie die modernen Gewebe hat, sollte man davon ausgehen, daß sie auch später in ähnlicher Weise wirkt. Gut sind Überjacken aus Loden. Loden ist gewalkte und damit künstlich verfilzte Wolle, die nachträglich mit Wollfett wasserabweisend gemacht wurde. Die Lodenjacke reicht auf jeden Fall für leichte Schauer und ist das leiseste Material, das ich kenne. Für Dauerregen sollte man eine leichte, weite Gore-Tex-Überjacke dabeihaben, möglichst mit strapazierfähigem Kunstfaser (Nylon)-Baumwoll-Mischgewebe. Zusätzlich habe ich immer einen leichten Ripstop-Regenponcho dabei, den ich sowohl als Zelt wie auch als Regenschutz verwende. Der Poncho wird mit über den Rucksack gezogen. Auf diese Weise bleibt auch der Rucksack trocken, und durch den Abstand des wasserdichten Gewebes vom Körper kann der Schweiß verdunsten. Die Kapuze einer Überjacke sollte mit 2 Kordelzügen verkleinerbar sein und damit anpassbar an die entsprechende Kopfbedeckung, sowie als winddichter Abschluß zum Gesicht.

Bei Hosen ist ähnliches zu sagen wie bei den Jacken. Lodenhosen bieten den idealen Klimaausgleich. Billiges Bundeswehrmaterial tut gute Dienste. Für Regenwetter ist eine Gore-Tex-Überhose empfehlenswert. In den Stoff eingearbeitetes Gore-Tex oder Gummi-Überhosen sind aus den oben genannten Gründen nicht ideal. Baumwolle ist ungeeignet.

An "Kleinteilen" sollte man bei tieferen Temperaturen einen Schal, Handschuhe (evtl. Fäustlinge mit zusätzlichen Fingerhandschuhen, die man darunter tragen kann) und eine Kopfhaube dabei haben. Ein Hut oder eine Mütze ist generell zu empfehlen, weil der Kopf sowohl hinsichtlich der Kälte (sehr viel Körperwärme wird durch Kopf und Hals abgegeben) als auch der Hitze (Sonnenstich) und mechanischer Beanspruchung ein schützenswertes Körperteil ist.

Bei Schuhen ist eine Innenauskleidung mit Gore-Tex nur dann sinnvoll, wenn man ausschließlich in feuchtkaltem Klima unterwegs ist. Ansonsten ist die Feuchtigkeitsabgabe zu gering. Wichtig ist, daß sie wegen der Feuerresistenz außen mit möglichst viel Leder und weniger mit Kunststoff besetzt sind. Lederschuhe mit Lederfutter sind angenehmer zu tragen; der Fuß sitzt besser und ist trockener als bei Kunstfaser-Futter. Durch Imprägnieren mit Wachs werden Schuhe mit dickem Leder praktisch wasserdicht. Es werden auch Gore-Tex-Socken zum Überziehen über die Wollsokken angeboten. Dadurch wird der Fuß zusätzlich gewärmt und bleibt trocken. Dies erlaubt die Wahl von leichteren Schuhen und fördert daher die behutsame und störungsfreie Bewegung in der Natur. Diese sind auch zum Tragen mit Sandalen beim Bootfahren ideal. Bei Sandalen sollte man unbedingt auf breite Riemen am Vorderfuß wegen des besseren Haltes achten. Um das Eindringen von Wasser beim Gehen durch nasses Gras zu verhindern, bieten sich Gamaschen an.

Kartenmaterial besorgt man sich natürlich vor der Reise. Oft gibt es bei uns sogar bessere Karten als im Zielgebiet, zumindest sind sie oft leichter zu besorgen. Adressen von Spezialbuchhandlungen stehen am Schluß dieses Buches. Nicht nur für Wasserwanderungen empfiehlt sich eine durchsichtige Kartentasche, auch bei Wanderungen im Regen ist die Karte auf diese Weise vor Nässe geschützt.

Kompasse sollten besonders stabil und in einem bruchsicheren Gehäuse untergebracht sein. Dies ist bei Marschkompassen normalerweise ohnehin der Fall. Kartenkompasse sind, wie bereits erwähnt, für Wanderungen jenseits befestigter Wege nur bedingt brauchbar. Kompasse sollten grundsätzlich eine gerade Anlegekante und eine durchsichtige Kompaßdose für die Messung des Kartenwinkels haben. Achat- bzw. Saphirlagerung der Nadel verhindert das Hängenbleiben und eine Flüssigkeitsdämpfung das Zittern der Nadel, dadurch wird die Genauigkeit verbessert. Der bei den Marschkompassen vorhandene Spiegel ist Voraussetzung für das gleichzeitige Anpeilen von Zielen und der Einhaltung der Nadelstellung auf der Nordmarke. Für Reisen auf die Südhalbkugel ist ein Kompaß mit Inklinationsausgleich erforderlich, oder man kauft den richtigen Kompaß vor Ort.

Zum Mitnehmen, z.B. im Survival-Pack, gibt es verschiedene Kombinationen von sturm- und wasserfesten Streichhölzern. Es empfiehlt sich, auch wasserdichte **Streichhölzer** noch zusätzlich wasserdicht zu verpacken, damit auch die Reibfläche geschützt ist. Es gibt auch wasserfeste Sturmstreichhölzer in einer wasserdichten Schachtel.

Alle möglichen Varianten von Eßgeschirr werden angeboten, und letzten Endes ist die Auswahl eine Geschmacksfrage. Ich bin kein Fan von Alu-Geschirr, weil es säureempfindlich ist, wodurch begeisterte Salatesser eine erhöhte Aluminiumdosis abbekommen können. Ich benutze ein einfaches Eßgeschirr aus Edelstahl, dessen Hauptteil ein Teller mit Pfannengriff ist. Dadurch habe ich Teller und Pfanne in einem. Der zusätzliche Einsatz kann als Teller und Deckel benutzt werden. Für den Survival-Pack gibt es Edelstahl-Behälter, die etwa 200 g wiegen und gleichzeitig als Verpakkung und Eßgeschirr zu nutzen sind. Vom Gewicht her sind sie allerdings doppelt so schwer wie Alubehälter derselben Größe.

Gabel und Löffel kann man sich natürlich leicht durch Schnitzen oder die Brennmethode (Kap. 12) herstellen. Zum Mitnehmen empfiehlt sich ein leichtes Besteck aus Plastik oder Titan (30 g).

Seil und Schnur sind notwendig auf jeder Wildnistour. Für Survival-Zwecke sollte man eine 3-mm-Reepschnur oder Fallschirmseil dabeihaben. Die Schnüre sind nicht zum Abseilen gedacht und müssen für besondere Notfälle mehrlagig verwendet werden. Angelschnur in den Stärken 0,25 mm und 0,5 mm tut gute Dienste. Im Survival-Pack sollte man eine Rolle 0,5 mm Schnur dabei haben, dazu 3 Angelhaken und Blei.

In manchen Situationen kann ein **Wasserfilter** von Nutzen sein. Der kleinste Wasserfilter der bekanntesten Marke auf diesem Gebiet, Katadyn-"mini", kann sowohl mit Keramikeinsatz (für die Keimbeseitigung) und Aktivkohlefilter (für die Beseitigung von Giften und zur Geschmacksverbesserung) betrieben werden und wiegt nur 200 g.

Entkeimungstabletten von Mikropur auf Silberbasis sind angeblich völlig unschädlich und entkeimen Wasser sehr sicher für etwa 1/2 Jahr, funktionieren aber nur bei nicht trübem Wasser. Ideal für den Einzelwanderer sind die MT1 (1 Tablette auf 1 Liter). Für den Survival-Pack ist in Wüstengebieten eventuell auch ein faltbarer Wasserkanister sinnvoll.

Für den Bau einer Solardestille empfiehlt es sich, eine durchsichtige Plastikplane mitzunehmen. Auch ein Plastiksack kann gute Dienste leisten.

Ein **Schlafsack** ist eine besondere Angelegenheit, dessen Anschaffung einer guten Beratung bedarf. Ich habe meinen ersten "richtigen" Schlafsack vor über 20 Jahren gebraucht in Nepal gekauft, weil meine Schlafsackattrappe der US Army ein Dauerfrösteln bereits bei über 0° auslöste. Neben diesem Winterschlafsack besitze ich seit 15 Jahren einen ganz leichten Sommerschlafsack, den ich bei Bedarf noch in den überlangen Winterschlafsack hineinziehen kann. Da die Schlafsäcke selbst mit einigen Leukoplast-Reparaturstellen immer noch die Waschprozedur aushalten (natürlich mit Daunenwaschmittel!), habe ich bisher noch nicht die genußvolle Erfahrung mit den High-Tech-Kunstfasersäcken machen können.

Wie bei vielen Dingen gibt es auch beim Schlafsack keine Ideallösung. Ein Schlafsack, der für arktische Temperaturen von -40°geeignet ist, kann für den europäischen Sommer nicht eingesetzt werden. Gute Daunenfüllungen sind sehr widerstandsfähig. Sie bieten auch im Verhältnis zum Gewicht und Packmaß die besten Isolationseigenschaften. Sie nehmen jedoch Wasser auf und trocknen nicht so schnell wie Kunstfasern. Für die Isolationswirkung ist die richtige Verarbeitung des Daunenschlafsacks wichtig. Die Daunen müssen in sich überlappenden oder durch Stege getrennten Kammern untergebracht sein, damit sie nicht an einer Stelle zusammenrutschen, wodurch an den Nähten Kältebrücken entstehen. Für die Übernachtung im Freien und bei feuchter Witterung gibt es Daunenschlafsäcke mit Gore-Tex-Überzug ("Dry-Loft"). Vorteil der Kunstfaserfüllungen ist, daß sie Wasser sehr schnell wieder abgeben, bzw. auch im nassen Zustand nicht verklumpen. Sie haben ihren Einsatzbereich bei langen Winterunternehmungen und in dauerfeuchtem Klima. Gute Fasern sind u.a. Polarguard HV; besser, weil leichter und porenreicher, ist Polarguard 3D. Ein sehr gutes Isolations-Gewichtsverhältnis hat Thinsulate Liteloft. Die Verarbeitung erfolgt in Lagen oder schindelartig.

Als Material für den Innenbezug gibt es nur noch Kunstfasern, weil diese im Gegensatz zu Baumwolle die Feuchtigkeit abgeben und nicht als wärmezehrende Schicht um den Körper herum ansammeln. Die Gewebe sind aber teilweise trotzdem sehr flauschig und hautfreundlich. Als Außengewebe wäre ein Baumwoll- oder zumindest ein Mischgewebe wünschenswert, damit man sich in der Nähe eines noch brennenden Feuers beruhigt schlafen legen kann. Leider wird so etwas kaum noch angeboten. Notfalls muß man für solche Zwecke einen Poncho aus Baumwolle mitnehmen, der den Schlafsack schützt und auch als Zelt benutzt werden kann.

Um die im Schlafsack gespeicherte Wärme nicht an den Boden abzugeben, ist eine isolierende Schicht auf dem Boden erforderlich. Das ist entweder trockenes Moos oder Laub oder eine **Isomatte**. Beim Kauf sollte man darauf achten, daß die Matte FCKW-frei und ohne Treibmittel geschäumt ist. Je dicker die Isomatte ist, desto besser ist die Isolation, aber desto größer auch das Packmaß. Die neuen selbstaufblasenden Matten haben ein geringes Packmaß. Das Gewicht der leichtesten nur 120 cm langen Variante (Therm-a-rest Ultra Lite, mit 26 x 10 cm Durchmesser der zusammengepackten Rolle) beträgt nur 400 g. Allerdings brauchen sie beim Aufblasen immer noch die Unterstützung durch Atemluft. Durch die feuchte Atemluft können sich bei Minusgraden in der Matte Eiskristalle bilden, die der Matte schaden. Abhilfe schafft hier nur eine kleine Luftpumpe. Da die Matten natürlich auch gegen Dornen empfindlich sind, sollte man sich sehr genau überlegen, ob man nicht doch lieber auf die traditionelle Variante zurückgreift.

Wer viel mitnimmt, braucht auch einen Rucksack. Je schwerer der Rucksack, desto entscheidender das Tragesystem. Neben den Schultergurten ist dann der Hüftgurt wichtig, der einen Teil der Last trägt. Beide Gurte sollten zusätzliche kleinere Stabilisierungsriemen haben, die nach erstem Anpassen und Festzurren der Gurte so angespannt werden, daß der Rucksack stabil gleichzeitig an Gurt und Körper anliegt. Ein zusätzlicher Brustgurt zieht die beiden Schultergurte über der Brust zusammen und entlastet das Schultergelenk. Er erhöht dadurch gleichzeitig die Bewegungsfreiheit der

Arme. Gut ist es, wenn der Rucksack einen ausstülpbaren Innensack und eine höhenverstellbare Deckelklappe besitzt. Auf diese Weise hat der Rucksack ein variables Volumen. Die Variabilität wird noch verbessert durch sogenannte Kompressionsriemen auf beiden Seiten. Durch Spannen dieser Riemen kann der Rucksack flacher gemacht werden. Außerdem dienen sie zur Befestigung von Seitentaschen.

Früher gab es Rucksäcke mit Außengestell. Lange Zeit war es still um diese Rucksackvariante, weil die Gestelle zu sperrig und im Vergleich mit den neuen Innengestellrucksäcken nicht stabil genug waren. Sie hatten allerdings den Vorteil, daß nur eine geringe Fläche des Rückens bedeckt war, wodurch das Schwitzen reduziert wurde. Neuerdings gibt es wieder gute Außengestellrucksäcke zu kaufen, u.a. von Gregory und von Norröna. Bei dem Rucksack von Norröna ist auch der äußerst stabile Packrahmen ("Kraxe") einzeln zu erhalten und erlaubt so ein individuelles Zusammenstellen von einzelnen Packtaschen oder anderen Gegenständen, die auf dem Rahmen festgeschnallt werden.

Das Packen ist wichtig für den Tragekomfort. Die schwersten Teile sollten etwa in Höhe des Schultergurt-Ansatzes liegen, die leichtesten unten und hinten im Rucksack, mittelschwere liegen dazwischen und ziehen sich hoch bis zur Deckelklappe. Auf diese Weise ist der Schwerpunkt in Körpernähe, was ein besseres Gleichgewicht zur Folge hat und liegt so hoch, daß es den Rucksack nicht "in die Kniekehlen" herunterzieht. Für Wanderungen in niederschlagsreichen Gebieten sollte man eine wasserdichte Hülle oder den bereits erwähnten Poncho dabeihaben.

Zelt. Ich bin seit einigen Jahren Besitzer eines schicken Doppeldach-Kuppelzeltes, benutze es aber fast nie. Statt dessen nehme ich nur einen kleinen Regenponcho, den ich als Lean-to gegen den Wind stelle und vor mir das Feuer in erreichbarer Nähe habe. Bei Touren mit mehreren Teilnehmern benutze ich ein großes Tarp (Zeltbahn) aus Segeltuch, unter dem 3-4 Menschen schlafen können. Das Segeltuch ist gegen Funkenflug relativ unempfindlich. Bei Bedarf baue ich seitlich mit größerem Radius ums Feuer noch je ein Tarp an. Wegen des größeren Abstands zum Feuer kann ich dafür die leichteren Nylongewebe benutzen, die den Vorteil des schnelleren Trocknens haben.

Unter meinen Freunden und Survival-Gästen sind auch immer wieder empfindliche Naturen vertreten, die anfangs darauf beharren, ein Zelt zu brauchen. Wir haben jedoch immer wieder festgestellt, daß das Zelt nur in den ersten zwei bis drei Tagen benutzt wurde. Danach überwog selbst in frostigen Nächten die Anziehungskraft des nächtlichen Sternenhimmels und das heimelige Glühen des offenen Feuers.

Wer ein **Zelt** braucht, sollte es dem Einsatzzweck anpassen. In Gebieten mit viel Niederschlag und Wind sollte es folgende Eigenschaften haben: Das Überzelt sollte zuerst aufgebaut werden können und der Abstand zwischen Außen- und Innenzelt sollte so groß sein, daß sie durch den Winddruck nicht aneinander gedrückt werden. Das Außenzelt sollte bis auf den Boden gezogen sein und eine große Apsis für das Kochen und für Gepäck besitzen. Das Innenzelt sollte aus schnell trocknendem Material bestehen, eine hochgezogene Bodenwanne besitzen, und zusammen mit dem Außenzelt gut ventiliert sein.

Ein Doppeldach empfiehlt sich auch im Sommer, weil dadurch die Innentemperaturen im erträglichen Bereich gehalten werden können. Gute Leichtgewichtszelte werden fast nur noch aus Nylon, insbesondere dem stabilen Rip-Stop für Außenzelte bzw. Polyester gefertigt. Gore-Tex empfiehlt sich nicht. Die Beschichtung des Außenzeltes kann aus Polyurethan oder Silikon bestehen. Wichtig ist, daß die Nähte versiegelt und mit "Doppelsteppstich-Kappnaht" genäht sind. Als Gestänge sind Alustangen etwas besser und leichter als Glasfiberstangen. Gut ist es, wenn die Stangen mit einem Gummizug verbunden sind. Kuppel- und Tunnelzelte sind zur Zeit stark auf dem Vormarsch, weil sie starke Beanspruchung vertragen.

Eine **Taschenlampe** gehört in jedes Survival-Pack. Es gibt sündhaft teure Super-Kleinlampen für 400.- DM und Plastiklämpchen für 5.- DM (Coleman). Nachdem ich bei einer MagLite das Batteriefachdeckelgewinde überdreht hatte, probierte ich mal die Billigversion, und - siehe da - sie leuchtete sogar unter Wasser. Seit dieser Zeit benutze ich diese einfache Lampe. Da sie nur 30 g wiegt, kann man auch zwei einpacken. Ein Problem stellen die Batterien wegen ihrer begrenzten Haltbarkeit dar. Wenn man aber das Gewicht der superteuren Lampen, die mit langlebigen Akkus ausgestattet sind, vergleicht mit dem Gewicht einer Billiglampe, so stellt man fest, daß man zur leichteren Billiglampe noch ein zusätzliches Solarladegerät einpacken kann. Das Gesamtgewicht liegt dann immer noch unter dem Gewicht der teureren Variante.

15.1 Survival-Pack

Hier noch einmal eine Zusammenfassung der Dinge, die ich aus Bequemlichkeit und aus Sicherheitsgründen auf die meisten Touren mitnehme. Sie sind handlich verpackt in einer kleinen Tasche, die ich wahlweise an den Gürtel schnallen oder umhängen kann. Sie enthält für Reisen in Europa folgende Utensilien, die entsprechend erweitert werden müssen, wenn Sie in andere Gebiete reisen:

1	Regenponcho
1	Isolationsdecke (Alu)
1	Brotdose aus Alu
1	Faltflasche (1 l)
1	Kopfhaube
1	Buschhut
100	Wasserentkeimungstabletten
2	Päckchen wasserfeste Sturmstreichhölzer
15 m	Reepschnur
10 m	feiner Stahldraht

1 Kompaß
1 Taschenlampe mit Ersatzbirne
4 Akkus
1 Signalspiegel
1 Bleistift
1 Notizblock
1 Klappmesser
30 m Angelschnur
3 Haken
10 m schwarzer Zwirn
2 Nähnadeln
2 Sicherheitsnadeln
2 Mullkompressen
2 Mullbinden
1 Rolle Leukoplast
1 Sortiment Pflaster
1 Fläschchen Wund- Desinfektionsmittel
1 Rasierklinge
1 Splitterpinzette

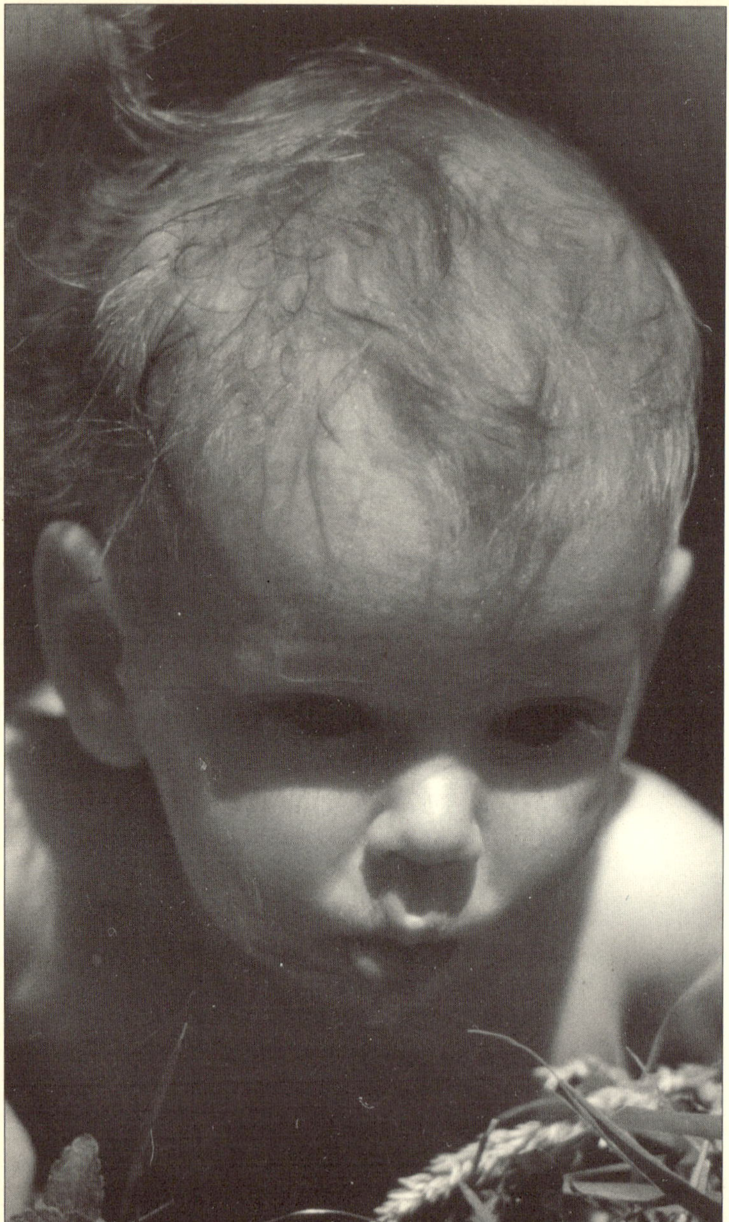

16 Survival mit Kindern

Am Schluß dieses Buches möchte ich eine weitere Dimension des "Überlebens" aufgreifen. Gerade in unserer heutigen Zeit ist es aktueller denn je, über das Überleben unseres Planeten zu sprechen. Umweltkatastrophen mehren sich. Gewässer, Pflanzen, Tiere und Menschen leiden unter Umweltgiften. Kein Winkel der Erde ist davon unberührt. Der Verursacher all dieser Probleme ist der Mensch, und deswegen liegt es auch an ihm, eine Lösung dafür zu finden.

Wir haben die Erde von unseren Kindern nur geborgt. So lautet ein Satz, den Umweltschützer auf ihre Plakate geschrieben haben. Er ist sehr treffend und wahr. Mein Sohn wird zum Erscheinen dieses Buches gerade 1 Jahr alt. Welche Welt wird er vorfinden, wenn er in mein Alter kommt? Unsere Kinder überleben uns. Sie müssen mit dem, was wir angerichtet haben, ihr Leben einrichten. Und auch sie werden ihre Kinder lieben und wollen, daß auch die nächste und übernächste Generation frei atmen, laufen und sich am Leben freuen kann. Früher wuchsen die Kinder auf im Kreis ihrer Großfamilie oder ihres Stammes. Sie fanden eine Welt vor mit sauberen Flüssen, in denen man im Sommer baden konnte, mit duftenden Wiesen und zwitschernden Vögeln. Es fanden sich auch Menschen, die nicht eingespannt waren in die tägliche Arbeit; Großvater oder Großmutter, die Zeit genug hatten, ihnen viele nützliche Dinge zu erklären und zu zeigen. Dinge, für die in der Schule kein Platz war und die ein Kinderleben so stark bereicherten, daß man sich auch im Erwachsenenalter gerne daran erinnerte.

Diese Zeiten sind für die meisten Kinder vorbei. Sie wachsen auf in Großstädten, in hektischer Betriebsamkeit. Sie kennen Straßenbahnen früher als Schmetterlinge, sind mit Spielzeug überhäuft oder kämpfen auf den Müllplätzen dieser Welt um die nackte Existenz.

Abb. 16.1 Der Autor auf einem Kinder-Camp

Wer nimmt sich schon die Zeit, um mit ihnen dem Murmeln eines Baches zu lauschen? Wer weiß schon eine solide Antwort darauf, was sie mit ihrer Zukunft und unserer Vergangenheit anfangen sollen? Was unsere Kinder betrifft, so müssen wir moderne "Großmütter" und "Großväter" werden, damit sie früher einen anderen Umgang mit der Natur und ihren Lebewesen erlernen als wir selbst.

Survival mit Kindern ist eine Art moderner Ersatz für vergangene Zeiten. Es ist ein besonderer Urlaub, der vieles zusammenzuführen vermag, was in der konsumorientierten Welt auseinanderfällt. Billig ist er obendrein. Man braucht, wie Sie ja diesem Buch mittlerweile entnommen haben, fast nichts. Der Himmel ist kostenlos und wölbt sich erhaben und blau wie seit Anbeginn der Zeit über die Erde. Der Mond scheint gratis, und kein Vogel möchte, daß Sie eine Eintrittskarte lösen, um ihm lauschen zu können.

Auf meinen Survival-Camps mit Kindern habe ich immer wieder festgestellt, wie begeistert die Kinder bei der Sache sind. Sie vermissen, zumindest nach einer Weile, ihren Gameboy nicht mehr, auch nicht ihre Musikkassetten und schon gar nicht ihre Schulbücher. Sie finden statt dessen endlich Ruhe - etwas, das heute nicht nur die Erwachsenen dringend brauchen; sie können Atem schöpfen, sich konzentrieren, sich austoben und schmutzig machen und die Welt aus vollem Herzen entdecken. Ich kann allen Eltern oder Menschen, die mit Kindern beruflich zu tun haben, wärmstens empfehlen, viel Zeit mit den Kindern in der freien Natur zu verbringen. Nehmen Sie, wenn es geht, auch die Kinder des Nachbarn mit, denn Kinder lieben es, in Gesellschaft anderer Mädchen und Jungs zu sein. Wenn Sie selbst Feuer gefangen haben für das Survival, wie ich es meine, für die Freundschaft mit der Natur, sind Sie bereits auf dem besten Weg, ein guter Lehrer für ihre Kinder zu werden. Im folgenden möchte ich Ihnen zusätzlich einige Erfahrungen aus Survival-Camps mit Kindern mit auf den Weg geben.

16.1. Über das Lernen und Lehren

Der Survival-Experte Tom Brown wird aufgrund seiner guten Kenntnisse im Spurenlesen häufig gerufen, um Vermißte in der amerikanischen Wildnis aufzuspüren. Er berichtet, wie er immer wieder Erwachsene fand, die, zusammengekauert über einem Stein, erfroren waren. Kinder konnten dagegen oft gerettet werden. Er fand sie, tränenüberströmt und aufgelöst, aber noch äußerst lebendig. Sie hatten sich instinktiv ins Dickicht verkrochen oder in Laubhaufen gewühlt. Sie waren zwar erschrocken, aber nicht in Panik geraten. Es war ihre innere Verbindung zur Natur, die sie rettete. Wer ist im Fall einer Survival-Situation also der bessere Lehrer? Der Erwachsene oder das Kind? Diese Frage ist sehr wichtig, weil viel zu viele Erwachsene heute glauben, daß Kinder dumm zur Welt kommen und erstmal etwas richtiges lernen müßten. Auf manchen Gebieten ist das auch durchaus richtig, auf anderen aber sollten wir von den Kindern lernen. Hören Sie also auf das Kind, nehmen Sie es wahr, wie es spielt, was es spielt. Hören Sie auf das, was es sagt, auch wenn es nach Ihren Vorstellungen Unsinn ist. Lassen Sie dem Kind einen Freiraum, in dem es sich selbst ausprobieren kann. Und lernen Sie dann von ihm, wie es die Dinge tut. Kinder sind innerlich und äußerlich noch weich und deswegen aufnahmefähig für vieles, was Ihre starre Meinung auf eine harte Probe stellt. Besonders die Kleinen haben eine sehr sensible Naturverbindung. Zum Beispiel können sie behaupten, mit dem Regenwurm gesprochen zu haben. Überlegen Sie doch, ob es nicht wahr sein könnte, bevor Sie es ins Reich der Phantasie verweisen. Kinder haben eine ungeheure Vorstellungskraft. Wenn man ihnen ihren Raum läßt, kommt man selbst dahinter, was im Sinne einer Realitätsfindung "richtig" ist und was nicht. Wir selbst haben allzu früh "gelernt", daß Bäume wie Gegenstände zu behandeln sind. Wo sie stören, müssen sie weg. Ein Griff mit den Baggerzähnen, und raus ist der Baum mitsamt Wurzeln und allem, was in seinem Schutz zu leben vermochte. Ein Baum enthält wie alles Lebendige eine Seele, sonst wäre er nicht lebendig. Dieses Wesentliche zu sehen und zu respektieren, ist meiner Meinung nach der wichtigste Aspekt für ein Survivaltraining mit Kindern. Die Kinder werden ihnen dankbar sein für diesen kreativen Freiraum.

Schulen Sie zusammen mit ihren Kindern die Wahrnehmung für die Vorgänge in der Natur. Die Natur ist die beste Lehrerin. Es geht darum, sie zu verstehen. Wieso kann eine Forelle im schnell fließenden Bach auf einer Stelle stehenbleiben, ohne sich mordsmäßig anzustrengen? Wieso frieren die Rehe im Winter nicht? Wie findet eine Schwalbe nach einer langen Zeit in Afrika wieder ihr Nest in Europa? Wie bauen die Vögel eigentlich ihr Nest? Wissen Sie, womit sie anfangen? (Wenn nicht, so werden Sie es in einem späteren Abschnitt dieses Kapitels erfahren.) Die Schule der Natur ist ohne Kompromisse. Da ist sie anders als wir von Launen gebeutelten Menschen. Das macht sie so lehrreich. Wenn man schnell mal durchs Unterholz witschen will und dabei mit den Gedanken woanders ist, dann haut schon mal ein Zweig zurück. Der macht keinen Unterschied zwischen Groß oder Klein. Wach-Sein ist seine Lehre. Ein geistiger Zustand, der inmitten der Informationsflut und des Konsums verloren zu gehen droht. Wann ist man denn wirklich einmal voll bei der Sache, wenn Fernsehspot auf Fernsehspot folgt und nie Zeit zum Verdauen bleibt?

Die Natur ist eine Freundin, die das Große in uns verlangt. Man nähert sich ihr vorsichtig, legt Überheblichkeiten und Selbstgefälligkeiten ab. Sie hat immense Kraft, aber wir Menschen können ihr ebenbürtig werden, wenn wir ihr mit Respekt gegenübertreten. Am besten lernt man das, wenn man jung ist. Denn, wie ein Sprichwort so schön sagt, was Hänschen nicht lernt, lernt Hans nimmermehr.

Kratzer und Schrammen sind nichts Weltbewegendes. Sie heilen schneller als die psychischen Wunden, die eine einsame Kindheit hinterläßt. Wer lernt, sich in den starken Ästen eines Baumes geborgen zu fühlen, wer von seinen Abenteuern zurückkehren kann an ein heimisches Lagerfeuer, wer an der Seite von Mama, Papa oder Freunden nachts in den Sternenhimmel blicken kann, wer von ihnen erfährt, was sie begeistert, der wird über ein paar kleine Schrammen nicht ins Wanken geraten. Aus Erfahrung wird man klug, nicht aus Belehrung.

Wenn Sie all dies beherzigen, können Sie jetzt auch Ihre Rolle als Lehrer annehmen. Denn natürlich verfügen Sie über Kenntnisse und Erfahrungen, die Ihren Sprößlingen nützlich sind. Übermitteln Sie Ihr Wissen spielerisch. Bauen Sie es ein in eine spannende Geschichte. Der Kern der Geschichte wird sich in das kindliche Gedächtnis mehr eingraben als viele nüchtern erzählte Fakten, und seien sie auch noch so richtig. Ich habe noch nie Kinder getroffen, die nicht begeistert waren von guten Geschichten. Sie lassen Raum für eigene Bilder und Visionen, regen den Geist an, anstatt ihn durch Vorgefertigtes vollzupfropfen. Bringen Sie durch alles, was Sie tun, die Welt der Kinder zum Blühen!

16.2 Mit Kindern eine Schutzhütte bauen

Wie Sie schon wissen, ist Wärme das Wichtigste für das Überleben in der freien Natur. Sie wissen jetzt auch, wie man eine Schutzhütte baut, z.B. aus Ästen und Laub. Sie wissen, daß das viel Arbeit ist und stundenlangen Einsatz verlangt. Wie bringen Sie das den Kindern bei?

Beginnen Sie damit, die Wahrnehmung zu schulen und beginnen Sie mit einer Geschichte. Machen Sie die Kinder

Abb. 16.2 Kinder in der Schutzhütte

aufmerksam auf die jungen Vögel, die noch keine Federn haben. Wodurch werden sie warm gehalten? Lassen Sie die Kinder im Frühjahr die Vögel beobachten, wie sie ihr Nest bauen, wie sie emsig hin und her fliegen und Baumaterial sammeln. Womit fangen sie an? Mit dem Gerüst! Sie fangen mit ganz schweren Zweigen an. Fast können sie nicht mehr fliegen, so schwer sind die. Übertreiben Sie ruhig, die Kinder wissen schon, was Sie meinen. Lassen Sie im Herbst die Kinder nach verlassenen Nestern suchen. Wie sind die aufgebaut? Was fühlt man, wenn man einen Finger hineinsteckt in das Geflecht aus Zweigen, Ästchen und Grashalmen? Es wärmt. Und wie macht es das Eichhörnchen?

Wenn ein erstes Gefühl dafür da ist, was Schutzhütten für die Tiere sind und für den Menschen sein könnten, kann man mit dem nächsten Schritt beginnen. Wo ist ein geeigneter Platz für die Hütte? Auch darüber lohnt es sich nicht, zu dozieren. Schlagen Sie vielmehr ein Spiel vor. Ein Versteckspiel besonderer Art. Wo kann man sich am besten verstecken vor Sonne und Wind, vor Feuchtigkeit von un-

Abb. 16.3 Im Basislager

ten, vor großen Tieren und Menschen? Verwandeln Sie die Suche in ein Spiel. Wer den besten Platz gefunden hat, ist Sieger. Auf seinem Platz wird die Hütte errichtet. Um zu siegen, müssen die Kinder viele Faktoren erkennen und miteinander kombinieren.

Notwendigkeiten überzeugen Kinder nicht sehr. Spiele schon. Eine Schutzhütte aus Übungszwecken zu bauen, damit man weiß, wie das im Notfall geht, ist eine komische Angelegenheit, die sich nur Erwachsene ausdenken können. Kinder bauen keine Schutzhütte, sondern sie bauen eine Höhle, ein Bärenloch oder zunächst einen Laubhaufen, in den man hineinkrabbelt und fühlt, wie er wärmt. Das ganze braucht auch nicht da stattzufinden, wo man sich gerade befindet. Sondern zum Beispiel auf einer einsamen Insel, auf der man gestrandet ist. Ein großer Sturm ist im Anmarsch und ein eiskalter Wind pfeift von den Höhen. All das kann man sich auch bei strahlendem Sonnenwetter vorstellen, und es erhöht die Lust am Bauen, am Sammeln und Ausstopfen. Immer wieder kriechen die Kinder in das noch unfertige Bauwerk. Man wird zum Bär, der seinen Winterschlaf vorbereitet. Man spielt und stopft aus und trägt noch mehr Zweige zusammen und beginnt, sich mit dem Bauwerk anzufreunden. Es arbeiten immer mehrere Kinder gemeinsam an einer Hütte. Und ehe man sich versieht, ist sie fertig. Wie viele Kinder passen hinein?

Wer will, kann jetzt auch eine Nacht darin schlafen. Man darf auch ruhig seinen Schlafsack benutzen, auch wenn man nebenbei gehört hat, daß die Hütte auch ohne weitere Dekken gut wärmt. Am besten, es tun sich zwei Kinder zusammen, und ein Erwachsener schläft in erreichbarer Nähe zur Hütte. Auf dem Weg in die Schutzhütte begleitet man die Kinder und lauscht auf die Geräusche der Nacht. Da ist ein Käuzchen, da hört man eine Nachtigall. Kennen Sie die Geschichte vom einsamen Käuzchen und warum es lernen mußte "huhuhu" zu rufen? Ich auch nicht. Aber vielleicht können Sie die Geschichte so zu Ende erzählen, daß man das Käuzchen gerne rufen hört und sich nicht an Gruselmärchen erinnert fühlt. Es gibt in unseren Breiten keine wirklichen Gefahren in der Nacht, doch die Dunkelheit ist seit Menschengedenken mit Angst behaftet. Trainieren Sie zusammen mit ihren Kindern ihr Gehör. Lauschen Sie, um Vertrauen in die Nacht zu finden. Eine Nacht in der Hütte soll Spaß machen und soll niemals eine Mutprobe sein. Wen der Mut verläßt, darf zurückkommen ins heimische "Basislager", ohne daß man weitere Worte darüber verlieren müßte. Und wie war die erste Nacht in der Höhle? Ganz cool.

16.3 Das Leben entstand im Wasser

Vor allem schmutziges Wasser ist faszinierend. Zum Leid aller Mütter, die ihre Kinder an Pfützen vorbeilotsen müssen.

Fordern Sie jeweils zwei Kinder auf, ein großes Glas voll Wasser aus einem Tümpel zu holen. Was bewegt sich darin? Die Kinder geben den Tierchen eigene Namen: da sind Hüpferchen, da Hirsche. Naturfernsehen kann spannend sein. Erst später zieht man ein Buch hinzu, zeigt die Abbildung der "Hirsche" und gibt ihren zweiten Namen bekannt: Wasserflöhe. Was fressen die?

Die Tiere im Wasser werden den Kindern langsam vertraut.

Jetzt steht der nächste Schritt an. Das Wasser soll durch einen Bodenfilter gereinigt werden. Empörung bei den Kindern. Was wird aus all den Tieren? Über den Bodenfilter wird ein Tuch gebunden, das die Tiere auffängt. Eilig werden sie in den Tümpel zurückbefördert. Die Kinder schauen ihnen nach, wie sie im Dunkel des Wassers langsam verschwinden. Und was passiert mit dem Wasser? Klares Wasser rinnt aus dem Filter. Wieso ist es so klar? Was haben die einzelnen Schichten in der Filtersäule gemacht? Will jemand das Wasser kosten? Logo. Es schmeckt ganz prima.

Und ansonsten? Wo kann man noch Wasser in der Umgebung finden? Schicken Sie Ihre "Scouts" aus, um Wasser zu suchen.

Woran erkennt man einen fernen Wasserlauf? Wie verändert sich das Grün der Wiese, wenn es sumpfig wird?

Ein beliebtes Spiel ist das Tausammeln am Morgen. Um die Fesseln wird ein Fetzen Tuch gewickelt, das sich vollsaugt mit trinkbarem Naß und danach über einer Schüssel ausgewrungen wird. Wer füllt seinen Becher als erster?

16.4. Feuermachen

Was macht man, wenn man kalte Hände hat? Man reibt sie schnell gegeneinander. Reibung erzeugt Wärme. Das Prinzip des Feuerbogens wird sofort verstanden. Ein Feuerbogen in seinen Einzelteilen herzustellen ist eine Sache für Fortgeschrittene. Den Anfänger läßt man zunächst einfache Dinge schnitzen. Achtung! Beim Schnitzen braucht es feste Regeln. Erstens: Immer vom Körper weg arbeiten. Zwei-

Abb. 16.4 Teamwork am Drillbogen

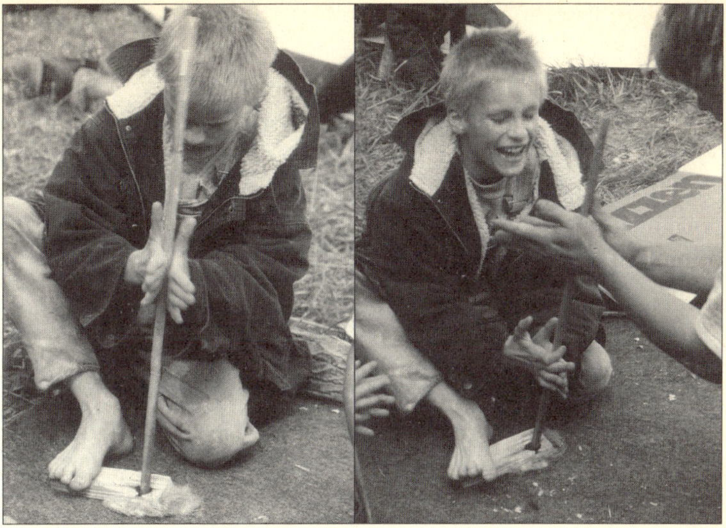

tens: In Reichweite des eigenen Arms darf kein zweites Kind sitzen. Drittens: Wenn jemand vorbeigeht, muß das Schnitzen unterbrochen werden. Achten Sie streng darauf, daß diese Regeln eingehalten werden. Seien Sie bei einer Regelverletzung nicht wütend oder nachtragend, sondern eindeutig und klar. Im nächsten Kurs kann sich das Kind wieder im Schnitzen versuchen. Regeln einzuhalten war der Lernschritt für dieses Mal, und es gibt noch genügend andere Dinge, für die es sich begeistern kann.

Feuchtes Holz läßt sich einfacher schnitzen, und man kann daraus zum Beispiel ein Natur-Mikado herstellen. Die Kinder schälen fingerdicke Zweige ab und spitzen sie an beiden Enden an (genau so wie es später mit trockenem Holz für die Spindel notwendig wird). Fertig ist ein schönes Spiel für zwischendurch.

Für das Feuermachen wird der Drillbogen oder der Handdrill benutzt. Bis zum Rauchen schaffen es die meisten Kinder allein. Manchmal kommen sie auch auf gute Ideen zur Zusammenarbeit: Zwei ziehen den Bogen, einer hält das Feuerbrett fest. Schauen Sie zu, unterstützen Sie die Begeisterung, ohne vorschnell einzugreifen und zu korrigieren, auch wenn Sie der Meinung sind, daß es anders leichter ginge. Manche Kinder fangen soviel "Feuer", daß sie auch nach dem Kurs weiterüben. Andere läßt die Sache relativ kalt. Und beides ist in Ordnung.

Feuermachen ohne Streichhölzer ist eine Sache, die man kann oder nicht kann. Es ist in erster Linie eine Frage der inneren Einstellung und erst danach eine, der körperlichen Kraft. Wer mit viel innerem Feuer ans Werk geht, der wird durch ein äußeres Feuer belohnt. Allerdings nicht immer. Der Moment, wo die ersten Flammen sichtbar werden, ist immer wieder neu, eine Überraschung, ein Rätsel. Es ist ein Geschenk, über das man so glücklich ist wie am ersten Weihnachtstag. Was haben die Steinzeitmenschen empfunden, als sie ihre erste Glut hergestellt hatten? Als sie bemerkten, daß es Kräfte gibt zwischen Himmel und Erde, die imstande sind, ein Feuer zu entfachen? Lassen Sie diese Zeit im Geist der Kinder wieder aufleben. Erzählen Sie ihnen am Lagerfeuer die Geschichte unserer Vorfahren. Sie wird sich ihnen so mehr einprägen, als in manch einer Geschichtsstunde.

16.5 Essen in der Wildnisküche

Ziehen Sie eine circa 30 cm lange Schnur über ein Stück Wiese und lassen Sie die Kinder beobachten, welche Lebewesen entlang der Schnur wachsen. Geben Sie ihnen eine Lupe zur Unterstützung. Was wohnt da alles auf einem Stück Erde, das man normalerweise ohne hinzuschauen mit einem Schritt überquert? Wieviele verschiedene Pflanzen findet man vor? Sind alle Gräser gleich? Lassen Sie den Kindern Raum, eigene Namen zu erfinden. Wenn Sie ihnen eine bestimmte Pflanze näherbringen wollen, erzählen Sie ihnen wieder eine Geschichte. Zum Beispiel die Geschichte des Spitzwegerichs, wie er sich die Fähigkeit erwarb, heilsam auf Mückenstiche zu wirken und wie glücklich er war, als das erste Kind dies bemerkte. Sie können auch Schule spielen. Pflanzen werden in das mitgebrachte Schreibbuch geklebt und alles Wissenswerte dazu geschrieben. Wenn einige Pflanzen bekannt sind, unternimmt man eine Exkursion ins Gelände. Findet man die Pflanzen wieder?

Schlagen Sie das Memory-Spiel vor. Breiten Sie ein großes, weißes Tuch aus und legen die verschiedensten Pflanzen darauf. Es können auch Tannenzapfen dabei sein oder andere Dinge aus der Natur. Alle Kinder prägen sich die Pflanzen eine Minute lang ein, dann wird ein zweites Tuch darüber gedeckt. Jetzt gilt es, in der Natur die gleichen Pflanzen zu sammeln. Nicht jeder findet alle wieder. Aber man kann sich austauschen. Man weiß, an welchen Plätzen die Pflanze zu finden ist, und man hat nebenbei das Abendessen gesammelt.

Man kocht eine feine Suppe, macht Salat oder leckere Beinwellschnitzel. Was haben Steinzeitmenschen gegessen? Alles schmeckt neu und ganz anders als Brot mit Marmelade. Aber es macht Spaß, und es wird viel weniger gemurrt als zu Hause.

Die Ernährung ganz auf Wildnisnahrung umzustellen, überfordert den kindlichen Organismus und ist vor allem bei kurzen Aufenthalten nicht zu empfehlen. Wichtig ist, daß die Kinder die Pflanzen kennenlernen und probieren. Endlich dürfen sie das essen, was ihnen allzu ängstliche Erwachsene verboten haben, als sie mit ein, zwei Jahren alles in den Mund steckten, was ihnen in die Finger kam. Giftige Pflanzen sind in unseren Breiten sehr selten. Pilze sind ein extra Kapitel. Wenn Sie selbst kein Pilzkenner sind, lassen Sie sie aus. Erzählen Sie allerdings die Geschichte vom Knollenblätterpilz. Den sollten alle Kinder kennen und die strenge Regel, ihn zu meiden, ebenfalls.

Pflanzen wollen dem Menschen helfen. Am besten Sie geben Ihre eigenen Erfahrungen weiter. Vielleicht kennen Sie ja Erlebnisse wie ein Bekannter von mir, der sich nach einer langen Paddeltour einen Sonnenbrand zuzog. Sein ausgewähltes abendliches Lager war von Taubnesseln überwachsen und es lag nahe, sich daraus einen Tee zu kochen.

Der Tee schmeckte ihm so gut, daß er nicht genug davon trinken konnte. Am nächsten Tag war der Sonnenbrand verschwunden. Erst viel später las er nach, daß Taubnesseln gegen leichte Verbrennungen der Haut wirken. Solche Erfahrungen weiterzugeben, sind wahre Geschenke an ihre Kinder. Nicht jede Pflanze schmeckt jedem Kind gleich gut. Lassen Sie auch hier genügend Raum, um für jedes Kind den richtigen Zaubertrank zu finden. Vertrauen Sie auf die Weisheit der Intuition.

Im Verlauf des Jahres verändern Pflanzen ihre Gestalt. Machen Sie die Kinder darauf aufmerksam. Was ist Veränderung? Was ist Wachstum? Und wie ist das mit den Schmetterlingen?

Wer das Wesen der Pflanzen erkennt, wird sie von selbst achten. Man sammelt nur von den Pflanzen, die ausreichend verbreitet sind. Alle anderen läßt man stehen, auch wenn sie gut schmecken. Man rupft nie "zum Spaß" Pflanzen aus, noch verletzt man sie ohne Grund.

Pflanzen kann man nicht nur essen, sondern man kann Schnüre aus ihnen herstellen, Armbänder und Ketten. Und sie können uns heilen.

16.6 Das Leben in der Natur

Die Natur ist heilsam für Erwachsene und Kinder, wenn man sie richtig zu nutzen versteht. Gestalten Sie das Leben mit den Kindern so, wie Sie es sich selbst erträumten, als sie jung waren. Eine Zeit des Abenteuers mit Mama und Papa oder guten erwachsenen Freunden, auf die man sich verlassen kann - können Sie sich erinnern?

Die Natur bereichert die Seele. Nehmen Sie deswegen wenig Spielzeug und Ablenkung mit. Ein Fußball genügt vollauf. Schulen Sie die Wahrnehmung, indem Sie, gelenkt von fast unsichtbaren Spuren, auf Schatzsuche gehen. Unternehmen Sie eine Nachtwanderung oder stehen Sie frühmorgens auf, um Tiere zu beobachten. Leise, versteht sich,

wie ein Indianer. Üben Sie das Pirschen und Tarnen. Baden Sie unter einem kleinen Wasserfall oder verzichten Sie eine Zeitlang auf die moderne Hygiene. Das schadet Ihnen und auch Ihren Kindern nicht. Regennachmittage nutzt man, um es sich im Basislager unter dem Lean-to gemütlich zu machen. Man schnitzt, werkelt, erzählt. "Schlechtes Wetter" sagt man nur aus Mangel an Phantasie. Geben Sie dem Tag eine feste Struktur, aber seien Sie offen für Dinge, die sich entwickeln.

Im Survival-Camp gelten feste Regeln. Es sind nur wenige, die aber klar eingehalten werden müssen. Kinder sind dankbar, wenn sie Grenzen kennen, deren Sinn sie einsehen. Seien Sie bei einer Regelverletzung streng, aber nicht wütend. Lernen Sie von der Natur. Sie sind in diesem Fall ihr Vertreter, und eine solche Autorität akzeptieren die Kinder gern. Eine der Regeln betrifft, wie bereits erwähnt, den Gebrauch der Schnitzmesser. Weitere beziehen sich auf den respektvollen Umgang mit Pflanzen und Tieren. Zündeln ist nicht erlaubt. Statt dessen kann man die Rolle des "Feuermeisters" erwerben. Sorgen Sie dafür, daß dieser Posten ein hohes Ansehen genießt, den ein Kind dann annehmen kann, wenn es etwas gelernt hat über Umsicht und Verantwortung. Am Ende des Camps ist es wieder wichtig, von den Indianern zu lernen, die niemals Spuren hinterlassen. Das Camp wird gemeinsam abgebaut, die Feuerstelle wieder mit Grassoden bedeckt. Kein Müll darf daran erinnern, daß ein

Wildnisschule

menschliches Wesen hier gewesen ist. Auch der Müll anderer Leute wird gesammelt und daheim entsorgt. Tiere haben schließlich keine Hände zum Aufräumen und wollen genausowenig wie wir auf einem Müllplatz leben.

Natürlich hören die zwischenmenschlichen Probleme nicht einfach auf, nur weil man sich ins Freie begeben hat. Manchmal gibt es einen deftigen Streit zwischen den Kindern. Man soll sich als Erwachsener nur nicht zu früh einmischen. Wenn man beobachtet, daß sich eine "Hackordnung" unter den Kindern herausbildet und die Kinder sich immer wieder über ein bestimmtes Kind lustig machen oder es ärgern, ist eine "Lehrstunde" angesagt. Wieder lenkt man den Blick in die Natur. Wieviele verschiedene Pflanzen gibt es, und ist eine davon weniger wichtig als die andere? Je mehr die Kinder das Wesentliche in der Welt wahrnehmen lernen, umso mehr werden sie sich auch gegenseitig als verschiedene Wesen respektieren.

Manche Kinder kommen mit einer Portion Aggressivität ins Survival-Camp. Das ist "normal" bei den Lebensverhältnissen, aus denen sie kommen. Seien Sie streng, wenn es um Regelverletzungen geht, und zeigen Sie dem Kind gleichzeitig, daß es selbst, sein Wesen, wie alles Leben in der Natur in Ordnung ist. Schenken Sie ihm das, was es am meisten braucht: Aufmerksamkeit und Freundschaft.

Die Mahlzeiten sind besondere Zeiten. Führen Sie ein "Tischgebet" ein, um die Wahrnehmung für das zu schulen, was die Natur dem Menschen schenkt. Gerade Kinder können schöne Gebete sprechen. Die dürfen auch manchmal mega-unheilig sein, wenn sie aus dem Herzen kommen. Das schafft ein Gemeinschaftsgefühl und Sammlung. Es öffnet den Blick für eine Tatsache, die im heutigen Leben kaum mehr gesehen wird, die Kinder aber sehr schnell begreifen: Der Mensch ist Teil der Natur. Er kann nur mit und in ihr leben, wenn er überleben will.

17 Anhang

17.1 Literaturverzeichnis

Natur und Mensch

- *Herrigel E.*: **Zen in der Kunst des Bogenschießens**. Scherz/O.W. Barth, Müchen 1994
- *Messner R,*: **Der gläserne Horizont.** Droemer Knaur, München 1991
- *Messner R.*: **Berge versetzen. Das Credo eines Grenzgängers**. BLV, München 1996
- *Nehberg R.*: **Überleben in der Wüste Danakil und im brasilianischen Urwald**. E. Kabel Verlag, Hamburg 1986
- *Nollman J.*: **Die Botschaft der Delphine**. Nymphenberger Verlagshandlung, München 1986
- *Tellington-Jones L.*: Der **neue Weg im Umgang mit Tieren**. Franckh./Kosmos, Stuttgart 1993
- *Weisheit der Indianer*: **Weißt Du, daß die Bäume reden?** Kerle Verlag, 1992

Pflanzen

- *Aichele D./Golte-Bechtle M.*: **Was blüht denn da?** Franckh/Kosmos, Stuttgart 1993
- *Couplan F.*: **Essbare Wildpflanzen**. AT Verlag, Stuttgartt 1997

- *Diels L.*: **Ersatzstoffe aus dem Pflanzenreich**. Schweizerbart'sche Verlagsbuchhandlung; Stuttgart 1918
- *Foster S./Caras R.*: **Venomous Animals & Poisonous Plants**. Houghton Mifflin, New York 1994
- *Koschtschejew A.K.* : **Wildwachsende Pflanzen in unserer Ernährung.** VEB Fachbuchhandlung, Leipzig 1986
- *Pahlow M.*: **Das große Buch der Heilpflanzen**. Gräfe und Unzer Verlag, München 1982
- *Peterson L. A.:* ***E*dible Wild Plants**. Hougthon Mifflin Company; New York 1977
- *Schmeil-Fitschen*: **Flora von Deutschland und seinen angrenzenden Gebieten**. Quelle & Meyer, Heidelberg 1973
- *Storl W.-D.*: **Heilkräuter und Zauberpflanzen zwischen Haustür und Gartentor**; AT Verlag; Stuttgart 1996

Survival

- *Boger J.*: **Alles über Survival**. Pietsch Verlag; Stuttgart 1994
- *Boswell J.* : **US Army Survival Handbuch**. Pietsch Verlag; Stuttgart 1995
- *Brown T. Jr.*: **Tom Brown`s Field Guide To Nature Observation And Tracking**. Berkley Books, New York 1983
- *Nehberg R.*: **Medizinsurvival**. Ernst Kabel Verlag , Hamburg 1996
- *Nehberg R.*: **Survival-Training**. Droemersche Verlagsanstalt, München 1989
- *Nelson D. & S.*: **Wüsten-Survival**. C. Stein Verlag, Kronshagen
- *Politano C.*: **Allein im Wald, Survival für Kinder**. C. Stein Verlag; Kronshagen 1994 (kleines Survivalbuch)

Survivaltechniken

- *Brown T. Jr.*: **Tom Brown`s Field Guide To Wilderness Survival.** Berkley Books; New York 1983
- *Hellweg P.*: **Flintknapping**. Canyon Publishing Co., Canoga Park, USA, 1984
- *Linke W.*: **Orientierung mit Karte und Kompaß**. Verlag Busse & Seewald, Herford 1994
- *McPherson J. & G.*: **Wilderness Living & Survival Skills**. Prairie Wolf, Randolph, USA, 1993
- *Murie O. J.*: **Animal Tracks**. Houghton Mifflin Company; New York 1974
- *Ottiger H./Reeb U.*: **Gerben**. Eugen Ulmer Verlag; Stuttgart 1991
- *Stelmok J. & Thurlow R.*: **The Wood & Canvas Canoe**. Old Bridge Press, Camden East Ontario 1987
- *Stewart H.*: **Indian Fishing**. The University of Washington Press, Seattle 1977
- *White M.G.*: **Craft Manual of North American Indian Footwear**. Im Eigenverlag, USA 1969
- *White M.G.:* **Craft Manual of Yukon Tlingit**. Im Eigenverlag, USA 1972

Jagd

- *Berrens K./Seilmeier G.*: **Jagdlexikon**. BLV, München 1994
- *Henning R.*: **Wild-Bestätigungskunde**. Landbuch-Verlag, Hannover 1985
- *Krebs H.*: **Vor und nach der Jägerprüfung**. BLV, München 1995

17.2 Adressen für Überlebenskurse

- ACHILLEA Natur & Wildnisschule, Postfach 1135, 14801 Belzig ,Tel.: 033841 / 595 80
- Hartenfels, Michael, Naturheilpraxis und Seminare, Hausener Weg 29, 60489 Frankfurt (für Homöopathie)
- Johanniter Unfall-Hilfe, Porschestraße 38, 70435 Stuttgart (für 1. Hilfe extrem)
- The National Bowhunter Education Foundation, N.B.E.F., P.O.Box 2007, Fond du Lac, WI 54936, USA (für Bogenbau)
- Tracker School, Tom Brown, P.O.Box 173 Asbury, New Jersey 08802, USA
- Schmidt, Andreas, Praxis für chinesische Medizin und Kampfkunst, Buttmannstraße 20, 13357 Berlin
- Verein zur Förderung des Internationalen Feld- und Jagdbogenschießens e.V., Werner Uhrig/ Martin Frei, Carl-Friedrich-Straße 2, 76437 Rastatt (für Bogenschießen)
- Wildnisschule, Postfach 2341, CH 9001 St. Gallen, Tel.: 071 / 855 33 01

17.3 Ausrüster

- Frankonia Jagd Hofmann & Co., Friedrichstr. 69, 10117 Berlin, Tel.: 030 / 20 39 340
- Globetrotter Ausrüstung, Bargkoppelstieg 12, 22145 Hamburg, Tel.: 040 / 679 66 179
- Kettner E., 50602 Köln, Tel.: 030 / 2 42 31 57
- Larca Outdoor's Best, Dürrwiesen 9, 73614 Schorndorf-Haubersbronn, Tel.: 07181 / 93 80 60
- Räer Ausrüstungen, Postfach 10 10 45, 31110 Hildesheim, Tel.: 05121 / 5 79 44 (gebrauchte Militär-Artikel)
- Schropp Fachbuchhandlung für Geographie, Touristik und Sprachen, Lauterstraße 14-15, 12159 Berlin, Tel.: 030 / 8 59 49 11

- Süd-West Outdoor Ausrüstungen, Postfach 1164, 89122 Langenau, Tel.: 07345 / 807-70
- Transa, Josefstraße 59, CH-8005 Zürich, Tel.: 01/2719040
- vauDe, Postfach, 88064 Tettnang (Outdoor-Ausrüstung)
- Hudson`s Bay Indian Trading Post, Wieshof 2, 93199 Zell, Tel.: 09468 / 352 (Ausrüstung, Literatur)

Leserpost und Anfragen zu Survival-Kursen des Autors senden Sie bitte an:

ACHILLEA
Natur- und Wildnisschule
Postfach 1135
D-14801 Belzig
Tel.: 033841/59580 Fax: 59581